当代高校德育资源运用研究

李 瑾 著

苏州大学出版社

图书在版编目(CIP)数据

当代高校德育资源运用研究 / 李瑾著. -- 苏州：苏州大学出版社，2024.6
ISBN 978-7-5672-4692-8

Ⅰ.①当… Ⅱ.①李… Ⅲ.①高等学校－德育工作－研究－中国 Ⅳ.①G641

中国国家版本馆 CIP 数据核字(2024)第 101330 号

书　　名：当代高校德育资源运用研究
著　　者：李　瑾
责任编辑：倪锈霞
助理编辑：穆宣臻
装帧设计：吴　钰
出版发行：苏州大学出版社(Soochow University Press)
社　　址：苏州市十梓街 1 号　邮编：215006
印　　刷：广东虎彩云印刷有限公司
邮购热线：0512-67480030
销售热线：0512-67481020
开　　本：718 mm×1 000 mm　1/16　印张：15.50　字数：244 千
版　　次：2024 年 6 月第 1 版
印　　次：2024 年 6 月第 1 次印刷
书　　号：ISBN 978-7-5672-4692-8
定　　价：56.00 元

若有印装错误，本社负责调换
苏州大学出版社营销部　电话：0512-67481020
苏州大学出版社网址　http://www.sudapress.com
苏州大学出版社邮箱　sdcbs@suda.edu.cn

本书获江苏高校优势学科建设工程三期项目资助，是江苏省委宣传部、苏州市委宣传部、苏州大学"部校共建马克思主义学院"、江苏省习近平新时代中国特色社会主义思想研究中心苏州大学基地理论成果，为江苏高校哲学社会科学研究重大项目"红色文化融入高校课程思政建设的机制研究"（2022SJZDSZ022），江苏省教育科学"十四五"规划重点课题（T-b/2021/40）"普通高校军事课课程思政研究"阶段性成果。

目录

引言 / 001

第一章 高校德育资源概述 / 015
    第一节 德育与德育资源 / 017
    第二节 高校德育资源 / 022

第二章 高校德育资源的形态结构 / 037
    第一节 高校德育资源的主要形态 / 039
    第二节 高校德育资源的空间结构 / 051

第三章 高校德育资源的文化肌理 / 063
    第一节 文化语境中的高校德育资源 / 065
    第二节 高校德育资源的文化来源与特征 / 071

第四章 当代高校德育资源运用的现状与问题 / 085
    第一节 当代高校德育资源运用现状透视 / 087
    第二节 当代高校德育资源运用问题分析 / 099

第五章 当代高校德育资源运用的基本原则 / 109
    第一节 尊重现实原则 / 111
    第二节 科学配置原则 / 115
    第三节 整体联动原则 / 126

第六章　当代高校德育资源运用的主要方法　　　/ 133

　第一节　课堂融入运用法　　　/ 135
　第二节　环境熏染运用法　　　/ 145
　第三节　实践渗透运用法　　　/ 152

第七章　当代高校德育资源运用的关键机制　　　/ 159

　第一节　高校德育资源运用的驱动机制　　　/ 161
　第二节　高校德育资源运用的创新机制　　　/ 167
　第三节　高校德育资源运用的保障机制　　　/ 173

第八章　当代高校德育资源运用的专题研究　　　/ 183

　第一节　高质量马院建设推动高校德育资源运用　　　/ 185
　第二节　党团组织资源在高校德育中的价值实现　　　/ 192
　第三节　红色文化资源融入高校德育的研究理路　　　/ 198
　第四节　高校国防教育资源德育功能的开发利用　　　/ 204
　第五节　优秀传统文化资源在高校德育中的运用　　　/ 211
　第六节　校园文化资源渗透高校德育的运用模式　　　/ 219

主要参考文献　　　/ 231

后记　　　/ 239

引言

在人口规模巨大的背景下实现高等教育现代化是一项艰巨性和复杂性前所未有的系统工程。新征程新起点,对标实施科教兴国、人才强国、创新驱动发展战略新要求,推动高等教育高质量发展,核心和根本是培养更多拔尖创新型人才。立足中华民族伟大复兴的战略全局和应对世界百年未有之大变局,高校要紧紧围绕核心使命任务,为党育人,为国育才,担当起培养符合时代发展需求的高质量创新型人才的重大使命。高校德育是高等教育的重要组成部分,高校德育现代化是实现高等教育现代化的必然要求和必由之路。推动高质量发展是"十四五"以来我国经济社会发展的主题,关系到我国社会主义现代化建设全局。高等教育的高质量发展是实现经济社会高质量发展的现实要求,而人才培养工作是实现高等教育高质量发展的重要任务。在办好中国特色社会主义高校、建设世界一流大学、培养世界一流人才的过程中,高校德育工作至关重要。新时代加强高校德育研究对于高等教育的高质量发展具有重要的意义。用好高校各类教育资源,特别是用好高校德育资源,提升高校德育活动的实效性,为培养高质量创新人才服务,使当代大学生既具有优秀的思想道德素质,也具备全面的科学文化素质,是高等教育高质量发展的必由之路。

一、研究的背景

教育、科技、人才是全面建设社会主义现代化国家的基础性、战略性支撑。教育是国之大计、党之大计。党的二十大报告对培养造就大批德才兼备的高素质人才、推进大中小学思想政治教育一体化建设、加强和改进未成年人思想道德建设等方面的工作提出了明确要求。育人的根本在于立德，高校德育工作是一项系统性工程。当代高校德育研究视野开阔，主题丰富多样，研究方法的不断借鉴和创新，提升了高校德育研究的质量和层次，提高了高校德育实践的科学化、规范化水平。近年来，学者对高校德育研究中高校德育资源的关注日益增多。

从全球环境来看，当今世界正经历百年未有之大变局，国际环境复杂多变，充满众多不确定因素。世界进入一个新的动荡变革期，世界经济增长动能不足，一些国家正面临贫穷、饥饿、疾病的威胁，单边主义、霸权主义、强权政治威胁上升，地区热点问题此起彼伏，局部冲突持续不断，和平赤字、发展赤字、安全赤字、治理赤字有增无减，和平与发展的时代主题面临严峻挑战。对于人类社会而言，全球化作为世界发展过程中不可抗拒的历史潮流，其影响也渗透到高校校园生活的方方面面，构成当代大学生学习生活的共同背景。

随着生产社会化、经济一体化程度的不断提高，全球化成为人类社会发展的必然趋势。随着信息技术的高速发展，文化交流平台的不断延展，全球各种文化相融互补，共识范围扩大。对于这种现象，马克思曾在《共产党宣言》中做过生动而精辟的描述："过去那种地方的和民族的自给自足和闭关自守状态，被各民族的各方面的互相往来和各方面的互相依赖所代替了。物质的生产是如此，精神的生产也是如此。各民族的精神产品成了公共的财产。民族的片面性和局限性日益成为不可能，于是由许多种民族的和地方的文学形成了一种世界的文学。"[1] 进入全球化时代，不同类型文明之间、各国文化之间的交流互鉴加强，在全球范围内的资源共享成为不可逆的潮流。德育资源的交流与共享也成为世界不同区域文化交流的一项内容，各自在比较与借鉴中汲取有利于自身的养分。在这样的时代背景下，中国高校教育者们对高校德育的认识与理解、对高校德育资源运用的思考必然发生一些新的改变。

进入信息化时代，精神产品、文化资源在世界范围内以前所未有的速度与强度，快速而高效地流动、全方位地覆盖和渗透，价值观的冲

---

[1] 中共中央马克思恩格斯列宁斯大林著作编译局：《马克思恩格斯选集》第一卷，人民出版社，1995，第276页。

击、意识形态的斗争、国家间的博弈竞争都在加剧。在全球信息高速交换的过程中，中国社会不断经历着发展与变化，人们在思想观念、价值取向、精神面貌上呈现出许多新的特点。随着信息网络的普及，全球化浪潮的冲击更为猛烈，各种西方思潮纷至沓来，西方国家以物质为中心、以享乐为核心的消费主义观念和思潮正借助荧屏、网络等平台，以娱乐大众的电影形式、促进消费的广告形式、交流传播的教育形式，进入并实际作用于整个中国社会的传统价值观，对社会各阶层的人群产生了不同程度的实质性影响。这些观念和思潮微妙而持久地影响着人们的思想观念、价值取向、心理状态、思维方式和行为选择，对于立志实现中华民族伟大复兴、全面实现中国式现代化的中国而言无疑是一种严峻的考验。

从国内环境来看，在经济全球化、文化多元化的大背景下，中国社会各阶层思想道德的发展正处于一种多元化的复杂局面。外部敌对势力一直借助各种新兴技术手段和方式蠢蠢欲动，从未放弃过对中国意识形态的渗透和对中国社会道德价值舆论的影响。开放的中国在各个领域都受到全球化的影响，当前社会的价值观念和价值取向不可避免地呈现出多元化的倾向。这是一种普遍存在的社会现象，而这一现象的存在就要求在我国高校德育中必须要对某些关键性的政治内容予以强化，特别是马克思主义教育、社会主义核心价值观教育、爱国主义教育、理想信念教育等。在中国社会主义市场经济体制建立的过程中，思想道德领域发生了激烈的震荡。改革开放以来，中国社会面临着拜金主义、自由主义、历史虚无主义、极端个人主义等各种不良思潮的强烈冲击与影响。面对这一挑战，中国社会迫切需要正确的思想理论加以引领和指导。马克思主义是我们立党立国的根本指导思想，为我们提供了正确的世界观和方法论，提供了正确认识世界和改造世界的强大思想武器。在高校德育建设的阵地上要坚持马克思主义的指导地位，高举中国特色社会主义伟大旗帜，加强社会主义核心价值观教育，凝聚高校师生员工强大的精神力量，巩固共同的思想道德基础。

从高等教育发展环境来看，中国高等教育发展迅速，规模空前。2022年4月21日国务院新闻办公室发布《新时代的中国青年》白皮书指出，2021年中国高等教育毛入学率达57.8%、在学总规模达4 430万人，居世界第一。2022年5月，教育部新闻发布会宣布：我国建成世界最大规模高等教育体系，在学总人数达到4 430万人，高等教育毛入学率从2012年的30%，提高至2021年的57.8%，高等教育进入普及化发展阶段。我国接受高等教育的人口达到2.4亿，新增劳动力平均受教育年限达13.8年，劳动力素质结构发生了重大变化，全民族素质得到稳步提高。普通高等学校是我国高等教育体系的核心部分，是我们国家培养各类高层次人才的重要平台。2023年6月，教育部官方网站公示的《全国高等学校名单》（未包含港澳台地区高等学校）显示：截至2023年6月15日，全国高等学校共有3 072所，其中：普通高等学校2 820所，含本科院校1 275所、高职（专科）院校1 545所、成人高等学校252所。从个人成长环境来看，当青年进入大学阶段，高等教育需要帮助他们为今后顺利步入社会做全面的准备。这种准备既包括学识上的储备、能力上的锻炼和技能上的习得，又包括在精神领域、道德规范、心理层面等方面的准备。高校立身之本在于立德树人，只有培养出德才兼备的人才的高校，才能够跻身世界一流大学之列。

进入新时代，立德树人成为高等教育的发展核心诉求。新时代人才观在高等教育中得到集中反映。习近平在全国高校思想政治工作会议上强调，做好高校思想政治工作，要因事而化、因时而进、因势而新。2017年10月，党的十九大报告提出：优先发展教育事业，加快教育现代化，办好人民满意的教育。2018年9月，全国教育大会在北京召开，习近平在讲话中强调，坚持社会主义办学方向，坚持把立德树人作为根本任务，要努力构建德智体美劳全面培养的教育体系，形成更高水平的人才培养体系。2021年9月，习近平在中央人才工作会议上强调，深入实施新时代人才强国战略，全方位培养、引进、用好人才，加快建设世界重要人才中心和创新高地。在中华民族伟大复兴战略全局和世界百年未有之大变局的背景下，中国共产党和中华人民共和国的发展更需要有理想、有道德、有文化、有纪律的时代新人接力奋斗、赓续荣光。2022年10月，党的二十大报告提出：要坚持教育优先发展、科技自立自强、人才引领驱动，加快建设教育强国、科技强国、人才强国，坚持为党育人、为国育才，全面提高人才自主培养质量，着力造就拔尖创新人才，聚天下英才而用之。

从高校德育建设的平台环境来看，随着新兴技术的进步，高校德育建设的平台环境越来越广阔，以互联网为代表的信息技术成为其中最具影响力的主力军。中国经济的飞速发展，信息技术的广泛应用，造就了数以亿计的网民群体，网络为德育铺设了具有强大导向力和影响力的大众媒体平台。根据中国互联网络信息中心（CNNIC）2023年3月2日在北京发布的《第51次中国互联网络发展状况统计报告》显示，截至2022年12月，我国网民规模已达10.67亿，较2021年12月增长3 549万，互联网普及率达75.6%。此外，相关数据还显示，互联网对青少年德育的作用与影响呈不断上升趋势。互联网技术的迅速发展和互联网大众普及率的提高，使网络德育具有极大的优势。互联网扩大了高校德育的受众范围，充分有效地利用了各种德育资源，推进了德育的社会化、日常化、生活化，有力地打破了德育的时空限制，德育效应发生自然的扩展和衍生，德育活动与社会生活无缝衔接和融合。在丰富多样的互联网教育资源中包含着大量德育资源。互联网德育资源的增长有助于高校德育资源在更大范围内的共享与集中供给。网络环境虚拟性的突出特征为人们提供了与传统媒体截然不同的快速获取外部信息的手段和高效的互动交流方式。网络上的各类教育资源极为丰富，存在大量正能量、高品质的德育资源，也不可避免地存在着会对学生的思想道德行为产生负面影响的有害内容与不良信息。对此，在高校德育工作的开展中要有所甄别，取其精华，对正能量、高品质的德育资源要直接获取并积极运用；去其糟粕，对负能量、低品质的德育资料则要加以揭露并坚决摒弃。

二、研究的现状

高校德育资源作为高校德育系统不可或缺的组成部分，学者们对它的关注度和研究兴趣不断提升。近年来，相关的专著、论文等研究成果日益丰富。在不同的研究视角中，有的学者对当前高校德育资源的各个方面进行考察，有的学者对高校德育资源的配置情况、高校德育资源的开发利用情况展开分析，也有的学者聚焦于某一类特定高校德育资源在德育中的价值和运用研究，还有的学者在研究高校德育、高校思想政治教育相关问题时对高校德育资源展开了一定的研究。从研究的主题来看，有的研究围绕高校德育资源本身进行，如：从理论上对相关的概念、内涵、特点等进行阐发；有的研究则侧重于从具体的问题和现实需求出发，重点揭示高校德育资源在高校德育中的地位、价值、作用等；还有的研究偏向于实践应用，从不同的维度对高校德育资源在高校德育过程中的运用方法、手段、策略、模式等展开讨论。从研究的方法来看，学者们主要采用了文献研究法、实地调研法、访谈调查法、问卷调查法等方法。在广泛搜集相关文献资料的基础上，学者们对与自身研究主题高度关联的各类高校德育资源研究进行了梳理与研究，对相关的政策、制度、规定所涉及的文件、通知等文本资料进行了一定程度的解读分析。从研究的成效来看，有的研究重在对高校德育资源相关理论的分析与阐述，学理性较强；有的研究非常重视对高校德育资源运用经验的总结与剖析，实践性突出；还有的研究注重从现实高校德育案例中提取、提炼有助于推动高校德育资源运用创新发展的模型、模式，应用性与创新性并重。

高校德育资源概念的界定通常建立在对德育资源内涵的理解上。学者们对德育资源、高校德育资源的界定虽然存在措辞上的差异，但在具体表述上却有着高度的一致性。张艳红指出："德育资源是指可以进入德育过程并积极影响受教育者思想道德的一切现实和潜在的因素。简单地说，所有一切进入到德育领域的资源都是德育资源。"[1] 常立飞认为："德育资源是指构成德育活动和满足这一活动所需要的一切因素。它包括德育人力、德育物力、德育财力、德育知识、德育经验、德育信息等资源。"[2] 顾艳青从"大德育"的视角出发进行了辨析，"广义的高校德育资源即凡是与高校德育教育有关的资源都可以是高校德育资源。狭义的高校德育资源则更加具体，涉及高校德育资源的各个方面，

---

[1] 张艳红:《德育资源论》，博士学位论文，东北师范大学，2011，第6页。
[2] 常立飞:《论德育资源及其配置》，硕士学位论文，东北师范大学，2004，第3页。

具体来说是指高校进行德育教育过程中所涉及或运用到的与德育教育有关的资源，如高校的人力、物力、财力资源等。"[1] 按照不同的标准和角度，学者们也对高校德育资源进行了类型多样的分类尝试，并对不同类型的高校德育资源展开了相应的分析与阐释。从人力、物力、财力等角度区分高校德育资源，是在开展相关研究时采用较多的分类方法。为了更细致地对高校德育资源进行研究，实现在德育活动中对高校德育资源的精准管理与运用，学者们还根据高校德育资源的分布空间、发挥作用、形成时间、载体形式等的区别，把高校德育资源分为校内德育资源与校外德育资源，显性德育资源与隐性德育资源，传统德育资源与现代德育资源，主体德育资源、客体德育资源、介体德育资源与环体德育资源等各种类型。[2]

高校德育资源的特征、性质、价值与功能也引起了不少学者的研究兴趣。陶金莲指出：高校德育资源不仅具有自己的鲜明属性，而且具有自己的特定功能。作为一种特殊资源的本质属性，高校德育资源具有价值性、共享性、再生性，在教育、培养、塑造大学生思想品德过程中发挥着教化、同化、净化、教化、美化、悟化等功能。[3] 陈妍认为：高校德育资源的特性主要表现为浓厚的人文性、鲜明的科学性和无限的增值性。[4] 李雪峰认为：高校德育资源具有开放性、多元化、隐秘性等特征。[5] 陈万柏、张冬利认为，高校德育资源具有社会性、主导性、教育性和流动性。[6] 对高校德育资源的价值与功能，张艳红认为：德育资源的有用性是德育资源价值存在的客观基础。德育资源满足主体需要的性质和程度决定了德育资源价值具有正价值、有负价值或零价值。

---

[1] 顾艳青：《"大德育"背景下的高校德育资源配置研究》，硕士学位论文，华东政法大学，2012，第4页。
[2] 刘忠孝、陈桂芝、刘金莹：《高校德育论》，黑龙江人民出版社，2019，第368—370页。
[3] 陶金莲：《高校德育资源的特性及功能浅谈》，《山东工业大学学报（社会科学版）》1998年第1期，第51—52页。
[4] 陈妍：《当前我国高校思想政治教育资源配置的问题、成因及对策研究》，硕士学位论文，华中师范大学，2008，第8—10页。
[5] 李雪峰：《高校思想政治教育资源开发与利用的实效性研究》，硕士学位论文，东北师范大学，2013，第8页。
[6] 陈万柏、张冬利：《高校思想政治教育资源配置现状及其对策思考》，《思想教育研究》2008年第10期，第13页。

德育资源是德育建设题中应有之义,是德育活动的基础和源泉,影响着德育的实效。[1]

高校德育资源的开发、利用问题是研究的热点。在考察当前现状、分析存在问题的基础上,研究者们普遍认为要树立高校德育资源开发意识,科学合理地开发、利用各类高校德育资源,不断优化高校德育资源的配置。董琳提出了内制特色德育资源、外取优秀德育资源、善于发现并挖掘潜在的德育资源、拓展利用不充分的德育资源的策略,并提出合理配置高校德育资源,包括政府宏观调控德育资源地区间、校际共享德育资源、高校内部合理分配德育资源等。[2] 对新媒体时代高校德育资源的整合,田月从加强学生媒介素养教育、提高学生媒介素养,传统媒体与新媒体的整合,信息的整合以及网络媒体资源与德育环境的整合等方面提出了相应的原则和对策。[3] 张丽等研究者认为,影响高校德育资源整合的因素主要包括:高校德育主体资源间的认识错位,高校德育资源整合政策支持缺位,高校德育资源内外共建机制不健全。有效整合高校德育资源需要促成高校德育资源共建共享、推进高校德育主体同心合力、构建高校德育资源整合机制。[4] 冯荣认为,要通过重视资源开发、夯实校本基础、加强载体联动、优化人才结构来营造育人氛围、提高育人效果、拓宽育人阵地、提升育人水平。基于"大思政"视阈整合高校德育资源的联络路径、组织路径、实践路径、群众路径和网络路径。[5] 唐俊兵提出了转变思想观念、扩大开发主体范围,挖掘现有资源、积极培植新资源,适应时代发展、充分开发网络资源的高校德育资源开发策略。[6]

---

[1] 张艳红:《浅析德育资源的价值认识》,《科学大众》2007年第4期,第16页。
[2] 董琳:《高校德育资源利用探析》,硕士学位论文,华东师范大学,2009,第18—31页。
[3] 田月:《新媒体时代高校德育资源的整合研究》,硕士学位论文,西南大学,2010,第30—35页。
[4] 张丽、安艳霞、何云峰:《高校德育资源整合:阻滞因素与消解路径》,《当代教育科学》2020年第4期,第53—57页。
[5] 冯荣:《"大思政"视阈下高校思政资源整合现状及优化策略探析》,《高教学刊》2020年第8期,第15—16页。
[6] 唐俊兵:《高校思想政治教育资源开发策略的研究》,《黑龙江高教研究》2017年第9期,第144—145页。

高校德育资源的整合、配置问题是研究的重点。常立飞指出：当前高校德育工作存在着德育资源性质单一、开发不到位、闲置和浪费比较严重等现象，进而导致了德育资源配置不合理、德育效益低下、德育基本矛盾突出，影响了德育的实效性。因此，要通过以人为本，树立德育科学发展观；挖掘和利用社会资源，建立德育社会实践基地；培育校园德育资源，建立有专业特色的德育实践基地；建设大学生宿舍文化，开辟德育新阵地等方式来合理配置德育资源。[1] 孙丹薇提出，要做好两方面的整合。一是高校内资源的整合，二是高校资源与社会资源的整合。[2] 曹向阳提出了资源整合与优化的三大模式，构建思政"硬"资源的共建共享模式、思政"软"资源的交叉互补模式和思政教学体系的一体化模式，从人物、时间、空间等三个维度，全面、系统、有效地整合思政资源。[3] 有一些学者结合新的时代特点，提出可以基于供给侧、共建共享等视角，运用互联网思维、借助于大数据力量等来进一步整合与配置高校德育资源，还有的研究者从新媒体环境的视角、融媒体视阈探索高校德育资源的配置与运用。刘慧认为，可以从供给侧视角下树立统筹协调的资源整合观念、拓宽供给主体、营造最优整合环境和创新共享式的整合方法，实现资源的最大效能。[4] 安艳霞等学者认为，高校德育资源共享是互联网时代后喻文化现象的现实要求，也是提升德育实效的有效路径。共享意识不够会强烈阻滞德育资源价值的释放，因此需要强化各德育主体的德育资源共享意识。[5]

近年来，有学者专注于专题性、具体实例性高校德育资源的运用研究。关于传统德育资源的挖掘与转化问题，刘芳提出，可通过在学校中发掘传统的德育资源、在家庭中挖掘传统德育资源、在社会中弘扬德育

---

[1] 常立飞：《论高校德育资源及其配置》，《现代教育科学》2010年第1期，第103—106页。
[2] 孙丹薇：《论高校德育资源的开发和整合》，《黑龙江教育（高教研究与评估）》2006年Z1期，第61页。
[3] 曹向阳：《高校思政资源整合与优化的三大模式》，《教育探索》2022年第3期，第70—74页。
[4] 刘慧：《供给侧视角下高校思想政治教育资源整合探析》，《学校党建与思想教育》2017年第18期，第71—72页。
[5] 安艳霞、张丽、何云峰：《高校德育资源共享的困境与出路》，《教育探索》2019年第1期，第97—101页。

文化等来提高传统德育资源的开发利用效率，在具体的实施过程中要改善德育理念、创新德育思维、构建新型德育体系、树立正确的德育目标。[1] 车车以生活德育为理论指引，从精神要素、行为要素、物质要素、制度要素、虚拟要素等对大学生生活园区德育资源的形塑路径展开了深入的探讨。[2] 对高校辅导员德育资源的开发和利用，路丙辉提出：高校辅导员要有效地积累教育环境中的德育资源，科学地转化校园文化中的德育资源，艺术地激发师生情感中的德育资源，积极地利用利益关系中的德育资源。[3] 由于红色资源的精神实质和价值指向与新时代高校德育高度契合，其教育引导功能的发挥为高校德育提供了丰富滋养，因此近年来关于红色资源在高校德育中的运用的研究成果较为丰富。郑流云、吕学芳、王跃飞等人认为，红色资源是一种优质的教育资源，在高校德育中具有其他资源不可替代的独特功能，并以湘鄂西革命根据地区域为例探索了红色资源的转化运用。[4] 孙绍勇、任雯提出：用好红色资源、加强红色教育、传承红色基因，是高校思想政治教育的内在要求和基本内容，与新时代高校思想政治教育的创新发展有着同频共振、融合互动的逻辑关联。[5] 李源峰提出：要通过把红色教育纳入系统完备的教育教学体系、深入挖掘开发红色资源、将红色资源融入校园文化、加强和改进红色教育运行机制等途径，运用红色资源加强高校思想政治教育工作。[6] 还有的学者对高校博物馆资源、档案馆资源、图书馆资源等高校校内德育资源，少数民族地区德育资源、边疆德育资源等区域性高校德育资源，传统节庆文化德育资源、民俗文化德育资源等传统

---

[1] 刘芳：《传统德育资源的当代挖掘与现代性转化》，《学校党建与思想教育》2018年第20期，第31—33页。

[2] 车车：《大学生生活园区德育资源的挖掘与形塑》，《学校党建与思想教育》2016年第24期，第70—71页。

[3] 路丙辉：《高校辅导员德育资源的开发和利用》，《安徽师范大学学报（人文社会科学版）》2007年第2期，第229—232页。

[4] 郑流云、吕学芳、王跃飞等：《红色资源转化为高校思想政治教育资源的有效路径探索》，《学校党建与思想教育》2014年第24期，第89—90页。

[5] 孙绍勇，任雯：《红色资源在高校思想政治教育中涵养化育的集成优化》，《江苏高教》2023年第4期，第107页。

[6] 李源峰：《试论红色资源在高校思想政治教育中的运用》，《学校党建与思想教育》2014年第15期，第92—94页。

文化类高校德育资源展开专题性研究。

三、研究的价值

德育资源是一种教育资源，在教育资源中处于重要的、特殊的、不可取代的位置，并与其他教育资源相融、相生、相互促进与影响。个体对自身道德发展的诉求与需要是无法凭空产生的，因为它不是一种基于生物意义的本能，而是作为道德主体的人经由长期的德育过程逐步构建和树立起来的。"在认识论的视域中，人类在任何阶段都获得了某种自由，生活于自由王国之中，但这种自由王国是相对的。我们不能把人类实践和认识的历史划分为两个不同的时期：必然王国时期和自由王国时期。在历史发展的各个阶段上，人类总是既自由又不自由，同时生活于自由王国和必然王国之中。人类实践和认识的进步，只是表现为自由王国领域的不断扩大，即不断地从必然王国走向自由王国。"[1] 从个体发展的角度来看，高校德育资源进入德育的过程是与大学生成长中所关联的道德发展需求不断碰撞、融合的过程，这个过程必然是自由与不自由的统一。在这个过程中，德育资源在持续积蓄内在力量、不断丰富着自身的主题内容和外部表现形式，从而潜移默化地对大学生的道德发展施加影响。根据美国发展心理学家科尔伯格提出的道德发展阶段理论，人的道德发展的核心是认知，而促进道德发展的因素是社会交往。在人与社会的互动中，社会契约与个人权利逐渐关联，人便会最终形成了相应的道德观。"社会顺应以此道德观为依据。这种道德观表现在，理智的个体承认道德的本质或下列的事实：人是其自身的目的，必须以此来对待。"[2] 当德育资源通过高校德育活动有效地作用于大学生，并使大学生自觉将社会性的道德原则内化为自身道德认知体系的组成部分时，德育资源便对大学生的理念完成了一种道德性职责。

研究高校德育资源的目的，正是为了更好地了解和把握它的内涵和

---

[1] 王金福：《对马克思关于实现人的自由全面发展理论的再思考》，《南京政治学院学报》2010年第5期，第5页。
[2] 罗伯特·凯根著，韦子木译：《发展的自我》，浙江教育出版社，1999，第61页。

特点，从而掌握它的运用规律，更好地开展高校德育工作。高校德育资源在培养大学生的过程中发挥着重要的作用。按照法国社会学家涂尔干的观点："要合乎道德地行动，光靠遵守纪律和效忠群体是不够的，不再是足够的了。除此之外，不管是出于遵从规范还是忠于集体理想，我们还必须对我们行为的理由有所了解，尽可能清晰完整地明了这些理由。这种自觉意识为我们的行为赋予了自主性，从此时起，公共良知要求所有真正的、完整的道德存在都具备这种自主性。"[1] 现代社会中，道德的个体性边界日益融入和延展到整体性层面，不同形态的德育资源有助于将社会发展的现实状况与个体人格发展的实际条件紧密连接在一起，使人达到一种自在自如、全面发展的状态。人的全面发展包括道德的发展、思想的发展、智力的发展、创造力的发展、身体的发展、心理的发展等很多方面。人格的发展，首先是人在道德层面的发展和完善，通过采取社会认同的是非、善恶、美丑、荣辱等标尺引导树立起内心正确的世界观、价值观和人生观。在这个过程中，人的主体性力量得到张扬和凸显。德国哲学家海德格尔在论述人的主体性的时候曾提出一个极有价值的问题："人是作为局限于他的任性和放纵于他的专横的'自我'，还是作为社会的'我们'；是作为个人还是作为社会；是作为社会中的个体，还是作为社团中的单纯成员；是作为国家、民族和人民，还是作为现代人的普遍人性——人才意愿成为并且必须成为主体，即他作为现代生物已经是的那个主体？"[2] 对于大学生而言，高校德育是相对独立于以掌握具体的生活知识和技能为目标主体之外的一种教育，更是人作为主体性力量在与国家和民族相关的深层心理层面，不断识别、接近、洞察和体现自身的内在归属需求和价值需求的一座桥梁。

从高校德育的发展来看，研究当代高校德育资源的运用问题，重点要解决的是高校德育资源为何用、怎么用、如何用好的问题。具体来说，就是研究在当代特定的时空条件下，高校德育资源运用的价值何在？高校德育资源中哪些是可用的？哪些是不可用的？需要如何甄选德

---

[1] 爱弥尔·涂尔干：《道德教育》，陈光金、沈杰、朱谐汉译，上海人民出版社，2001，第118页。

[2] 马丁·海德格尔：《林中路》，孙周兴译，上海译文出版社，2004，第94页。

育资源？不同的德育资源之间如何互相配合？由谁来主导这些德育资源的运用？高校德育资源如何作用于德育过程？如何对它们进行开发与转化？在研究的开展中，我们要聚焦高校德育资源在运用中所具有的普遍共性，更要重点关注其独特性。对高校德育资源与高校德育关系的辨别要遵循实事求是的原则。借鉴运用马克思主义的世界观、方法论，探讨高校德育资源在运用中所面临的各种问题，寻求合理运用高校德育资源的方法与路径，对于推进高校立德树人具有重要的理论意义和实践价值。

研究者应该具有宽广的理论视野和胸怀，认识到马克思主义是通过对人类思想文化的一切有价值的东西的批判性吸收而得以创立、获得充实和发展的。因此，对高校德育资源运用的研究离不开马克思主义的指导。针对高校德育资源运用研究中的热点与难点问题，坚持用马克思主义的立场、观点、方法进行深入剖析和鉴别，通过理论的创新积极寻求高校德育资源运用在实践上的突破。同时，研究也离不开对来自非本土的、非马克思主义的又或者是来自其他学科领域的理论成果、实践经验的吸收、批判与借鉴。在研究的主题上，要力求从高校德育资源主题碎片化研究的相对割裂状态走向围绕运用而开展的对高校德育资源的系统性、综合的研究。从研究的重点来看，既要把对高校德育资源运用命题的探索过程放到世界格局、国际形势和国家安全的大背景下来考察，又要重视研究的科学性，体现学术性，具有开放、立体、全面的视野，避免低层次的、静态的、封闭的重复劳动。深入研究高校德育资源运用理论中的重点和难点问题，为高校德育研究和实践提供依据与支持。

从历史、文化、民族和种族的角度来看，各国高校德育资源因为国情的不同，有同质性的规律和特点，也存在着异质性的特征。在如今的世界上，不可能存在一种适用于所有人、所有时间、所有地方的道德。世界由众多的国家组成，而各个国家都有着自身的民族历史和文化习俗。国家通常由生活在一个国家领土范围内的不同区域的、拥有共同利益的一个或多个民族组成，每个民族都有自己活动的特有空间，在社会发展、文化语言、宗教信仰、传统习俗等方面既有密切的联系，也存在着一定的差别，这也决定了国家与国家之间存在着巨大的差异。这些差异不仅体现在历史传统、文化背景上，也体现在社会制度、意识形态、发展模式等各个方面。各国德育资源都是具有各自本土特点的，在民族性上带有自身的特色。这一特征在各国高校德育资源的主题表达上的反映尤为突出。西方国家对高校德育资源的运用方面的一些观点和方法虽值得分析与借鉴，但也不可忽视中西方在高校教育体制、学科设置、社会文化等方面存在的巨大差异。中国高校德育工作具有鲜明的政治导向性，强调国家利益、社会利益与个体利益的一致性，偏重于集体主义价值取向，而西方高校德育工作则因自由主义和多元主义的广泛基础而尤其突出所谓的政治中立性，强调个体价值。因而，两者从根本目的、性质到所肩负的任务均存在着较大的差别，不可照搬。在开展高校德育资源运用研究的过程中，要区分马克思主义的德育资源与非马克思主义的德育资源、社会主义德育资源和资本主义德育资源、中国德育资源与西方国家德育资源之间的区别与界限。

高校德育资源运用研究应在马克思主义理论指导下，立足于现状和实际需求，进一步丰富拓展高校德育资源运用的内涵和外延，着眼于加强对高校德育资源运用的全局性、前瞻性问题研究，探索并创新具有中国本土特色的高校德育资源运用理论与实践模式，将研究成果转化为推进高校德育工作高质量发展的强大现实力量，促进高校立德树人根本宗旨的实现。

第一章
高校德育资源概述

概念是对事物本质属性的概括和反映，内涵是一个概念所反映的事物的本质属性的总和。要了解高校德育资源的内涵，就要深入了解高校德育资源的内部构造和性质，对其概念进行明确的指认与界定。高校德育资源是一个综合性的概念，这一概念应建立在对德育、德育资源等基本概念的准确认识和界定的基础上。如此才能对高校德育资源的内涵进行科学全面的理解与把握。

第一节 德育与德育资源

德育是教育的灵魂，德育资源是教育资源中为灵魂提供养料的存在。德育资源并非单一性的资源，其本身往往具有多面性，它不仅具有德育的价值和功能，而且兼具其他教育的价值和功能。

一、德育

自人类社会产生，德育活动就随之出现。德育是人类从原始社会开始就产生的一种独特的教育活动，也是人类在发展过程中不断探索与追求的永恒的主题。可以说，德育伴随着人类个体的成长与发展，对社会产生着深远的影响，而人们对德育的认识和理解也经历了一个由表及里，由外而内，不断加深与拓展的过程。一般来说，德育是根据一定的社会思想政治观点、道德行为规范和人的心理发展规律而组织的培养人的思想品德的教育活动。自古以来，中国人就非常重视德育。随着古代学校教育的不断发展，学校也逐渐成为开展德育活动的重要场所。在我国，古代教育中已有相当多的教育内容具有了德育的性质。古代"四书"之一的《大学》明确提出："大学之道，在明明德，在亲民，在止于至善"，把民众作为德育教化的对象。古人所推崇的这一理念不仅具有缓解阶级矛盾的工具性作用，亦可归入统治阶级对民众实施教化的德育范畴。根据东汉许慎《说文解字》的释义，"德，升也。从彳，悳声。"所谓"悳"（"惪"），意为："外得于人，内得于己也。从直从心。"道德是一种在人与人的社会互动中所形成的、对外部关系与内部关系的调整。

回顾近代德育发展历史，德育的内涵在不断发展变化与丰富，随之而来的是德育资源内涵的拓展和充实。西方社会"德育"的概念曾一度与"教育"的概念混用，并无明确的区分。赫尔巴特提出："德育乃是狭义的教育"，并指出："教育的唯一工作与全部工作可以总结在这一概念之中——道德。道德普遍地被认为是人类的最高目的，因此也是教育的最高目的。"[1] 可见在当时教育包含着德育，而德育被置于教育中最为重要的位置。从德的来源进行推演，德育是一种目的性非常明确的教化活动。简而言之，德育是通过外部的熏陶涵养和内部的自我转化而使受教育者在德行修养上有所收获的一种教育。考察中国近代教育发展的历史，民国时期的"训育"具备了现代德育的主要特点。据民国政府教育部于1939年发布的《训育纲要》称，"训育"的意义"在于陶冶健全之品格，使之合乎集体生存（民生）之条件，而健全品格之陶冶，在于培养实践道德之能力，培养实践道德能力之道无他，好学、力行、知耻三者而已"。[2]

经历百年发展之后，现代德育的概念无论是在内涵上还是外延上都发生了很多变化。恩格斯在《共产主义原理》中曾指出："由整个社会共同经营生产和由此而引起的生产的新发展，也需要完全不同的人，并将创造出这种人来……"[3] 恩格斯所说的这种"人"就本质而言是与以往所不同的、全新的人，或者可以理解为全面发展的人。全面发展的人如何造就？全面而完善的教育是培育全面发展的人的首要条件。在这里，全面的教育不仅仅是知识、文化、技术的教育，更是思想、心理、品质的教育。作为现代全面教育的重要组成部分，现代德育已不再等同于单一的道德教育，"道德教育"已无法涵盖"德育"的所有内容，也就是说"以道德教育代替其他所有的德育内容，是不可取的。总之，把

---

[1] 张焕庭：《西方资产阶级教育论著选》，人民教育出版社，1979，第259—260页。
[2] 陈桂生：《中国德育问题》，福建教育出版社，2006，第12页。
[3] 中共中央马克思恩格斯列宁斯大林著作编译局：《马克思恩格斯选集》第一卷，人民出版社，1995，第242页。

德育看作是思想教育、政治教育、法制教育、道德教育的总称，外延宽广，涵盖齐全，界限明确严整，可以减少歧义。"[1] 现代德育已形成一个庞大的系统，其概念亦包括了若干子概念。目前教育理论界逐步认同了"德育"这一大概念，即德育包括政治教育、思想教育、道德教育和心理品质教育。在实践工作中，人们对德育外延的理解还要宽泛一些，如法制教育、公民教育等都可以纳入其中。[2] 可以说，"德育"概念已远远突破和超越了"道德教育"的狭窄范畴，是一种综合性的教育活动。故人们谓之为"大德育"。

二、德育资源

德育资源是资源的一种。所谓资源指的是："资财的来源，一般是指天然的财源；二是指一国或一定地区内拥有的物力、财力、人力等各种物质要素的总称。"[3] 德育资源作为资源的一种特殊形式，它究竟属于自然资源还是社会资源，答案并不是单一的。有学者认为："德育资源指的是有助于学校德育目标实现的各种因素。按照不同标准，德育资源可以分为很多种类：有校内的，也有校外的；有自然界的，也有社会生活中的；有人力的，也有物质的；有显形的，也有隐形的；有文字的，也有活动的等。"[4] 无论是自然资源，还是社会资源，当这些资源从本质上具有了先天的或后天的德育教育的价值与属性，并能够在现实中真正发挥其作用时，那么这些资源都可被称为德育资源。换言之，德育资源是在德育范畴内各种具备德育作用和功能的相关要素的集合。

德育是以人作为研究对象的，是一门塑造人的学问。古往今来，众多中外教育家围绕德育展开了长期的探讨和研究，对德育和德育资源的内涵、外延及运用的探索从未停止过。美德的培育向来是德育的重要内容。在人格心理学中，所谓美德，指的是一切可以给人带来自我成长的

---

[1] 鲁洁、王逢贤：《德育新论》，江苏教育出版社，2010，第101页。
[2] 吴鹏：《德育的理想与德育的有效性》，《高等教育研究》2001年第5期，第68—70页。
[3] 辞海编辑委员会：《辞海》，上海辞书出版社，1999，第4082页。
[4] 刘济良：《学校德育》，北京师范大学出版社，2015，第122页。

精神力量。良心、责任、勇气、自信，等等，这些都是美德。"美德可教吗？"作为一个教育哲学命题，自古希腊开始，千百年来，人们从未停止过对其的思考，也从未停止过相关的实践。众多的教育家、思想家对此展开了大量的论证和研究，并在美德可教性上基本达成一致：美德无法凭空产生，但美德是可教的，需要有特定的"介质"与"土壤"为"美德可教"的实现注入源源不断的活力。这种介质与土壤就是各类德育资源。德育资源具有正面性的价值，代表积极的、主动的、向上的力量，符合社会的期待和主流的价值判断和意识形态的要求。那么，负面的、消极的资源，是否也可以成为高校德育资源呢？答案是否定的。但正是因为它们的存在，从事实上在高校德育活动中提供了一种对比，通过比较来帮助我们更好地鉴别和甄选出可用、可贵的德育资源，通过反差来凸显与增强正向资源的价值，从而强化教育效果。本书中的德育资源是从"大德育"的角度界定的，可以理解为广义上的德育资源。在我们把某些资源界定为德育资源或者对资源进行归类时，实际上已经在无形中从道德的视野和德育的范畴对这些资源进行了观察与分析，进行了某种道德评价和价值判断，使之带上与道德相关的印记。

德育资源广泛分布在我们所身处社会的各个领域。马克思在一百多年前作出了关于个体发展与交往的论断，即一个人的发展取决于和他直接或间接进行交往的其他一切人的发展。人的全面发展取决于人的活动的全面性，人在道德上的成长与他们的社会生活息息相关——取决于日常的所见所闻和社会对人的引导。在社会生产生活实践中，人的精神力量得以外化和发展，深层次的道德意识和价值观念不断地被激发和巩固。人们通过让受教育对象参与德育实践活动来进行强化教育，使道德认知和道德行为高度结合，将认识和实践统一于一体，做到知行合一。德育实践活动使人在不断体验中反省自己的价值观念是否符合时代发展的要求，是否具有合理性和可行性，并在道德实践的过程中不断进行自我修正，逐步拥有正确认识世界和改造世界的能力。

社会系统中的德育资源极为丰富，包括学校德育资源、企事业单位德育资源、社区德育资源、家庭德育资源等。这些德育资源通过对日常生活中最简单的人和事的引导和掌控，把德育分解成生活中可以看到、接触到的道德情感表达和具体的情境体验。德育资源具有客观存在的属性，这一属性在以物质形态存在的德育资源上得到清晰的体现。与其他资源不同的是，德育资源的存在具有一定的隐藏性或者隐蔽性，它不仅以物质形态存在于世，而且也表现为抽象的精神形态，这种形态与人的主观世界密不可分。在开展德育活动的过程中，对各类德育资源的开发利用有利于德育目的的实现。按照德育资源运用的实际状况，我们通常可以将其分为现实的德育资源和潜在的德育资源两类。现实德育资源是指已经被认知和开发的德育资源，这类资源能够直接运用。潜在德育资源是指尚未被认识，或虽已认识却因能力或者技术条件等尚不完善，所以还不能被开发利用的德育资源。

德育资源是有用的，但现实中不是所有的德育资源都能得到恰当、妥善、充分的利用。很多时候，德育资源在一定程度上具有未经开发利用的原生态属性。严格意义上来说，任何资源只有得到了一定程度的开发或有效利用后才成为真正的资源。德育资源的运用也属于资源的运用，它能真正发挥其价值也取决于社会对它的正确认识、合理开发与科学运用。潜在的德育资源有的是天然的存在，也有的是人创造出的成果，但无论是哪一种情况，它们并不会自动地发挥作用，需要借由一定的契机、并通过某种渠道或方式有效地参与到教育的过程之中，方可被称为德育资源。换言之，潜在的德育资源须经过人的辨识、选择、加工、运用之后，才能真正作用于人的德育教育过程，对教育者和受教育者的内心世界产生作用、发挥影响，最终成为真正意义上的德育资源。德育资源的转化与利用取决于人与这些资源之间的关系，即认识与互动。原料型德育资源是零散的、不成系统的，它们有时是自然形成或存在的，有时是人们创造的，人们对这些德育资源的运用往往比较粗放、随意。加工型德育资源则是经过人的精心梳理、甄选与加工，因而在德育活动中对它们的运用也比较精准、到位。打一个比方，德育资源就好比是建筑德育大厦的砖瓦原料、门窗支柱、管道线路。如果在建造的过程中，这间大厦缺乏了各类德育资源的基础铺垫、有力支撑和必要联结，那么德育大厦就会根基不牢、部件失灵，甚至摇摇欲坠，容易陷入空洞、抽象、匮乏，处在没有生命活力的状态之中。

第二节　高校德育资源

高校德育资源是指高校所拥有的丰富的教育资源之中包含着德育要素的各类资源。在大部分情况下，高校德育资源所指向的并非纯粹意义上的或者狭义尺度上的德育资源，而是高校教育中体现着或附着了各类具有显著德行教育特性的资源的整体。高校德育资源的存在及其价值实现对高校德育工作的开展至关重要。

一、高校德育资源的内涵

德育为个体的全面发展提供了一个重要的成长平台。学校德育是以在校学生为主要教育对象的德育活动。在学校德育开展的过程中，各类德育资源发挥着持续的作用，成为推动德育工作实施的动力与助力。高校德育是学校德育的有机组成部分，高校作为高等教育机构，拥有各类教育资源，其中就包括丰富的德育资源。可以说，高校德育资源在高校教育资源构成中占有相当的比重，其重要性是不言而喻的。从时间线上看，高校德育与中小学德育相连贯，与继续教育阶段的学校德育相承接。从空间范围上看，高校德育与社会德育亦构成前后连贯的承接关系。以上关系共同决定了高校德育资源所呈现出的面貌、个性与容量。高校德育资源是立体而丰富的，它自成系统，同时又与外界的德育资源互通互联。

什么是高校德育资源？高校德育资源是一个综合性的概念，主要指存在于高校教育系统中的各类德育资源的总和，具有丰富的内涵与外延。对高校德育资源的理解，有狭义与广义之分。两者的区别体现出高校德育资源的涵盖范围和涉及领域是不同的。一般来说，狭义的高校德育资源指的是高校本身所具有的德育资源。从所有关系和所属关系上来看，高校德育资源限于高校之内，一般隶属于高校，是为高校所独有的德育资源。广义的高校德育资源则不限于高校之内，不限定德育资源是否为高校所有。凡是与高校相关联的德育资源，或可为高校所利用的一切德育资源都可纳入高校德育资源的范畴。无论狭义或广义，两种内涵阐释都凸显了高校德育资源的主要特点，只是在涵盖范围与涉及领域上各有侧重。狭义的高校德育资源强调的是德育资源的归属，突出了在高校特定场域内的德育资源的属性；而广义的高校德育资源强调的是德育资源的使用，突出了高校在德育资源运用中的主动性特点。

高校德育活动将外部社会的道德规范施加于大学生，向他们灌输道德理念，德育资源的入场也是为了更好地激发和唤醒大学生内在的主体意识和自我发展的意念。高校德育资源通过发挥作用，使大学生自觉地将外部的社会需求与内在的自身需求有机结合，使个体的成长需求与社会发展的要求合为一体，形成推动大学生主体发展的内在动力。高校德育资源是一种历史的、现实的存在，折射出人类社会发展到一定阶段对于高校特定人群的思想道德生活的规范和要求。高校德育资源是具体的、生动的德育呈现，它以生活化的面貌影响着大学生的价值取向、思想状态和行为选择。1995年11月颁行实施的《中国普通高等学校德育大纲（试行）》规定：德育即思想、政治和品德教育。当我们从"大德育"的视角考察和界定高校德育资源时，思想教育资源、政治教育资源、品德教育资源都归入了高校德育资源的范围。当代高校德育的主题、内容是随着时代条件下育人理念的发展和德育实践的积累不断丰富和拓展的。"大德育"背景下，高校德育研究所覆盖的范围不断增加。学术界对高校德育资源的研究也日益关注。

德育是以人为中心的工作。"思想品德的形成，是指个体思想品德发展过程中获得新的特征，即获得新的品质。思想品德的发展是其各要素的不断变化，即由低级（简单的）到高级（复杂的）的运动，这是一个连续不断的从量变到质变，即出现新品质的过程。"[1] 高校德育工作的主体、对象都是人，出发点、落脚点和最终目标都是为了人。高校德育以人为中心，相应地，高校德育资源反映出鲜明的人本性特征，存在于、体现于、活跃于在品德形成过程中的认知、情感、意志、行动的

---

[1] 鲁洁、王逢贤：《德育新论》，江苏教育出版社，2010，第283—284页。

全部环节，体现出能够满足人在品德形成和发展过程中的需求的特质。高校德育资源本身是不会主动发挥其作用和功能的，它需要依靠高校德育工作者作为主体和载体来实现和完成。在高校德育的过程中，高校德育工作者要用发展的眼光看待与对待高校德育资源，主动对其发现、挖掘、开发与利用，激发德育资源内在的生命活力，为实现高校德育目标服务。

二、高校德育资源的特点

研究高校德育资源的运用，首先要对高校德育资源的特点有到位的认知。高校德育资源与社会德育资源、家庭德育资源等其他德育资源之间具有很多共同点，但又具有自身的特点。因其所处的教育场域、所作用的教育对象、所承载的时代诉求的不同，高校德育资源在开放性、丰富性和独特性三个方面表现出更为突出的特点。

（一）开放性

高校是社会系统中对时代的潮流与趋势反应最为迅速与敏锐的场所之一。高校德育从来不是一个封闭的系统，社会发展的开放性与交融性正深刻地影响着它的发展。作为高校德育重要组成部分的德育资源所呈现的各种特征，必然折射着世界的变动、时代的变化与社会的变革，并在一定程度上映照出世情、国情、社情的变化发展。高校德育资源的开放性主要体现在高校德育资源在所在时空上的开放性、其所作用对象的开放性和其所涉及主题的开放性。

高校德育资源所在的时空呈现开放的格局。对于高校师生而言，高校德育资源在动态中不断发展，具有多元、包容、变化的特点，在德育活动中持续进行对自身的更新与丰富。从结构上看，高校德育资源并非自成一体的闭合形态，而是与各类社会德育资源相融通，呈现出开放的结构与姿态。随着高校社会化程度的加深，大学之"墙"日益消弭，高校与社会高度联结，两者对德育资源的共享程度不断提升，突破了物理空间上的阻隔，打通了高校内外的壁垒，消除了彼此的隔阂，更丰富、更生动、更鲜活的社会德育资源源源不断地充实到高校德育活动中来。随着现代科技在高校教育活动中的普遍运用，高校德育资源更好地突破了空间的局限，跨越了时间的限制，传统德育资源与现代德育资源得以交汇融合，并在不断的积累与扩充过程中获得发展更新。从这个角度来看，凡是可为高校德育所用的各类社会德育资源都可归入高校德育资源的范畴，这是一个开放的动态系统。

高校德育资源所作用的对象呈现开放的特征。高校德育资源所作用的主要对象是师生群体，这是一个开放性的群体。高校师生本身是流动的，伴随着不同年级大学生的入学、升学、毕业，高校教职员工的入职、离职、调离、退休，大学中人员的进进出出，始终处在不断的变动中。高校德育资源还作用于广大的社会人群。大学与社会之间的距离随着大学校门对社会的敞开程度不断加大而日益缩小，高校德育资源正作用于越来越广泛的社会人群，其教育影响力不断向社区、家庭辐射，增强和推进了大中小学德育的一体化程度。随着高校社会服务功能的开发与强化，越来越多的中小学生和普通市民进入高校参加游学、校园观光、参观活动；各阶层社会人士赴高校进修、学习、培训呈现常态化，高校德育资源所覆盖与作用的对象人群越来越多元和丰富。

高校德育资源所涵盖的主题呈现开放的姿态。相对于社会系统而言，大学是包容的，对创新理论与先进思想具有最大限度的包容性。在不同的时代条件下，每当社会形态经历变革时，社会道德、主流价值取向、德育观念都会经历激烈的变化。道德是具有时代性的，高校德育资源同样如此。从德育资源所涵盖的德育主题上看，高校各类德育资源呈现出呼应时代需求的鲜明特点，其开放性充分折射与反映出时代发展变化的趋向。高校德育资源最初主要以道德规范类的教育资源为主，还包括政治教育资源、思想教育资源等。随着时代的发展与变动，当前的高校德育资源涵盖了更为广阔的德育内容，包括政治思想教育资源、道德规范教育资源、法律纪律教育资源、心理健康教育资源、先进传统文化教育资源等。高校是培养未来社会发展中坚力量的重要教育场所。无论处于什么样的时代和社会之中，理想与信念之光是高校教育系统中无可取代的永恒主题。"物质生活的丰裕富足、均衡发展，需要理想信念的目标牵引、动力激发；精神生活的枝繁叶茂、硕果累累，需要理想信念的举旗定向、支柱支撑。理想信念教育的主要内容是马克思主义、共产主义信仰教育，中国特色社会主义共同理想教育，中华民族伟大复兴的信心教育。这些内容内嵌于青年思想教育、政治教育和道德教育之中，同时涉及法治教育和心理教育等层面。"[1] 高校德育资源作为面向社会公众的公共德育产品，融入社会互动，为社会德育活动提供助力和支持，传播主流政治价值观念，发挥对社会政治系统的积极影响和作用。

（二）丰富性

高校对社会各领域变革的积极回应使高校德育资源得到了不断的充实与丰富。高校德育资源不仅包含了高校自身所拥有的德育资源，而且也将大量的社会德育资源纳入其中。这就决定了高校德育资源必然是丰富的。高校德育工作的开展，既要秉承优秀的传统模式和手段，也要坚持解放思想、实事求是、与时俱进和不断开拓创新的精神，开阔思路、拓展途径，有效利用和挖掘各种现有的、潜在的文化平台和社会资源。高校德育资源丰富性的特点主要体现在高校德育资源内容的丰富性、载体的丰富性、种类的丰富性、数量的丰富性上。

从德育资源内容上看，高校德育资源包括政治类德育资源、思想道德类德育资源、法纪类德育资源等，与高校德育的主要教育内容的构成是相匹配、相对应的。政治类德育资源是与政治教育相关的德育资源，包括马克思主义理论资源、马克思主义中国化理论资源、爱国主义教育资源等。思想类德育资源涵盖了传统文化、思想道德、生活伦理、社会规范等方面的德育资源。法纪类德育资源建立在现代法律意识基础上，是有助于大学生学法、懂法、用法、守法的各类德育资源。

从德育资源载体上看，高校德育资源包括主体德育资源、客体德育资源、介体德育资源、环体德育资源，这些德育资源的存在形式虚实结合、丰富多样。主体德育资源是高校中从事德育活动的教育者，是以人的形态所呈现的德育资源。客体德育资源是高校中承载着德育要素的客

---

[1] 代玉启：《新时代青年理想信念教育的境遇与理路创新》，《思想理论教育导刊》2022年第5期，第110—111页。

观存在，一般表现为物质形态或精神形态的德育资源。介体德育资源是指高校中承载、传播德育信息与要素的德育课程或具有德育价值的课程、德育教材或含有德育要素的专业教材、高校德育实践活动等现实载体，以及包含与之相关的德育资源的网络虚拟载体或通道。环体德育资源是有助于开展德育活动的环境要素，包括高校师生身处的课堂环境、校园环境、生活环境、网络环境等。

从德育资源种类上看，高校德育资源可依照其表现形态、时空分布特点等分类标准加以区分。从表现形态看，高校德育资源有实体形态的人力资源、物力资源等，也有精神形态的思想资源、组织资源等，还有理论形态的德育学术资源。不同形态结构的高校德育资源指向共同的德育目标。其中，人是高校德育资源诸形态中最重要的一种资源，也是最具有能动性的存在。从高校德育资源的时空分布特征来看，在时间维度上高校德育资源有指向当下、体现时代特征的现实德育资源，也有指向过去、展现传统的历史德育资源。当我们将高校德育资源与其所在的环境因素从空间结构上相联结时，可以按其虚实状态分为虚拟空间德育资源、现实空间德育资源，或按其与高校的相对位置分为校内德育资源、校外德育资源，或按其所在区域分为本地德育资源、外地德育资源，国内德育资源、国外德育资源，等等。

从德育资源数量上看，高校德育资源的体量庞大。随着高等教育现代化进程的推进，我国高校在数量规模、层次结构、办学类型上发展迅速，所有高校办学理念高度一致，以立德树人为最高的目标，这些为高校德育资源在质量上的不断提升丰富、数量上的充实发展奠定了现实的支撑与保障。由于高校德育资源的分类标准多样，同一德育资源可按照不同标准归类，且在进行数量统计时缺乏统一的参照尺度，因此无法精确计数。同时，由于随着时间的推移，高校德育资源处在不断更新、变化、发展中，因而也很难精确计算其具体数量。

(三) 独特性

无论处在什么样的时代、什么样的国家、什么样的社会，大学精神内核中对人的尊重、对知识的追求、对未知的探索使高校在对人的教育过程中始终保持着对真理的坚守。"没有什么机构能担当起大学的职能，没有什么机构能够占据这个大学已长久地注入了如此多的才智和道德影响的位置。"[1] 与其他社会性的德育资源相比较，高校德育资源具有其非常独特的一面，主要体现在开放性强、兼收并蓄，目的明确、指向性强，生命力旺、富有活力三个方面。

开放性强、兼收并蓄是高校德育资源的独特性表现之一。国际化视野下的高校人才培养，各类教育资源的流动与融合成为趋势，各国高校德育资源之间的共享与交流成为一种常态。在当前时代背景下，开放型的德育取代封闭型德育已是大势所趋。高校的开放性使世界范围内各国高校丰富的课程资源共享、高校师生的学术交流与互动成为可能。通过人与物的双向流动，并借助各种现代科技手段，高校实现了学科知识与信息的跨国、跨区域、跨校的传播与交互。在全球范围内，德育资源的分布不均衡、运用存在差异。在高校之间的密切联系与往来中，与课程、教学相关的各类德育资源得以相遇、碰撞、交流与融合，互通、互学、互补、互鉴。同时，随着在社会经济发展中服务功能的不断强化，高校与社会中的各类组织之间的互动日益频繁，在交流与合作中对各类德育资源的互补、配置与共享功能也大大提升。这为高校德育对学校以外的社会德育资源、地方德育资源的积极吸收与利用创造了有利的条件。

目的明确、指向性强是高校德育资源的又一独特性表现。实现一个国家的目标需要凝聚整个民族的力量，尤其是民族中堪当大任者的力量。一个国家的内部道德秩序和主流价值观念的构建，为生活于其中的个体的精神生活状态铺垫了一个相对稳固的基础。随着各种不同价值观念、思潮、生活方式的冲击，自由主义、享乐主义、极端个人主义对大学校园中年轻一代的负面影响不可低估。回顾中国的历史，爱国主义是中华民族精神的核心。当国家民族面临危亡，民族精神总是成为指引青年们团结和奋斗的无形力量。当前，中国特色社会主义道路作为实现社会主义现代化的必由之路，对人才工作提出了更高的要求。就我国而

---

[1] 约翰·S. 布鲁贝克：《高等教育哲学》，王承绪、郑继伟、张维平等译，浙江教育出版社，1987，第146页。

言，具有中国特色的高校德育资源根植于我们的文化基因，展现了对历史规律的正确认知与把握，反映着国家民族的特点，体现着中国教育的特色，也反映出新时代对高校德育的根本要求。

高校德育资源的独特性还表现在生命力旺、富有活力。高校师生是社会中最为活跃的群体之一，他们富有创造力，乐于接受新的事物，具有创新的能力。高校德育资源作为一个开放的系统，不断地从社会的发展变革中、从文化的创新进步中吸取新鲜的养料，增强其内在的活力和吸引力。就某种意义而言，一所所高校就好比是社会中的一个个超大学习型组织，其中的师生有着共同的愿景，他们善于不断学习，富有创造性。与社会中的其他组织相比较，高校本身有着得天独厚的先天资源优势，拥有大量的优质教学资源，其中就包括了丰富的学科型德育资源、学术型德育资源、活动型德育资源等。在现代高校的发展变革过程中，不同类型的高校在不断地孕育、创造、积累、吸收着各类新兴的德育资源，高校德育资源库不断经历着吐故纳新的过程。同时，高校德育工作者也在积极探索着德育资源运用的崭新理念、方式与实践。近年来课程思政理念在高校的引入与推广，扩展了高校德育的主体、充实丰富了高校德育的内涵与内容，持续探索并创新着高校德育模式，极大地改变了高校原有的德育生态系统。高校课程思政实践前所未有地提高了对高校德育资源的重视程度，加大了对其开发利用的力度，着力加强了高校德育人力资源的建设，提升了高校德育队伍的整体素质与能力，创造了一个鼓励、支持、激发德育创新的良好氛围，为高校德育活动注入了新的活力。

三、高校德育资源的价值指向

德育资源的价值具有一定的指向性。马克思认为："'价值'这个普遍的概念是从人们对待满足他们需要的外界物的关系中产生的。"[1]德育资源价值能否产生取决于它是否能同人们的需要相联系，以及它能

---

[1] 中共中央马克思恩格斯列宁斯大林著作编译局：《马克思恩格斯全集》第十九卷，人民出版社，1963，第406页。

够满足人们的这些需要的程度。当然，价值指向不等于价值的实现。价值指向代表着价值实现的方向性，而所指向的价值得以实现并非自然会发生的，而是需要经过努力才能达成的。高校德育资源价值的体现和实现是与高校德育的需求相衔接、相契合的。高校德育资源本身可以转化为德育的内容，也可以成为德育的载体与基质。一般来说，高校德育资源集中体现着一定时期社会主流意识形态的意志，其中有政治思想的表达、有道德观念的呈现，也有精神力量的回响。高校德育资源的价值研究，集中于对人的理想信念、道德品质的影响，对社会道德风尚、发展进步的作用，对国家民族凝聚力与精神共识的推动。当我们探讨高校德育资源的价值指向时，可以从个体、社会与国家的角度去加以发掘和阐释。

（一）人的自由全面发展

如果把高校德育比作一个生态系统的话，那么德育资源是其中不可或缺的阳光、空气和水，是高校德育中的"人"获得浇灌、滋养的必需品，是内在的思想、修养和心灵成长的重要驱动因素和营养物质。高校德育的基本理念是以人为本，促进人的自由全面发展。无论是对个体的人还是集体的人而言，高校德育资源的价值指向都是指向人的，是以人为中心的，高校德育资源遵循大学生身心发展的客观规律，重视大学生的主体性发展，发展大学生的独立人格、创新意识、进取精神。广义而言，人的自由全面发展是人类发展的最终目标。当高校德育资源指向个体时，着眼服务于人的自由全面发展，主要发挥其对于个体的价值。从个体价值维度看，提升大学生的品德修养层次是高校德育资源的价值所在。高校德育坚持立德树人，强调尊重学生，以实现人的价值为目的，致力于人的自由全面发展。从本质上来讲，对高校德育资源人本性的特点认知，体现了高校中的个体的人、群体的人和与高校相关的德育资源之间的互动关系。人是历史的创造者，也是历史创造的产物，两者处在动态的互动影响中。

高校德育资源是人创造出来的，而它的有效运用也在塑造和改变着人。在这里，对高校德育资源起作用的、对其进行加工的人和受其作用的人通常指代的并非同一个。以往，我们认为：前一个"人"指的是高校教育者，后一个"人"指的是高校的教育对象。不过，随着时代的发展和教育的进步，教育的模式不再单一与固定，前一个"人"和后一个"人"的位置不是一成不变的，两者甚至有时是重合的。高校德育活动是一个改变大学生的认知、思维、情感、行动等行为模式的人与人之间的互动过程。在德育活动中，高校德育资源在这个人与人之间相互作用的动态变化的过程中，必须先要经过人的作用与加工，再通过某种方式或途径作用于人，才能实现其价值。要扮演如此重要的角色，高校德育资源必须体现以人为本的特点。高校德育资源所作用的人，即教育或影响的对象可以是高校中所有的成员，不仅包括学生，也包括教职工、服务人员，乃至一切与高校各类活动相关的校园内外的人。高校德育资源主要服务于高校大学生德育工作，同时也是开展高校教师师德、师风教育的重要教育资源。人本性不仅仅体现为以大学生的需求为本，满足他们成长的需要，也要体现在以教师的需求为本上。高校德育资源不仅仅满足教师业务上的需求、教学工作的需求，同时也要满足高校教师作为人的发展的需求。高校德育资源作为一种带有人的属性的资源，它为人而生、为人所用。服务于人的自由全面发展是高校德育资源的立足点。这个点既是起点，也是终点。马克思说："每一点同时表现为起点和终点，并且只有在它表现为终点的时候，它才表现为起点。"[1] 从起点到终点，再到起点，当起点和终点相遇构成闭环时，这个起点已经不是原来的起点，而成为一个具有比之前的原点更高的、新的起点。当我们对高校德育中出现的各类德育资源所具有的特点进行审视时，不能忽视这两个点之间的关系。人既是其作用的起点，也是其发挥作用的终点，两者是高度统一的，也是不断盘旋上升的。

高校德育资源之所以作为德育资源而存在，首先是因为它的价值与人是紧密关联的。"依据马克思主义理论体系的开放性特征和马克思主义唯物辩证史观，'现实的人'是随'现实'的发展变化而不断更新其本质的，人的存在必然相应地是一个开放的、不断发展的存在——无论

---

[1] 中共中央马克思恩格斯列宁斯大林著作编译局：《马克思恩格斯全集》第四十六卷上册，人民出版社，1979，第152页。

从个体的人还是从总体的人的角度来看，都是如此。"[1] 人本质上的发展特性决定了为其发展所服务的各类资源的存在状态。高校德育资源的这一特点，决定了它们势必也是开放的、具有张力的，在不断地发展变化中时刻保持内部的充盈与活力，以适应与满足人的发展需求和作为整体的人的社会的发展需求。在《1844年经济学哲学手稿》中，马克思指出人的道德精神的发展是人的全面发展的一个重要方面，共产主义者根本不进行任何道德说教。对于道德问题的这一表述是马克思眼中共产主义者对道德所应持有的基本态度，反映着马克思主义的基本道德观。因此，在对高校德育资源运用的过程中要尊重和体现人的主体性，观照人的发展性，倚重人的实践性，更要依靠人的力量达成高校德育的终极目标。高校教育者要通过充分尊重高校学生作为德育对象的主体性来引导、启发其内在的德育要求和自主意识，调动他们在德育活动中的自觉性和创造性，促进其个体的道德发展。可见，以人为本，以人的全面自由发展为价值指向是高校德育资源所具有的最突出，也是首要的一个特点。

（二）社会的和谐稳定

人的本质在于他的社会性，人的本质力量会通过各种方式作用于和体现在社会的发展进程中。历史辩证地看：人是社会的产品，社会也是人的产品。人的本质力量的充分体现是一个历史的过程，必须以一定的物质生产为基础，以一定的精神生产为积累逐步展开，并随着社会的演进而发展变化。从某种意义上而言，德育资源体现了人的本质力量的外化。"个人的全面发展，只有到了外部世界对个人才能的实际发展所起的推动作用为个人本身所驾驭的时候，才不再是理想、职责等等，这也正是共产主义者所向往的。"[2] 德育资源是由人创造出来的，而人也是德育资源参与德育过程塑造出来的产品，两者之间关联密切。高校作为

---

[1] 周宏：《教化与文化——传统大学德育的时代面向》，中国社会科学出版社，2019，第80页。

[2] 中共中央马克思恩格斯列宁斯大林著作编译局：《马克思恩格斯全集》第三卷，人民出版社，1960，第330页。

社会的组成部分，高校中的人也是社会的人。高校德育资源为大学生等高校中的人、与高校相关的人在德行上的成长与发展提供了必要的物质上的、精神上的、心理上的条件与保障。高校德育资源不仅作用于人的发展，满足个体的人的成长需求、群体的人的发展需求，更指向社会发展的需求。在高校德育资源的作用下，高校所"育"的不仅仅是个体意义上的人，高校德育致力于培养个体的主体性人格；更是为社会培育带有强烈社会属性的人，这种社会性的人拥有着一致的道德观、共同的价值观、远大的目标和坚定的信仰，对推动社会的发展与进步具有重要价值和意义。

  道德的中心问题是解决人与人之间、个人与社会之间的关系问题，而高校德育的实践本质就是寻求个体与社会的和谐发展，这与高校德育资源的社会价值指向是相吻合的。在高校德育的实践探索中，高校德育资源的运用以人的需求作为出发点和目的，将人的道德体验、个性塑造、价值建构、现实追求置于社会交往和合作的实践中及人类社会与自然的互动中，推动作为道德主体的人在与外界相互作用的过程中达到同步与契合。高校德育资源通过不同的形式、载体、平台来表达、展示、肯定、强调、传递包含着与人的个体与自身的关系、个人与他人的关系相关的道德准则、价值观念、规范体系，为高校中个体的人与群体的人的平等、尊重、宽容、关怀、奉献等道德品质的养成提供重要的基质。融洽的生生关系、师生关系、家校关系本身就是可贵的德育资源，它们对高校德育对象在理解和认同社会主义道德体系中的私德与公德起到了良好的示范效应，也为大学生今后步入社会，在家庭美德、社会公德、职业道德等方面的认知倾向、认同模式与行为选择提供了现实的榜样坐标与参照系统。

  马克思主义认为，道德的源头可以追溯到人与自然的关系，道德是人类社会不断发展的产物，道德的内涵也是不断变化发展的。人在自然中生存，在生存中不断发展，在不断改造自然的过程中改变自身，逐步产生了改造自然与约束自身的种种规则和秩序，创造了丰富的物质文明和精神文明。正是在文明的创造过程中，"人们自觉地或不自觉地，归根到底总是从他们阶级地位所依据的实际关系中——从他们进行生产和交换的经济关系中,获得自己的伦理观念。"[1] 随着时代的发展,高校德育资源涵盖的领域不断向协调人与自然之间关系的主题延伸与拓展,主要表现为培养和提升大学师生生态意识的生态德育资源的日益丰富。

高校德育资源的主题集中于对"人"与自身及其所处的外部世界关系的探索上。"人,作为人类历史的经常前提,也是人类历史的经常的产物和结果,而人只有作为自己本身的产物和结果才成为前提。"[2] 在人类历史发展中,人作用于外部的环境,使社会环境的变化保持着持续、不间断的状态。这种变化虽然在一定程度上带有对以往社会的继承性和延续性,但却不是一种简单的保留,而是在加工、变革基础上的创造,因而也会对人本身产生能动的影响。高校德育资源以不同的形态、面貌、方式呈现人与人之间的关系、反映人与社会之间的关系、投射人与自然之间的关系,并作用于高校德育的全过程,引导作为高校德育对象的人构建并树立符合社会需求、时代需求的道德规范体系。可以说,高校德育资源通过人得以作用于人、作用于人所在的环境,达到影响人、改变人、塑造人的目标,成为增进人际平衡、推动社会发展进步、促进社会和谐稳定的一种重要支撑力量。

(三) 中华民族伟大复兴

高校德育资源的最高价值指向是实现中华民族伟大复兴。马克思、恩格斯曾预言:"代替那存在着阶级和阶级对立的资产阶级旧社会的,将是这样一个联合体,在那里,每个人的自由发展是一切人的自由发展的条件。"[3] 每个人的自由发展的实现无疑是一种极其理想的状态。马克思不否认在这个阶段到来之前,"国家的真正的'社会教育作用'就在于它的合乎理性的社会的存在","把个人的目的变成大家的目的,

---

[1] 中共中央马克思恩格斯列宁斯大林著作编译局:《马克思恩格斯选集》第三卷,人民出版社,1995,第434页。
[2] 中共中央马克思恩格斯列宁斯大林著作编译局:《马克思恩格斯全集》第二十六卷第三册,人民出版社,1974,第545页。
[3] 中共中央马克思恩格斯列宁斯大林著作编译局:《马克思恩格斯选集》第一卷,人民出版社,1995,第294页。

把粗野的本能变成道德的意向，把天然的独立性变成精神的自由"[1]，认为在道德教育的过程中，人民是国家、社会的主人和历史的动力，每个人是道德教育的对象，同时也是道德教育的主体。高校承担着为国家培养和输送高质量人才的重要任务。在推进公民道德建设，着力培养担当民族复兴大任的时代新人的高校德育活动中，高校德育资源发挥着重要的价值。落实立德树人根本任务，筑牢中华民族思想根基，是高校德育资源在国家层面的价值指向。

教育、科技、人才是全面建设社会主义现代化国家的基础性、战略性支撑。德育现代化是中国式现代化的重要组成部分。在中国式现代化道路行进的过程中，人是实现中国式现代化的主体力量，德才兼备的人才是实现中国式现代化目标的重要保障。教育的根本问题是培养什么人、怎样培养人、为谁培养人。2001年9月，由中共中央印发实施的《公民道德建设实施纲要》提出：通过公民道德建设的不断深化和拓展，逐步形成与发展社会主义市场经济相适应的社会主义道德体系。2019年10月，中共中央、国务院印发实施的《新时代公民道德建设实施纲要》提出：中国特色社会主义进入新时代，加强公民道德建设、提高全社会道德水平，是全面建成小康社会、全面建设社会主义现代化强国的战略任务，是适应社会主要矛盾变化、满足人民对美好生活向往的迫切需要，是促进社会全面进步、人的全面发展的必然要求。实现对高校德育资源的高质量运用，充分发挥高校德育资源对人才培养的价值，是中国式现代化在高校德育现代化发展中的落实与体现。邓小平同志曾指出："中国的事情能不能办好，社会主义和改革开放能不能坚持，经济能不能快一点发展起来，国家能不能长治久安，从一定意义上说，关键在人。""所以，要把我们的军队教育好，把我们的专政机构教育好，把共产党员教育好，把人民和青年教育好。"[2] 著名社会学家英格尔斯认为：人的现代化是国家现代化必不可少的因素，是现代化制度与经济赖以长期发展并取得成功的先决条件，"一个国家，只有当它的人民是

---

[1] 中共中央马克思恩格斯列宁斯大林著作编译局：《马克思恩格斯全集》第一卷，人民出版社，1956，第118页。
[2] 邓小平：《邓小平文选》第三卷，人民出版社，1993，第380页。

现代人，它的国民从心理和行为上都转变为现代的人格，它的现代政治、经济和文化管理机构中的工作人员都获得了某种与现代化发展相适应的现代性，这样的国家才可真正称之为现代化国家。"[1] 归根结底，在国家的现代化进程中，首要的是对人的内在精神世界的现代化塑造，使之成为具有现代性的人，并以人的现代化驱动国家和全民族的现代化。高校德育资源在服务于高校德育的过程中要进行高质量的配置、运用与更新，其发展要同步于时代的发展，在中国式现代化的语境中发现价值、实现价值。

中国式现代化是物质文明和精神文明相协调的现代化。"中国式的德育现代化是真正着眼于人的全面发展的现代化，它是对西方式现代化的深刻反思，它所要培养的是物质与精神、肉体与心灵和谐发展的现代人。"[2] 对标中国式德育现代化的核心要义，高校德育资源的价值指向充分体现在其自身的现代化发展上。高校德育资源越来越聚焦国家层面所高度关注的战略目标及战略目标的动向。从新时代的到来到马克思主义中国化时代化新境界的开辟，从国家的发展目标、任务到推进党的建设，从维护国家安全到推动构建人类命运共同体，当前高校的各类德育资源已全面融入、充分涵盖、科学整合了党的二十大报告精神。高校德育资源在主题构成上与呈现方式上都日益体现出对重要领域、时代主题与现实处境的反思，对国家民族未来的规划与行动的回应，凸显了家国情怀与忧患意识，坚持了道路自信、理论自信、制度自信与文化自信，实现了从公民个体对国家的热爱到全民族在家国天下层面对更大意义上的价值认同的升华。

---

[1] 阿历克斯·英格尔斯：《人的现代化——心理·思想·态度·行为》，殷陆君编译，四川人民出版社，1985，第8页。

[2] 叶飞：《德育现代化的核心要义及实现路径》，《中国电化教育》2023年第1期，第71页。

第二章
高校德育资源的形态结构

高校德育资源在形态结构上是丰富多样的，不同形态之间会互相发生转化，在时空结构、组织脉络、文化肌理上有着丰富的层次。高校德育资源在形态结构上的特点决定了高校对德育资源的运用不会限于一种固定的模式，而有着广泛的选项和众多的可能性。高校德育资源按照资源的所属状态可分为两大类：一类是高校特有的德育资源，另一类是整个社会共有但在高校中同样发挥重要作用的德育资源。高校德育资源的构成是立体多元的，既有物质化的形态构成，也有非物质化的精神存在方式。根据时空范围的不同、文化要素的差别，高校德育资源还可划分为众多不同的类型。作为一个复杂的系统，不同类型的高校德育资源共存发展，它们之间相互联系、相互作用、彼此制约与影响，保持着自身的独特属性，在德育过程中发挥着各自特有的影响力。

第一节　高校德育资源的主要形态

高校德育资源从形态特征上来看，有具象的实体形态表现，也有抽象的精神形态表现。实体形态的物质资源、精神形态的思想资源、精神资源、组织资源等承载和体现着高校德育的物质存在、思想投射、精神反映与组织诉求。虽然形态各异，但不同形态的高校德育资源具有共同的目标指向和德育内核，有较高的同质性。

一、实体形态的德育资源

实体形态的高校德育资源是高校德育资源最主要的一种呈现方式，一般是直接可见的或是在一定的教育场域中能够近距离接触的。实体形态的高校德育资源比较容易识别，外在区分度较高。通常来说，实体形态的高校德育资源对外在的物质有较高的依赖性，物质外壳是德育要素存在的重要载体。实体形态的高校德育资源具有良好的可辨识度和鲜明的外部特征，人们对这类德育资源的建设与运用往往更为关注和重视。当前高校德育资源的实体形态类型可分为人的形态、物的形态、事的形态三类，这些高校德育资源的实体形态各有特点、互有交集、彼此支撑、共同发力。

（一）人的形态

高校德育资源的第一形态是人的形态。社会由人组成，高校是社会的一部分，也由人组成。马克思认为："作为确定的人，现实的人，你就有规定，就有使命，就有任务，至于你是否意识到这一点，那都是无所谓的。这个任务是由于你的需要及其与现存世界的联系而产生的。"[1] 人构成了社会运转中最重要的资源，也是最宝贵的高校德育资源。从某种意义上来说，任何形态的德育资源，都是由人所衍生出来的，以人为出发点，以人为中心，其存在的终极价值最终也是指向人的，服务于人，为人所用。人本身就是一种具有创造性的资源，作为高校德育的主体与客体，人是所有高校德育资源的源头活水，也是高校德育资源运用中最为活跃的存在、最为关键性的要素。具体来说，以人为形态的高校德育资源不仅包括近距离的、可直接接触的在校园中活动的人，亦包括远距离的、没有直接接触的校园外部的人。校内的学生、教师、辅导员、行政管理人员、后勤保障人员等是高校德育资源，校园之外的家长、校友，社会上的楷模、英雄、先进人物等也是高校德育资源。正如邓小平所指出的："我们的毛泽东同志、周恩来同志以身作则，严于律己，艰苦奋斗，几十年如一日，成为我党我军优良传统和作风的化身。他们的感人事迹在全党、全军、全国人民中，发生了多么巨大和深远的影响！不仅影响到我们这一代，而且影响到子孙后代。"[2]

以人为形态的德育资源与各类德育要素密切结合，共同作用于人的成长。人的实体形态是人格形态得以依附和体现的重要载体。《论语》中所说的"三人行，必有我师"体现的是人对人的影响与感召。在特定的环境中，一些人的言谈举止，他们的语言、思想、态度、行为往往会对身边的其他人产生巨大的感染力、影响力与吸引力，从而深刻地改

---

[1] 中共中央马克思恩格斯列宁斯大林著作编译局：《马克思恩格斯全集》第三卷，人民出版社，1960，第328—329页。
[2] 邓小平：《邓小平文选》第二卷，人民出版社，1994，第125页。

变他人的知情意行。古人云："亲其师，信其道；尊其师，奉其教；敬其师，效其行。"人的形态的德育资源在高校德育活动中运用比较普遍，它富有生命力，是鲜活生动、易于引发处于德育场域中的人的直接感受或间接体悟。人的形态的德育资源在运用中能比较主动地与其他形态的高校德育资源相配合，实现德育资源的不同形态之间的转换与升华，起到情景交融、情理交融的良好德育效果。

（二）物的形态

高校德育资源的形态除了人的形态，也常以物的形态得以呈现。物没有生命，但往往蕴含着无声的语言、承载着可贵的精神。德育资源所呈现的物的形态与人的形态在本质上有着深度的关联。这反映出物可以是一种媒介和载体，引发后人的思考和心灵的回响。人在过往时空中的言行思想在多年以后依旧能够以物的形态得以留存，在物的身上留下了人的痕迹。成语"睹物思人"表达的就是物的形态与人的形态在本质上的深度关联。

以物为表现形态的高校德育资源主要可以分为两大类，一类是高校内部包含德育因素的相关硬件设施，校园建筑、活动场所、仪器设备、图书资料等都属于物态的德育资源。高校校园中优美的建筑，良好的校园环境给其中的人以无形中的陶冶与影响。图书馆、研究室中的书籍不仅装有知识，也承载思想和精神。另一类是高校所获得的用于支持与推动德育工作开展的经费类资源。高校日常德育工作的开支、精神文明专项表彰奖励、各种德育类奖、助学金、德育奖教金、帮困助学金、德育教学研究培育项目经费、德育基地建设经费等都属于经费类的高校德育资源。根据高校德育工作的实际需求，经费类资源在一定的条件下都会被转化成相应的物的形态的德育资源，为实现高校立德树人根本宗旨服务。

（三）事的形态

在古汉语中，"事"与"史"同源，在甲骨文中本为一个字。这说明在过去，事与历史密切相关。今天，我们所说的事主要指各种事件与活动。以事为表现形态的高校德育资源指的是各种包含德育因素的人类历史、故事、活动等。事的形态的高校德育资源也体现为规范与服务高校德育工作的相关制度与政策。在过去,叙事主要借助文字、符号等手段或方式得以实现。而今天,声音和图像因其直观、鲜明、富有冲击力和感染力等特点而成为叙事的重要方式。以事的形态呈现的高校德育资源需要依托其他形态的德育资源来表达和传播。从日常生活中口耳相传的人际传播到特定场景中目的明确地借助于文字、读本、声音、视觉形象或作品,通过某些活动、仪式等方式得以展示出来。与高校德育教学内容关联的中国革命史、中国共产党史、改革开放史、新中国史等历史的叙事属于事的形态的高校德育资源。高校的发展历史、办学历程、校风校训等与校史相关的高校德育资源也属于事的形态的高校德育资源。这些德育资源可通过高校校史馆、高校博物馆中所陈列的历史照片、展示品、收藏品、纪念品等以实物的形式呈现,亦可借由课堂上教师的讲述、活动中人员的互动或场馆中讲解人员的语言表达得以实现,还可通过阅读、收听、观看记录事件或活动的相关文字、音视频作品或节目等达成。

以事为外部表现的德育实体形态是高校德育资源中比较特别的一种,它与人的形态的德育资源、物的形态的德育资源之间关联非常密切,有时甚至无法完全独立分开。事的传播需要通过人的活动、借助物的展示来叙述和表达。所谓叙事,指的是对故事的讲述或描述。以人叙事,事件是与人的活动相关联的,借助人的视角来呈现与记录,并通过人来叙述和表达的。以物叙事,事件通过人来刻画与表现,但它还需要通过一定的介质,以外在的物质作为载体或支持才能得以展现、传播与流传下去。因此,德育资源以事的形态出现,它一定离不开人与物的支撑。在高校德育研究中,将人的形态、物的形态、事的形态的高校德育资源割裂开来是不合适的,须全面、系统地进行分析与运用。

二、精神形态的德育资源

人无精神不立,国无精神不强。精神形态的德育资源在高校德育资源中极其重要。高校所拥有的精神形态的德育资源就其本身而言，很多时候并非直接可见，它常常附着在一定的载体上。精神形态的德育资源借助于特定的人、地、物、事等一些德育资源的实体形态让其中的人们能够感知到和体会到，促动教育对象在思想深处进一步对其进行探索、领悟，进而理解、认同与内化。精神形态的德育资源通常需要以物质形态为依托，通过非直观呈现的方式作用于德育对象的精神世界，使德育对象在学、思、践、悟中养成与发展内在德性与外在德行。

高校精神形态的德育资源主要包括三种主要类型：第一类是以真善美为追求的人格形态；第二类是以理想为支撑的信仰形态；第三类是以奋进为核心的品质形态。当精神形态的德育要素在高校德育过程中发挥作用时，其承载与推崇的德性往往会在个体身上和人群之中发生迁移、效仿与复制。

（一）以真善美为追求的人格形态

人格形态是高校精神形态德育资源的主要类型和表现形式。高校德育资源以真善美为追求的人格形态，可以理解为我们平时所说的与人相关的德行，或者高尚的人格。这里的人格不是心理学所言之"人的性格、气质、能力等特征的总和"的人格，而主要指人的道德品质，是人作为权利主体和义务主体的一种基本资质。这种人格美根源于人内在的德性。或者说，内在的美是一种美的人格形态。美的人格形态指向人的精神世界，其展现不仅需要达到一定的认识上的积累，也有赖于精神上的执著一致，散发出向美、求真、趋善的人性光辉，历经时光打磨方能绽放其光彩。高校德育资源中的以真善美为追求的人格形态为高校德育对象提供了丰富的精神滋养。高校德育资源在人格形态上追求真善美的特点，在培育个体人格涵养的过程中体现出立体而丰富的层次性，其中既包含了人的世界观、人生观和各种价值观念，也包含了人的品德、习惯与操守。高校所倡导的优良师德师风就是一种以真善美为追求的理想教师人格形态。

（二）以理想为支撑的信仰形态

理想信念是认知、情感和意志的有机统一体。"理想是人们在实践中形成的对未来社会和自身发展的向往与追求。信念是人们在一定认识基础上确立的对某种思想或事物坚定不移并身体力行的精神状态。坚定的理想信念是一个人、一个政党、一个民族、一个国家的精神支柱和精神动力。"[1] 作为一种独立的精神力量，理想信念支配和影响着人们的判断与行动，不断激发人们创造新的价值准则，并履践相应的道德行为。无论是革命战争年代，还是社会主义建设发展时期，信仰始终是点亮中华儿女的精神支柱，是激励人们不断努力拼搏的力量源泉。对马克思主义的坚定信仰，对社会主义和共产主义的坚定信念，是当前高校精神形态德育资源的重要内核与表现。信仰作为一种对远景目标的向往，需要以理性指向未来目标实现的理想作为支撑。信仰的构筑需要建立在对理想执著追求的基础之上。马克思主义认为，道德的基础是人类精神的自律。信仰形态的高校德育资源具有科学性、真理性、合理性，能使受教育者产生深刻的理性认同，为他们提供强大的信念支撑与道德行为驱动力。信仰形态的德育资源可以在高校校园环境的建设、课程规划的设计与实践活动的开展中得到充分利用。这为高校师生创造了深入把握马克思主义基本原理和马克思主义创新理论的场景，提升了他们在学习、研究、生活中运用马克思主义的立场、观点、方法观察世界、分析社会、解决问题的觉悟与能力，使其能够深刻领悟社会发展运行的基本规律，掌握认识与改造世界的重要思想武器，从而为实现中国式现代化与中华民族伟大复兴的中国梦提供有力的支持。

（三）以奋进为核心的品质形态

品质形态的高校德育资源反映与体现着时代的精神风貌，与具有鲜明时代特点的人与事相关联。品质形态的资源由不同的历史发展时期的特定个体或群体在各个领域、行业或事件中所表现出来的在思想、认识与行动上积极进取的德行所构成。以奋进为核心的品质形态的德育资源在高校德育系统中广泛存在，引导大学生在各类思想观念的矛盾冲突中坚定信念，在内心完成不同行为动机的斗争，进而能正确地认识世界和

---

[1] 陈万柏、张耀灿：《思想政治教育学原理（第三版）》，高等教育出版社，2015，第186页。

改造世界。以奋进为核心的品质形态的德育资源通过高校中活动的德育主客体间的传播与互动得以展示与强化，形成了具有精神感召力的"精神"序列。无论是体现信仰追求、坚守真理的建党精神、革命精神，还是展现奋斗拼搏姿态、体现服务社会理念的大学精神、校风校训，这些以精神、作风等形式表现出的品质形态的德育资源涵盖了社会生活、家庭生活的方方面面，为高校德育对象树立了富有内在张力的品德发展、养成的参照和坐标。高校德育资源的品质形态展现的是与人的生活经历深度关联的内在精神世界。高尚的品格如同旗帜，能极有力地召唤与激发人能动地作用、积极地改造内在与外部世界，创造充实的生活状态，为自身构筑更高的价值高度和存在理由。

三、理论形态的德育资源

理论形态的高校德育资源与社会政治生活高度关联，体现着强烈的国家意志与主流意识形态的诉求。"马克思主义的内在吸引力在于它表现了对现存社会制度的批判和对未来更美好社会的向往，这种批判和向往来自于深刻的思考而不是简单的对阶级利益的反映，它是有理性基础的。"[1] 对马克思主义的信仰是以马克思主义理论为指导的，马克思主义理论资源作为高校重要的德育资源，发挥着强大的教化引领功能。当前，我国高校理论形态德育资源主要包括马克思主义理论与中国化马克思主义相关理论。在高校德育工作中要加强对马克思主义理论和中国化马克思主义相关理论的学习与实践，坚持用马克思主义的立场、观点和方法来观察世界、分析世界、指导实践。

（一）马克思主义理论

马克思主义是关于自然、社会和人类思维发展一般规律的科学认识，深刻地揭示了人类社会的发展规律，是被历史发展不断证明了的科学理论。马克思主义理论是马克思、恩格斯在继承人类思想文化优秀遗

---

[1] 罗伯特·韦尔，凯·尼尔森：《分析马克思主义新论》，鲁克俭、王金来、杨诘等译，中国人民大学出版社，2002，第51页。

产和立足于人类物质生产实践的基础上创立的，包括马克思主义哲学、马克思主义政治经济学和科学社会主义三大组成部分。马克思主义哲学，即辩证唯物主义和历史唯物主义，是关于自然界、人类社会和思维发展最一般规律的科学，是无产阶级的世界观和方法论，是马克思主义学说的理论基础和重要组成部分。马克思主义哲学的创立是哲学史上的伟大变革。马克思主义哲学具有两个最显著的特点：一个是它的阶级性，即公然申明自己的哲学是为无产阶级和广大人民的解放事业服务的；另一个是它的实践性，即强调理论对实践的依赖关系，理论的基础是实践，又反过来为实践服务。马克思主义政治经济学建立在西方经济学的基础上，对资本主义经济学理论进行了分析和批判，结合无产阶级政治经济学，以社会的生产关系即经济关系为研究对象，辩证系统地阐述了社会主义经济发展的基本规律。科学社会主义是关于无产阶级解放条件的学说，是关于人们认识社会的具体科学理论。马克思、恩格斯运用辩证唯物主义的逻辑思维批判了历代空想社会主义，以历史唯物主义的观点揭示和发现了人类社会发展的规律及剩余价值规律这一当代资本主义经济运动的规律。

在人类思想史上，马克思主义的诞生是一次伟大的变革，对社会产生了广泛而深刻的影响，深刻改变了文明发展的进程。马克思主义作为一种世界性的学说，其影响早已超越了国界，为全人类提供了解释世界的科学工具，是科学的世界观，也是有效的方法论。马克思主义是无产阶级改造世界的推动力量，为全世界的无产阶级革命提供了科学依据和行动指南。马克思主义是一个开放的理论系统，在时间维度和空间向度上回应着时代的诉求，不断丰富与发展自己。

（二）中国化马克思主义相关理论

中国化马克思主义是马克思主义在中国的理论发展成果，是把马克思主义的基本原理进一步地同中国实践、中国历史、中国文化结合起来，构建出的马克思主义理论的新形态，是马克思主义在中国实践的具体化。马克思主义的世界观和方法论创造性地揭示了人类社会的发展规律，深刻影响着与改变着中华民族的前途命运。中国共产党人将马克思基本原理同中国具体实际相结合，推动马克思主义中国化进程不断实现飞跃。以毛泽东为代表的中国共产党人，围绕什么是新民主主义革命和怎样进行新民主主义革命的一系列根本问题进行研究与实践，并对如何进行社会主义建设进行了艰辛探索，形成毛泽东思想，实现了马克思主义中国化的历史性飞跃。以邓小平为代表的中国共产党人，围绕什么是社会主义、如何建设社会主义的主题进行了科学回答，开创了中国特色社会主义的成功之道，创立了邓小平理论，这是对马克思主义社会主义理论形态的伟大创新。以江泽民为代表的中国共产党人，围绕建设一个什么样的党，如何建设党的核心主题，继续推进中国特色社会主义建设，提出了"三个代表"重要思想。以胡锦涛为代表的党中央继续从理论和实践两方面向前推进，提出树立科学发展观和构建社会主义和谐社会的两大战略思想。以习近平同志为主要代表的中国共产党人坚持以马克思列宁主义、毛泽东思想、邓小平理论、"三个代表"重要思想、科学发展观为指导，坚持解放思想、实事求是、与时俱进、求真务实，坚持辩证唯物主义和历史唯物主义，紧密结合新的时代条件和实践要求，以全新的视野深化对共产党执政规律、社会主义建设规律、人类社会发展规律的认识，进行艰辛理论探索，取得重大理论创新成果，创立了习近平新时代中国特色社会主义思想。习近平新时代中国特色社会主义思想是当代中国马克思主义、二十一世纪马克思主义，是中华文化和中国精神的时代精华，实现了马克思主义中国化时代化新的飞跃。

四、组织形态的德育资源

组织是人们为实现一定的目标，互相协作而结成的集体或团体，有着明确的目标导向和严密的体系结构，是构成社会的基本单元。高等学校是社会中的特定人群所构成的组织。高校师生是高校组织中的主要成员，有着共同的目标诉求，在高校的运转中分工合作。组织形态的德育资源是与高校内部各种组织相联系的德育资源，是高校德育资源中不可或缺的组成部分。高校组织形态的德育资源包含人、事、物等各种其他形态的德育资源。高校内部有党组织、团组织、学生组织等各类组织形态的德育资源。

(一) 高校党组织

高校实行的是党委领导下的校长负责制，高校党的委员会全面领导学校工作。立德树人是高校党组织的根本任务，立德树人的成效是检验高校党的建设工作的根本标准。高校党组织的全面领导为高校改革发展稳定、完成党和国家重大战略任务提供了思想保证、政治保证、组织保证。把青年一代培养成德智体美劳全面发展的社会主义建设者和接班人，是事关党和国家前途命运的重大战略任务，是全党的共同政治责任。对青年全面发展的要求中，德是排在第一位的。高校党组织必须高举中国特色社会主义伟大旗帜，以马克思列宁主义、毛泽东思想、邓小平理论、"三个代表"重要思想、科学发展观、习近平新时代中国特色社会主义思想为指导，增强"四个意识"、坚定"四个自信"、做到"两个维护"，全面贯彻党的基本理论、基本路线、基本方略，全面贯彻党的教育方针，坚持教育为人民服务、为中国共产党治国理政服务、为巩固和发展中国特色社会主义制度服务、为改革开放和社会主义现代化建设服务，坚守为党育人、为国育才，培养德智体美劳全面发展的社会主义建设者和接班人。为了实现这一目标，高校党组织在建设、成长、发展的过程中创造、积累了丰富的组织德育资源，在高校德育活动中发挥着不容忽视的作用。

从德育理念与德育实践来看，高校党组织在思想政治工作中把理想信念教育放在首位，对师生、员工进行马克思列宁主义、毛泽东思想和中国特色社会主义理论体系的教育，推动习近平新时代中国特色社会主义思想进教材、进课堂、进头脑，做好党的基本路线教育，爱国主义、集体主义和社会主义思想教育，党史、新中国史、改革开放史、社会主义发展史教育，中华优秀传统文化、革命文化、社会主义先进文化教育，国情教育、形势政策教育、社会主义民主法治教育、国家安全教育和民族团结进步教育。在高校德育工作中，高校党组织大量挖掘、聚合校内外的爱国主义教育资源、集体主义教育资源、社会主义教育资源等相关德育资源，使培育和践行社会主义核心价值观更好地融入大学生德育和教师德育，帮助广大师生树立正确的世界观、人生观和价值观，坚定中国特色社会主义道路自信、理论自信、制度自信、文化自信。

从与高校德育相关的工作职责上来看，高校党委、各级党组织承担着管党治党、办学治校的主体责任，统一领导学校思想政治工作，发挥行政系统、群团组织、学术组织和广大教职工的作用，共同做好思想政治工作。院级党组织领导本单位思想政治工作，加强师德师风建设，落实意识形态工作责任制，把好教师引进、课程建设、教材选用、学术活动等重要工作的政治关。教职工党支部围绕本单位改革发展稳定等开展工作，落实立德树人根本任务，发挥教育管理、监督党员和组织凝聚、服务师生的作用。学生党支部应当加强思想政治引领，筑牢学生理想信念根基，引导学生刻苦学习、全面发展、健康成长。

（二）高校团组织

高校共青团是中国共产党领导的高校先进青年的群团组织，是广大青年在实践中学习马克思主义和中国特色社会主义理论的学校，是中国共产党的助手和后备军。高校团委作为高校共青团的领导机构，接受团中央、团省委和高校党委的领导，是党在高校开展青年工作的生力军。围绕高校立德树人的中心任务，高校共青团组织坚持"凝聚青年、服务大局、当好桥梁、从严治团"工作格局，把准高校青年师生的脉搏，了解他们的心声，尊重大学生的主体地位，坚持思想政治引领与价值引领，引导青年教师增强业务能力，引导青年学生专心学业、全面发展，从而扣好人生第一粒扣子，服务大学生成长成才。近年来，高校共青团以学习贯彻习近平总书记系列重要讲话精神、中国特色社会主义和中国梦宣传教育、培育和践行社会主义核心价值观为主要内容，遵循青年大学生成长和思想教育引导的客观规律，构建团组织日常工作体系，着力发挥组织、管理、网络、活动和实践的协同育人效应。团组织深入挖掘优秀青年团员的成长成才故事，在青年团员中树立典型，发挥榜样示范引领作用，以"中国大学生自强之星""中国青年五四奖章"获得者的先进事迹激励青年，以"大学生志愿服务西部计划""大学生社区实践计划"等志愿服务项目指导青年在实践中成长锻炼，团组织德育资源不断得到充实与发展，满足了高校青年师生的需求。

（三）高校学生组织

高校学生会和研究生会是在高校党委的领导和团委的指导下，大学生进行自我教育、自我管理、自我服务的学生群众组织，是学校联系广大同学的桥梁和纽带，依照法律、学校规章制度和各自的章程开展工作。高校学生会是高校青年学生维护自身权益、参与学校管理建设的重要渠道，是高校德育工作的主要阵地。高校学生会、研究生会中的成员有责任担当意识、组织活动能力强、品德优秀、学业出色、富有人格魅力，本身就是不可多得的榜样型德育资源。高校学生会、研究生会具有强大的舆论引导能力和思想宣传能力，在高校德育资源的创造、创新与运用中发挥着天然的优势。

高校学生社团是由有共同兴趣爱好的大学生自愿组成的、按照章程自主开展活动的群众性组织。以大学生兴趣与需求为出发点，充分发挥与锻炼大学生组织、管理等方面的能力，在课余时间自主开展丰富多彩的校内外活动，使高校社团成为高校学生欢迎的学生组织。各类高校社团是高校育人工作的重要载体和抓手。高校青年志愿者组织是高校青年组成的志愿者队伍，致力于在扶贫帮困、支教扫盲、社区建设、社会活动、公益服务等方面开展各类志愿活动。高校青年志愿者组织是大学生参加社会实践活动的平台，也是大学生在社会中进行自我教育，实现"无教之教"的重要途径。通过大量志愿活动资源的释放，高校青年志愿者组织吸引大学生们投身其中、积极参与，使青年们在帮助他者与弱者的道德实践中修身养德、陶冶性情、锻炼自我，在现实生活中自省与反省，深化道德认知，践行道德行为。此外，班级是高校中按照不同的专业来划分大学生群体的组织，是高校各类组织中最小的一个单位。作为一个大学生集体，班级规模不一，是高校中数量最多的一类组织。班级是每一位大学生在校期间身处其中时间最长的一个组织。良好的班风、学风是所属班级精神类德育资源的集中体现，在日常学习、生活与活动中深刻影响着身处其中的每一位大学生。

第二节 高校德育资源的空间结构

从高校德育资源所属的空间范围来看,它的分布存在一定的边界和范围,但在特定的时代条件和现实条件下可以不断延伸拓展,获得新的发展空间。高校德育资源的空间结构与其所在高校的环境密切相关,也与高校教育者对高校德育资源的认知及所采取的教育策略、方式有关,因而并不严格局限于校园范围之内。高校德育资源既包括现实空间中可见、凭借感官能够直接感知的德育资源,也包括存在于虚拟空间、需要借助一定的媒介来获取和体验的德育资源。根据空间结构的不同划分标准,高校德育资源可以分为:有形空间的德育资源,无形空间的德育资源;平面空间的德育资源,立体空间的德育资源;现实空间的德育资源,虚拟空间的德育资源,等等。下文将重点考察现实空间的高校德育资源和虚拟空间的高校德育资源。

一、现实空间的高校德育资源

现实空间是人们进行日常活动所处的立体空间,也是高校德育资源的各种形态分布最广泛的一个空间。现实空间的高校德育资源不仅包括大量高校内有形的德育资源,也包括大量与高校德育密切相关的各类校外的社会德育资源。

(一) 校内德育资源

高校校内德育资源一般指存在于高校范围之内的,属于高校内部的或高校校际的可供高校教育者开发与利用的各种形态的德育资源的总和。高校校内德育资源包含课程德育资源、活动德育资源和环境德育资源等。

1. 课程德育资源

高校教学活动以课程为中心,围绕各类课程展开。可以说,课程教学是高校教育活动的核心。中共中央、国务院《关于加强和改进新形势下高校思想政治工作的意见》提出，加强对课堂教学和各类思想文化阵地的建设管理，充分发掘和运用各学科蕴含的思想政治教育资源，要坚持全员全过程全方位育人，把思想价值引领贯穿教育教学全过程和各环节。高校课程德育资源主要包括高校德育课程所固有的德育资源与高校非德育课程所涵盖的德育资源。前者是指高校开设的专门性的德育课程，后者是体现着德育目标或包含着德育要素的高校专业课程或通识类课程。

高校德育课程即高校思想政治教育课程，是高校有目的、有计划地对大学生实施思想、政治、道德与法治等方面的教育而设置的学科教育课程，是高校开展和加强德育工作的主渠道。我国的高校德育课程是由国家统一设置的，课程教材由中华人民共和国教育部统一编写修订，充分体现了国家的意志，体现着我国将社会主义制度作为根本制度，反映着社会发展对高等教育所培育的人才的需求和大学生自身成长发展的需求。高校德育课程因其性质与定位而成为课程德育资源高度聚集的大本营。高校非德育课程德育资源，广泛分布在高校专业课程与通识课程的内容与教学方式中，也即高校课程思政资源。2019年3月，习近平总书记主持召开学校思想政治理论课教师座谈会时提出，要坚持显性教育和隐性教育相统一，挖掘其他课程和教学方式中蕴含的思想政治教育资源，实现全员全程全方位育人。2020年教育部印发《高等学校课程思政建设指导纲要》提出，要深化高校教育教学改革，全面推进高校课程思政建设，发挥好每门课程的育人作用，提高高校人才培养质量，从教学体系、专业特点、教师能力、激励评价机制、组织领导等方面对课程思政建设进行了整体设计和安排。

2. 活动德育资源

高校是一个活动资源极其丰富的教育组织。中国近代教育家陶行知先生曾在《学生自治问题之研究》一文中提出："近世所倡的自动主义有三部分：一、智育注重自学；二、体育注重自强；三、德育注重自治。"[1] 作为德育的重要任务和手段，丰富的高校活动德育资源为大学生实现"自治"提供了多样化的实践锻炼平台。

高校活动德育资源中有爱国主义教育活动、诚信主题教育活动、社会主义核心价值观主题教育活动等明确的以德育为主题的教育活动。2014年5月4日，习近平在北京大学考察时就要求广大青年树立和培育社会主义核心价值观时要"修德"，加强道德修养，注重道德实践。同时，高校德育活动资源中也不乏不直接与德育相关联，但具备了众多德育元素、可以发挥德育功能的各类活动资源，在高校开展的文化艺术活动、体育竞技活动、学科竞赛活动、科技创新活动、学术研究活动、慈善公益活动、休闲娱乐活动、职业生涯规划活动、社会实践活动等皆属此类。歌唱、舞蹈、戏剧等艺术类活动与诗歌、写作、朗诵等文学类活动为大学生提供了张扬个性、展示才华的舞台，有助于年轻人自信心的树立与创造力的激发，使他们在活动中感受到追求真善美的快乐与价值，获得高质量的审美体验。高校在大学生中开展戏曲传承普及艺术活动，把挖掘中华优秀传统文化资源、地方传统文化优质资源与高校德育结合起来，以艺术的形式承载德育的内核，将美融于德、以德为至美，带领大学生在感受、领略中华文明的戏曲精粹的艺术享受中获得精神的滋养。体育竞技活动有利于大学生强健体魄、放松身心、增进健康，而且能使他们在运动锻炼、训练参赛的过程中磨炼意志、提升心理韧性，深刻体悟追求卓越、奋斗拼搏的精神。各类志愿服务活动、公益慈善活动、社会实践活动则拉近了大学校园与现实社会之间的距离，为大学生们提供了将理论与实际相结合的学以致用的机会，使他们通过参与支教、扶贫、助困等方式为社会提供文化、科技、卫生等领域的公共产品与服务，更好地接触社会、深入生活，在体察民生与服务大众的过程中将个人的理想与价值实现放到社会的发展和时代的需求中去考量与判断。

3. 环境德育资源

高校的环境德育资源是存在于高校的自然环境、人文环境、生活环

---

[1] 陶行知：《陶行知全集》第一卷，四川教育出版社，1991，第28页。

境中的众多德育要素与相关资源的总和，共同构成了高校德育环境的重要部分。高校的自然环境包括了校园内各类花草、绿地等自然环境元素。优美的校园自然环境有助于提升高校校园生态系统和谐度，还能够为高校师生提供亲近自然的良好体验，拓展校园活动的空间。高校的人文环境主要由高校的人文气息、学术氛围、校园文化等方面构成，具体体现在学校的校风、教风、学风和师生的精神风貌上。从高校图书馆中特有的浓郁书卷气和井然的秩序感，到教学楼楼道内墙面上张贴的人生警句、至理名言；从学术报告厅里回荡的精彩报告与热烈掌声间的呼应，到教室中师生间你来我往的课堂互动；从校史馆中陈列着的承载岁月变迁的珍贵展品，到校园的长廊、通道中充满奇思妙想的壁画、招贴和涂鸦，再到校园中伫立的具有艺术感的理念雕塑、纪念碑；从阅览室里、自习室中从清晨到深夜一成不变的静谧和学习气氛，到课余闲暇时偌大校园的空气中流淌着的优美钢琴曲和洋溢着青春活力的声线……这些共同构筑起高校独特的人文环境。

在良好的自然环境、人文环境之外，高校还要为大学生营造一个富有德育内涵的生活环境，使原本只聚焦于教学与活动的校内德育环境从课堂上、活动中动态延伸到课后、活动后的宿舍、食堂等校园内的各类生活空间环境中，实现对大学生生活轨迹的全覆盖。宿舍是学生在大学校园里的一个家，温馨、友爱的宿舍环境为身处其间的大学生提供了身心休憩放松的重要场所。整洁、有序的食堂就餐环境对帮助大学生们健康饮食、科学进餐功不可没。校园咖啡厅、生活超市等生活空间，也会在无形中对大学生们的所思所想及身心状态产生持久的影响。校园报纸、广播、电视、网络等平台在创造风清气正的高校德育文化空间方面功不可没，在日常以灌输和渗透等方式对校内师生进行系统的德育观念和道德规范教育。高校环境德育资源对德育对象施加外在的教育与影响的同时，还充分发挥了在日常校园生活中的示范与浸润作用。

（二）校外德育资源

社会是一所无所不包的学校，校外德育资源是对校内德育资源的延伸与补充。校外德育资源分布范围较广，主要指高校空间范围之外与高校德育有紧密关联，有助于实现高校德育目标，可供高校在德育工作中开发与利用的各种形态的德育资源的总和。校外德育资源既包括大学生所在家庭、所属社区的各类德育资源，也包括高校所处社区、所在地区的各类地方德育资源、区域德育资源等。

1. 家庭德育资源

家庭是社会的基本单位，也是每个人的第一所学校。孩子自出生起就在家庭中得到养育与教导，这里是人在一生中获得成长的重要场所。育人先育德，个人的德行在家庭教育的潜移默化中成长。在这个以血缘为纽带、以亲情为联结的社会细胞中，家庭所具有的德育资源能够深刻而持久地作用于人的思想的发展与人格的成长。高校中的大学生来自各式各样的家庭，每一个家庭所拥有的德育资源都是独一无二的。家庭德育资源内容丰富，有着鲜明的生活化特点和自身的独特性。2001年中共中央印发的《公民道德建设实施纲要》指出："家庭是人们接受道德教育最早的地方。高尚品德必须从小开始培养，从娃娃抓起。要在孩子懂事的时候，深入浅出地进行道德启蒙教育；要在孩子成长的过程中，循循善诱，以事明理，引导其分清是非、辨别善恶。要在家庭生活中，通过每个成员良好的言行举止，相互影响，共同提高，形成好的家风。"良好的家庭环境、和谐的家庭氛围、健康的亲子关系都是宝贵的家庭德育资源。2019年中共中央、国务院印发《新时代公民道德建设实施纲要》强调："家庭是社会的基本细胞，是道德养成的起点。要弘扬中华民族传统家庭美德，倡导现代家庭文明观念，推动形成爱国爱家、相亲相爱、向上向善、共建共享的社会主义家庭文明新风尚，让美德在家庭中生根、在亲情中升华。通过多种方式，引导广大家庭重言传、重身教，教知识、育品德，以身作则、耳濡目染，用正确道德观念塑造孩子美好心灵；自觉传承中华孝道，感念父母养育之恩、感念长辈关爱之情，养成孝敬父母、尊敬长辈的良好品质；倡导忠诚、责任、亲情、学习、公益的理念，让家庭成员相互影响、共同提高，在为家庭谋幸福、为他人送温暖、为社会作贡献过程中提高精神境界，培育文明风尚。"父母是孩子的第一任老师，父母子女之间血浓于水的亲情关系决定了父母的言传身教对子女有着巨大的示范效应与影响力。对家庭德育资源合理的运用，给成长于其中的孩子在心理上带来足够的安全感与归属感，使他们自发地对家庭成员们所共同接受或一致认可的思想言行、价值观念或行为模式等产生深层次的接纳与认同。在一个家庭中，家风家训的浸染濡化、父母长辈的言传身教、同族亲友的人生经验等，都包含着丰富的德育因素，而家庭对子女宽严相济的教育氛围、与时代相契合的教育理念、平等尊重的教养模式则在相当程度上决定着这些德育资源的配置与转化的实际成效，影响着其德育功能的发挥。

在进入大学之前，家庭德育资源对孩子的影响较大。进入大学之后，其他德育资源对孩子的影响不断增大，家庭德育资源对孩子的影响力呈减小的趋势，可依旧不可或缺。在高校就学期间，大学生会较长时间地离开父母与亲人，但每到寒暑假期间，他们大都会选择返回家中探亲访友，在这个重要的人生港湾做休憩与停留。即便是在远离家乡的高校中学习生活的阶段，方便快捷的现代通信也让大学生们与家长之间随时保持着密切的联络与交流。加强高校教育者与大学生家庭之间的沟通，在良性的家校互动中推动大学生所在家庭对家庭德育资源加以重视与建设，有助于家校协同推进家庭德育资源在高校德育中积极作用的发挥。

2. 社区德育资源

社区是社会的缩影。一个个社区，就是一个个微观的社会。社区德育资源主要指社区内部能够对其辖区范围内的居民或人群施加积极影响的各类德育资源的总和。高校处在不同的社区之中。高校所在社区与学生家庭所在社区的德育资源都可以为高校所用，同时高校的校内德育资源也在一定程度上实现了与社区的共享，满足了高校与社区在大学生德育和民众德育上的双向需求。社区德育资源是一个动态、开放的系统，受到社会中的政治、经济变化与文化潮流等的影响，也受到所在社区的组织、机构与辖区范围的居民群体特点、社区文化、邻里关系等的作用，有着自身的筛选机制和运行规律。

社区德育资源包括社区的场馆设施类德育资源、文化历史类德育资源、活动实践类德育资源与精神文明类德育资源等。高校所在社区的各类场馆与硬件设施可以为社区内的高校德育活动提供必要的场地资源与设施支持。社区辖区内的历史古迹、人文景观、文化场馆、教育基地等囊括了丰富的德育主题，为高校德育提供了生动的现实教材。社区与高校联合组织举办的各类主题教育活动、科技文化服务活动、公益慈善活动、帮困助学活动等，为高校大学生提供了大量的活动实践资源。社区居民中的道德模范、英雄人物，社区辖区内各类组织、企事业单位中的先进人物等也是可为高校所用的精神文明类德育资源。

3. 地方德育资源

中国高校分布在全国各省、市、自治区，大都坐落于城市或城市周边区域，但在地域上有着很大的差别。有的高校位于东南部沿海地区，有的高校坐落在中西部内陆地区。有的高校所在的区域是历史积淀厚重的文化名城，有的高校与志士仁人辈出的革命圣地近在咫尺，有的高校与享誉海内外的金融中心同处一地，有的高校位于传统的工业、农业基地，有的高校地处新兴产业集群的区域，有的高校与著名的科研基地为邻……不同地区在长期的发展过程中在政治、经济、历史文化等方面呈现出不同的特征。高校德育资源往往带有鲜明的地方文化特色，体现着所在地区的区域性特征和品质。

一个地方在资源上的特点会对生活在这片土地上的人们产生潜移默化的影响与改变。俗话说：一方水土养一方人。高校所在地的地方德育资源在类型、数量与品质上差异较大。有的地方红色文化资源丰富，有的地方历史文化资源积累深厚，有的地方工业科技文化资源较多。这些造就了不同区域高校在各自德育文化上的特点和现状。同时，高等学府中的大学生群体来自祖国天南海北，在他们身上也带有各自家乡所在区域的文化基因和地域特征。从这个角度来看，地方德育资源在高校德育中的呈现与运用，对于进入到一个具有不同于家乡所在地特点的新环境后的大学生而言，成为有助于他们迅速融入当地的一个接口和通道。

通过对特定德育主题的聚焦和德育手段、方式与媒介的创新来用好、用活本地特色德育资源，可以打通地区间的隔阂与壁垒，实现不同区域高校间在德育工作上的校际互动与交流。善用、巧用、共用跨地域德育资源可以实现对优质地方德育资源的共享与共建。很多优秀的地方德育资源往往具有共同的历史脉络和精神轨迹。在历史文化传承中，京杭大运河以黄河流域为核心，沟通了中国自北而南海河、黄河、淮河、长江、钱塘江五大水系及周边广大区域，成为中国古代南北交通的大动脉，在两千五百多年岁月中积淀出辉煌灿烂的大运河文化。在波澜壮阔的革命斗争史上，中国工农红军在两年时间里转战大江南北，走过二万五千里，行经十余省，到达陕北根据地，实现了战略大转移，凝练出伟大的长征精神。在反抗日本帝国主义侵略的抗日战争期间，无论城市还是乡村，中国的每一片土地都展现着中华儿女的爱国情怀、民族气节、英雄气概和必胜信念所铸就的抗战精神。各地高校在把握和凝练地方德育资源特色的基础上，要有全局性的眼光和互通有无、共学互鉴的意识，把地方的人文、历史、社会发展成果与地方文化、艺术、教育场馆，各地的爱国主义教育示范基地等资源综合运用、整合进高校德育系统中，实现地方德育资源与高校德育课堂相匹配、与高校德育活动相对接、高校德育实践各环节相融合的教育效果。

二、虚拟空间的德育资源

虚拟空间是建立在现实基础上，有效构建起人们在非物质世界的联系与互动的虚拟环境。虚拟空间的德育资源通常建立在明确的德育目标基础上，以基于网络的文字、图像、音频、视频等数字化的形式存在。虚拟空间的高校德育资源有的是为大学生量身定制的各类在线课程、网络平台、活动资源，有的是分布于广阔网络空间的教育文化资源中经甄别、筛选后能为高校德育所用的各类资源。虚拟空间的高校德育资源主要包括线上课程资源、网络平台资源、虚拟阵地资源、在线活动资源等。

（一）线上课程资源

线上课程资源是高校德育资源在虚拟空间的主要存在形式。当前的高校德育线上课程资源包括线上德育课程资源和线上课程思政资源两类。其中的德育课程资源主要集中于各门在线思想政治理论课程中。线上课程思政资源的分布相对分散，存在于高校自建或高校间联合建设的各类在线通识课程与不同学科的专业课程中。同现实空间的课程德育资源呈现的特点相似，由于课程涉及专业领域及学科性质的不同，从整体上看，高校人文社会科学类课程所包含的德育资源在数量和主题上相较于理工农医等非人文类课程更为丰富。

线上课程可细分为在线直播课程和在线录播课程。虽然两者在授课实时性方面是不同的，但其中的德育资源都是以教学视频、教学音频、教学课件、图片资料、电子图书、文本材料等形式呈现的。线上课程包含的德育资源分布于整个课程体系与教学过程中，具有系统性、丰富性与共享性。大多数线上课程在不同程度上都设置有在线问答、小组讨论、头脑风暴、即时测验等信息交互板块或环节，以保证课程进行过程中师生的互动需求，从而增加了课程思政资源得以运用的可能性与时效性。由于线上课程的开放权限的不同，其中的德育资源覆盖人群与受众也存在差异，有些课程资源仅供少数高校专用，也有相当一部分课程资源是校际共享或面向全社会开放的。

（二）网络平台资源

网络平台为高校德育资源在虚拟空间发挥作用提供了重要的平台支持。各类课程服务平台、教育教学平台为高校德育线上课程资源的存在与运用提供了硬件上的支持和服务上的保证。随着信息技术在高校发展中的融合应用，建设一体化的智能校园平台成为大势所趋。高校校园网和高校校园APP集教学、管理、服务功能于一体，面向大学生的事务管理平台、生活服务平台、文化互动平台成为生活化的高校德育资源汇聚的空间。

高校立德树人的理念全面融入校园网站建设中，各类相关德育资源以不同的形式呈现与嵌入在反映本校新闻、学校概况、院部设置、师资队伍、教育教学、招生就业、合作交流、校园文化、后勤服务等各项内容的页面板块中。高校门户网站与各院系部门的子网站共同组成的高校校园网站群已成为高校德育资源的聚集地。在高校校园网上的数字校史馆、线上院史馆、虚拟高校博物馆、名人纪念馆等子网站或主页中，有关高校历史沿革、发展动态、最新面貌、未来规划的介绍与展示融汇了各类高校德育资源。校园网中的共青团组织、学生会及各类学生社团组织主页中更是围绕相应的工作要求与活动需求，以图文并茂的方式将高校内外可供挖掘与利用的活动实践类德育资源加以汇集。

（三）虚拟阵地资源

互联网上的各类以青少年为主要受众的爱国主义教育网站、社会主义核心价值观教育网站、红色文化资源网站、时事新闻类网站等专题网站构建和支撑起高校校园网站之外的网络德育资源供给的基质和重要介体，是高校德育在虚拟空间向社会延伸拓展的重要阵地。高校所在地现实空间的爱国主义教育基地资源在数量和类型上差异很大，高校对这些资源的利用程度也因各种现实条件的影响与制约而差别明显。

以爱国主义教育专题网站及各类公益教育性质的德育类网站为载体，通过对珍贵的爱国主义史料、红色文化资源、优秀传统文化资源等的数字化展示、对社会主流价值观念与思潮的解读、对国内外重大事件与时事热点的聚焦分析、对重要社会现象的透视讨论，先进的政治理念、正确的价值导向、科学的世界观与方法论、客观理性的思维模式得以在虚拟网络世界中传播。专题德育网站资源为高校德育活动提供了丰富的素材，创造条件使之与高校校园网站相链接，形成立体的教育格局氛围，有助于为大学生提供社会化的德育资源，打破信息茧房，增强大学生对真实世界的感知能力与社会黏性。

（四）在线活动资源

虚拟空间如同平行于现实空间的一个"镜面"，不仅映射着现实世界的种种现象与事物，而且在某些状况下还会表现出对现实世界加以放大、强调的新样态。随着人工智能（AI）、虚拟现实（VR）、增强现实（AR）、云计算等数字技术在德育活动中的融合应用，全新的数字场域为学习体验创造了一个虚实交融的世界。在线德育活动资源对现实德育活动或形成助力、或加以补充、或增强效果，拓展了大学生参与德育活动的时空范围，大大增加了活动容量，改善了现实生活中高校活动类德育资源覆盖不足的现状。

德育活动资源通常出现在以教育资源为主的线上资源中，或以竞赛活动类资源、学习教育类资源等形式附着于在线课堂、专题网站、虚拟阵地等专门性的网络德育平台或媒介，在分布上比较分散。德育活动类资源在大学生参与度、活跃度较高的在线社区、社交网络上的附着度不高，资源的集群效应尚待加强。在线德育活动资源有一定的时效性和周期性。德育活动资源的建设目的性强，一般以任务为主导，主题明确、针对性强、建设周期短、活动动员迅速、参与便捷、进程紧凑、时效性强，短期内优势明显，适合宣传报道跟进，容易形成立竿见影的规模效应。从长期效果来看，一旦活动结束，相关德育资源大都未得到有效的后续利用、更新缓慢，造成一定程度的资源浪费。

第三章
高校德育资源的文化肌理

文化是人类在社会历史实践活动中所创造的物质财富和精神财富的总和，是人类智慧和创造力的体现。伴随着全球经济交往的不断深入和扩展，世界各地的文化日益呈现出交融发展、趋同变化的态势。作为引领社会变革、推动国家发展的重要力量，文化在全面建设中国特色社会主义现代化事业的过程中有着举足轻重的作用。在个体的全面发展中，文化更是发挥着塑造人的精神世界、创造美好生活的重要价值。高校是文化传承、发展与创新的高地，汇聚了大量人类社会文化成果。高校德育资源的文化属性明显而独特，高校德育资源中的文化因素潜移默化地塑造和改变着高校德育的内在结构和外部特征，深刻影响着高校德育活动的形式、方法和手段的运用。

第一节　文化语境中的高校德育资源

一、德育资源与文化

文化的德育教化功能早已被人类发现并利用。《周易·贲》中有这样的表述："刚柔交错，天文也；文明以止，人文也。观乎天文，以察时变；观乎人文，以化成天下。"古人认为通过观察天象可以了解时序变化的规律，通过审视人类社会的现象可以用教育感化的手段治理天下。西方语言中的"文化"一词也很有代表性。拉丁文"Cultura"意为耕种、练习，法语"Culture"最初指培植、栽培，后又引申为对人的性情的陶冶和品德的培养。[1] 无论是两千多年前的中国，还是早期西方社会，中西方世界的先人都早已懂得利用文化资源来实施道德教化，对文化与德育的密切关系有着共同的觉察与准确的判断。

中国古代德育思想出现较早。《尚书·舜典》中就有"敬敷五教"的记载，《尚书·皋陶谟》中把人的美德概括为宽而栗、柔而立、愿而恭、乱而敬、扰而毅、直而温、简而廉、刚而塞、强而义九类。春秋战

---

[1] 程裕祯：《中国文化要略》，外语教学与研究出版社，2003，第1—2页。

国时期，随着私学的兴起，出现了以孔子、孟子等为代表的大批思想家，《论语》《孟子》《荀子》《礼记》等古代典籍著作中存在着对古代德育过程的生动描述和对德育经验的理性总结。孔子是儒家的代表，他的思想以"仁"为核心。孔子的仁政思想奠定了儒家德育规范的基本框架，其中对"士"的人格心理结构的发现深化了人类自我认识，奠定了影响中国文化两千多年的君子和圣人人格形象。孔子的德育思想包含了他对德育过程的深刻洞见，涉及德育过程的诸方面，成为中国德育思想的一个源头，确定了中国德育思想的基本形态和发展方向，对后世具有深远的影响。[1] 孔子提出的礼、孝、忠、恕、克己、中庸等道德准则，构建起中国古代较为完整的道德规范体系。在德育理念上，孔子重视家庭伦理教育，认为个体的道德修养、社会的道德水准是治国安邦的重要基础。在德育方法上，孔子指出"其身正，不令而行；其身不正，虽令不从"（《论语·子路》），主张教育者要以身作则，树立道德表率，同时还要树立和强化规则意识，"道之以德，齐之以礼，有耻且格"（《论语·为政》）强调用道德来引导、用礼制来规范人们的思想和行为。孔子还主张在德育过程中避免简单的道德说教，提倡在尊重个性的基础上因人而异地选用学生能够理解的场景加以阐释。孟子继承和发展了孔子的儒家伦理思想和教育思想，提出了五伦说、性善论、修养论等学说。汉代的选士制度非常重视德行，专设有孝廉科。唐宋以后，随着书院讲学制度的兴盛，书院教学以品德修养的提升为核心，崇尚义理与良知，注重教人以德行与智慧，倡导"知之愈明，则行之愈笃；行之愈笃，则知之益明"（《朱子语类》），强调在言传身教的氛围中推进道德学习，推崇知行合一的道德养成理念。

　　从德育主题上来看，中国古代德育偏重于处理社会各阶层的关系和人际关系，道德行为规范中的善恶都带有明显的阶级性和历史局限性，为奴隶主贵族和封建统治阶级服务。善恶观念的差异和变化直接反映着古代社会道德思维方式与道德标准体系的演变。在阶级社会中，一切善恶都具有阶级性。人类社会从来不存在超越阶级的"善"，自然也不存

---

[1] 陈谷嘉、朱汉民：《中国德育思想研究》，浙江教育出版社，1998，第17—18页。

在一种所有国家、全人类都认同的"恶"。从德育内容上来看,中国传统德育以仁、义、礼、智、信为中心,追求道德人格的建立和提升。在长期的教育研究与实践中,中国古代思想家、教育家们注重培养人的心性修养,"尽其心者,知其性也。知其性,则知天矣。存其心,养其性,所以事天也"(《孟子·尽心上》),注重品行教化与人格塑造,积累了丰富的传统德育方法资源,形成了一套独特的德育理论体系。他们认为道德的善行需要在家庭、学校和日常生活中积累与养成,在德育中要注重启发与引导,重视言传身教、因材施教,相信人作为主体的内在力量,倡导慎独与内省,主张积极追求道德的自觉和自律。中国传统德育思想也充分体现在日常的家庭教育实践中。古代家庭以血缘亲情为纽带,以仁爱为道德意识和道德情感的基础,以家训为教化文本告诫子弟道德品行,在价值修养、为人处世、治学持家、安国兴邦等方面对子弟予以道德角色的定位,在以人为中心的古代伦理规范系统中根据社会发展和秩序的要求对后代进行培养。蕴含着丰富的德育资源的传统家训作为古人传承家风、涵育人格、规范伦理的主要途径,在中国古代德育系统里发挥着重要的作用,是中国古代德育思想传承的重要载体。

二、德育资源的文化属性

从文化属性上看,一个国家的历史积淀和思想文化传承是国家统一和民众团结的精神支持和心理依托。历史文化传统对一个民族的精神世界影响深远,也从某种程度上影响着一个民族未来的发展。恩格斯指出:"历史从哪里开始,思想进程也应当从哪里开始,而思想进程的进一步发展不过是历史过程在抽象的、理论上前后一贯的形式上的反映;这种反映是经过修正的,然而是按照现实的历史过程本身的规律修正的。"[1] "人们自己创造自己的历史,但是他们并不是随心所欲地创造,并不是在他们自己选定的条件下创造,而是在直接碰到的、既定的、从

---

[1] 中共中央马克思恩格斯列宁斯大林著作编译局:《马克思恩格斯选集》第二卷,人民出版社,1995,第43页。

过去承继下来的条件下创造。"[1] 教育国民认识自己国家与民族的传统是教育的首要任务。传统德育资源与现代德育资源虽然在时空跨度上很大，但并非处于彼此隔绝割裂的状态，两者在文化核心要素上是高度关联的，内在的精神实质也趋同一致，呈现出一种你中有我、我中有你的融通。所谓"求木之长者，必固其根本；欲流之远者，必浚其泉源"，传统德育资源是源，现代德育资源为流，在文化脉络上体现出一脉相承、丝缕相交、前后呼应的关系。德育资源基于历史的发展和时代的需求，在道德价值体系、德育理念等核心资源上通过传承与创新而高度关联与交织，在精神实质上也辩证统一、趋同一致，在高校德育环境中呈现出彼此交汇与融合的姿态。

文化具有多样性，在源头、内容、形式、性质上各有各的特点。一个民族的文化通常凝聚着其对世界的最根本、最纯粹的认知与感受，积淀着这个民族自诞生以来代代相传的最深层的精神追求和行为准则。中华民族在漫长的历史发展与演进中逐渐形成了富有自身民族特色的优秀传统，以其特有的道德准则、价值理念和思维方式对高校德育施加影响。中华优秀传统文化是中华民族的精神命脉，是涵养社会主义核心价值观的重要源泉，也是中华民族在世界文化激荡中站稳脚跟的坚实根基。上下五千年的绵延历史孕育而成的深厚文化底蕴成为民族生存和发展的土壤和根基。党的二十大报告指出："只有植根本国、本民族历史文化沃土，马克思主义真理之树才能根深叶茂。中华优秀传统文化源远流长、博大精深，是中华文明的智慧结晶，其中蕴含的天下为公、民为邦本、为政以德、革故鼎新、任人唯贤、天人合一、自强不息、厚德载物、讲信修睦、亲仁善邻等，是中国人民在长期生产生活中积累的宇宙观、天下观、社会观、道德观的重要体现，同科学社会主义价值观主张具有高度契合性。"传统德育资源内涵丰富，在整体上对现代中国人的认知习惯、思维模式和价值判断等方面产生了深刻的影响，其独特的育人功效也有助于增进大学生的文化自信，为当代高校德育注入了强大的精神动力。

---

[1] 中共中央马克思恩格斯列宁斯大林著作编译局：《马克思恩格斯选集》第一卷，人民出版社，1995，第585页。

中国文化具有以人为本的基调和以民为本的价值取向。"民惟邦本，本固邦宁"（《尚书·五子之歌》）"民为贵，社稷次之，君为轻"（《孟子·尽心下》），以人作为根本，把民的重要性放在首位，中国传统文化的政治主题始终围绕着人的价值实现与社会实践而展开。"与西方文化相比，以人为本的人文精神是中国文化最根本的精神，也是一个最重要的特征。中国文化不是靠外在的神或造物主，而是靠人本身道德的自觉和自律，强调人的主体性、独立性、能动性，这就是中国文化以人为本的人文精神。"[1] 以人事为本，以天道为末，合理定位人与神之间的关系，尊重天道、承认天命，但反对敬鬼神，凸显了人的主体意识，这正是中国古代人本文化的精髓所在，对后世的政治文化与社会治理产生了深刻的影响。

中国文化素来追求以和为贵的社会理想。"礼之用，和为贵"（《论语·学而》）和合文化是中国传统文化的核心内容之一。"天时不如地利，地利不如人和"（《孟子·公孙丑下》），中国文化将"人和"的重要性置于"天时地利"之上，表达了对人与人之间和谐关系的高度关注。自古以来，以和为贵的和合文化不仅体现在个体之间的相处之道上，体现在对社会运行中群体关系的维护上，更表现在对人与大自然之间和谐共生关系的促进上。中国传统和合文化是今天中华民族共同体意识的重要文化源头。作为礼仪之邦，中国以敬文崇礼赢得世界的尊重。孔子曰："不学《礼》，无以立。"礼是道德修养的外在表现，也是文明的象征。注重礼仪是中国传统文化的鲜明特征。在古代中国，无论是在待人接物时的礼貌、礼节，还是建立社会秩序时需要用到的各类礼仪、礼制，均源于相应的传统道德规范体系。具有仪式感的礼仪文化体现了重视人与自然的和谐统一的"天人合一"的文化传统。我们的先辈尊重天地经义、讲究礼仪，按礼行事、以礼待人的处事行为方式，体现了人对自然法则敬畏、顺应的态度和对社会和谐状态的追求。中国传统文化博大精深，"鞠躬尽瘁，死而后已"的献身精神、"天下之忧而忧，后天下之乐而乐"的家国情怀、"苟利国家生死以，岂因祸福避趋之"

---

[1] 楼宇烈：《中国文化最根本的特征就是以人为本》，《中国民族报》2021年12月28日第8版。

的报国之志，都是我们的文化基因中趋善求治的内在精神需求和中国人在立身处世、治国理政上的风格体现。

三、高校德育资源的文化价值

文化环境是由人们的物质生活环境和精神生活环境共同构成的。不同时代的文化是不同的，不同地域的文化也是不同的，不同国家、不同民族、不同种族、不同阶级、不同阶层的文化更是不同的。人类学泰斗弗朗兹·博厄斯在其著作《人类学与现代生活》中认为：什么样的文化造就什么样的个体的面貌，文化对于国家内部个体的影响力是举足轻重的。[1] 不同的文化造就了不同的德育资源。从文化本身的结构来看，一般可以分成物态文化、制度文化、行为文化和心理文化四个层次。物态文化指的是人们所从事的物质生产活动及其产品，它是具象的存在。制度文化指的是人们在社会实践中逐步建立的各种规范和准则。行为文化指的是人们在交往互动中形成的习惯和风俗。心理文化指的是人们在个体与社会的发展过程中所形成的心理特征和社会意识形态。

文化深刻地影响着我们看待世界、理解生命的方式，作用于我们在社会生活中的互动模式与实践模式。良好的文化环境对于大学生个体、群体的道德信念的建立具有正向的引导作用。中华优秀传统文化是高校德育活动的资源宝库，其中的哲学理念、道德思想可以为大学生认识社会、改造世界提供有益的启迪，其中的教化思想也可以为高校教育者在德育工作中所借鉴。高校德育应积极融入传统文化，挖掘中华优秀传统文化的丰富内涵，充分运用中国传统文化中强调对国事、天下事高度关注的责任意识及倡导环境和谐、社会和谐与人际和谐的思想精髓，使其中所蕴含的深厚道德价值、家国情怀与精神追求可以在新的时代得以传承与发展，充分发挥传统文化资源的育人价值。高校德育要大力挖掘中华优秀传统文化中的德育元素、德育资源，梳理好文化的源流关系，把握好文化发展的脉络与特点，突出中国特色、时代特色、地域特色，为

---

[1] 弗朗兹·博厄斯：《人类学与现代生活》，刘莎、谭晓勤、张卓宏译，华夏出版社，1999，第50—65页。

高校德育工作提供强有力支撑。

中国传统文化思想强调以德为先,看重德行的长期积累。《周易》中有"君子多识前言往行,以蓄其德"的论述,倡导人们从过去的言行事务中汲取道德养分,虚心学习为人处世。中华民族绵延不断的五千年发展历史孕育和塑造了中国人的民族归属感和认同感,使民族精神生生不息。增进对底蕴深厚的历史文化、传统道德伦理精神的教育学习,加强对传统德育思想资源的认识与了解,为高校德育提供了丰富的教育素材和重要的参考借鉴。在传统道德教育中学习传承前人的优秀思想,可以使大学生在德行上得到丰厚的滋养。在新的历史时期,中华民族需要强大的精神支持和动力,以有效应对外部世界之大变局和中国社会的转型和变迁。传统思想道德资源通过贴近社会、贴近时代、贴近大学生的方式作用于高校德育过程,可以在师生中起到引导民族道德取向、增强国防意识、凝聚民族向心力等重要作用。

对自身民族精神发育、成长的历史历程加以深入的认知、理解,达成认同,是一个国家开展各类德育活动的一个重要逻辑起点。过去是现在的历史,而现在是将来的历史。在高校德育中由远及近、由浅入深地对民族精神德育资源进行梳理,有助于大学生正确道德价值取向的养成。在历史长河中所形成的伟大民族精神和优秀传统文化是中华民族生生不息的文化基因和实现伟大复兴的精神力量。中华民族的民族精神资源既体现了传统要素,又具有鲜明的现代特征,属于融通传统与现代的德育资源。现代德育资源继承了中华优秀传统文化的基因,并随着中国的革命、建设、改革与发展进程的推进而不断丰富发展,展现了与时俱进的风貌,具有时代性、开放性与多样性的特征。现代德育资源广泛分布于家庭、学校与社会的各个领域,以不同的形式、面貌与状态呈现于大学生的学习、生活、活动中。较之于传统德育资源,现代德育资源更为贴近大学生的生活,更能引起普遍的关注与共鸣。

第二节 高校德育资源的文化来源与特征

从文化的思想表层深入到内核维度,高校德育资源可从思想观念、信仰体系、思维方式、行为准则、传统习俗、艺术表达、理论图式等方面进行分类。我们将从当代高校德育资源中选取较有代表性的民族精神资源、时代精神资源、革命文化资源、传统艺术资源、德育理论资源，从文化肌理层面对其多样化的文化来源与多元化的文化特征逐一进行分析。

一、民族精神资源

民族精神是中华民族在长期历史发展过程中逐渐形成的民族意识、价值观念、理想信念、文化习俗、生活方式等方面的共同特质。民族精神是一个民族赖以生存和发展的精神纽带和灵魂，是民族生命力、创造力和凝聚力的集中体现。在五千多年的发展历史中，中华民族形成了以爱国主义为核心的团结统一、爱好和平、勤劳勇敢、自强不息的伟大民族精神。中华民族精神是中华民族生生不息、发展壮大的强大精神支柱，是维系我国各族人民世世代代团结奋斗的牢固精神纽带，是激励中华儿女为实现中国梦而奋斗的不竭精神动力。作为一个博大精深的思想体系，民族精神的内涵在继承民族优良传统的基础上跟随时代的步伐不断丰富、发展和充实。新时代，中华民族精神被进一步凝练为伟大创造精神、伟大奋斗精神、伟大团结精神和伟大梦想精神四种伟大精神。习近平总书记指出，"中国人民的特质、禀赋不仅铸就了绵延几千年发展至今的中华文明，而且深刻影响着当代中国发展进步，深刻影响着当代中国人的精神世界。"中华民族精神正是这样一种特质。高校德育资源中的民族精神资源主要包括爱国主义德育资源、民族共同体意识德育资源、四个伟大精神德育资源等。

高校是爱国主义德育资源的聚集地。以爱国主义为核心的中华民族精神是中华民族源远流长、长盛不衰的文化基因。无论什么时代，爱国主义教育始终是学校德育的核心内容和灵魂所在。爱国主义精神资源广泛分布于高校的课程教育、学术活动、校园文化、课外活动中。中共中央、国务院印发的《新时代爱国主义教育实施纲要》明确指出，"爱国主义是中华民族的民族心、民族魂，是中华民族最重要的精神财富，是中国人民和中华民族维护民族独立和民族尊严的强大精神动力。爱国主义精神深深植根于中华民族心中，维系着中华大地上各个民族的团结统一，激励着一代又一代中华儿女为祖国发展繁荣而自强不息、不懈奋斗。"国家是民族赖以生存和发展的自然环境与社会文化环境的统一体，对国家的热爱不仅是人们内心自然情感的生发，更有着深刻复杂的社会历史根源。爱国主义既是一种情感和精神，又是一种道德责任和义务。爱国主义依赖于教育的培养和深化，在不同的时代，爱国主义教育有着不同的主题和表现形式。在中华民族数千年的文明史上爱国主义教育历久弥新，在民族危亡的时刻担起"国家兴亡，匹夫有责"的道义精神，在国泰民安的岁月激发民众"先忧后乐"的使命意识。爱国主义自古以来一直是动员和凝聚人民的鲜明旗帜，在抗击侵略、维护统一、推动社会进步的过程中发挥着重要的作用。爱国主义教育离不开特定的历史文化土壤，爱国主义教育成为民族精神的组成部分和汇聚民心的重要黏合剂。正是在中国历史的发展进程中，爱国主义教育逐渐积淀了丰厚的内容，形成了丰富的教育主题。爱国主义的精神内核通过著作典籍、生活习俗等教育的附属形式流传下来，并在其传承的过程中自然融入民众内心，不断撒播和辐射扩散，无形地影响着中国人的精神世界，化为中华民族文化心理结构、伦理道德的有机组成部分。

在高校德育活动中，民族共同体意识的塑造和培养过程是对大学生的生存状态关注和改善的过程。祖国认同是大学生对自我认同和民族认同的基础。民族认同集中表现为民族自尊心和民族自信心，以及对同一国家内部的其他兄弟民族的历史传统、语言文化、行为习俗等的尊重和认可。中国作为一个统一的多民族国家，在几千年历史的长河中，对民族的认同和民族间的认同始终是德育的重点领域。民族统一的基础来源于思想意识。中华民族之所以能在历史发展的各个阶段始终保持团结一致的状态，共同面对各种潜在的和现实的威胁，反对民族和国家的分裂，有效维护国家的主权与独立，与深厚的道德基础对人的生存状态的关注和道德资源对人的浸润熏陶是分不开的。思想意识层面的高度一致是民族凝聚力的源泉，这种共识必须通过以德育为主体的教育活动才可能达成。高校中的大学生群体来自全国各个地区、各个民族，在语言、文化、习惯上存在着一定的差异。在校园内共同的学习生活中，大学生运用和发挥能够促进彼此互相认同、认可的德育资源十分重要。促进民族认同的高校德育资源为祖国统一奠定了青年一代牢固的社会道德心理基础。

高校是人才荟萃的高地，担负着为党和人民培育可造之才的时代使命，承载着助推科技进步、社会发展、国家繁荣的历史重任。伟大创造精神、伟大奋斗精神、伟大团结精神、伟大梦想精神作为新时代中华民族精神的最新内涵，与当代中国高校追求的勇于探索创新、敢于追逐梦想、团结拼搏奋进的精神在内核上高度契合。中华民族的辉煌历史、思想巨匠的真知灼见、志士仁人的伟大实践、科学先驱的不懈探索……在高校各类通识课程与专业课程的课程体系与知识结构中、在高校课堂的教学内容与师生互动中、在高校校园文化活动与课外实践中，涵盖、内隐、潜藏着大量反映、体现中华民族四个伟大精神的德育资源。在多样化的高校德育场景中，四个伟大精神与大学精神很好地融合为一体，不断滋养丰富大学师生的精神世界，激励他们明确人生的奋斗目标、积聚创造力量、追求伟大梦想。

二、时代精神资源

时代精神资源反映着一个时代的精神特质，是时代风貌和民族精神面貌的集中体现。伟大的事业孕育伟大的精神，伟大的精神推进伟大的事业。时代精神为国家和民族的发展提供了强大的内在能量和精神动力，持续推动着国家各项事业的发展与进步，必然投射到高等教育改革与发展的进程中，为高校德育活动提供了与时俱进的宝贵养料。

每一个时代有每一个时代的特点，时代精神是不断发展变化的。"时代精神应该反映在经济、政治、生活、文化、生态等方面的社会实践之中……时代精神应该是在一定的时代回应了时代问题且能够引领时代发展的最核心的思想观念、社会意识和价值理想。"[1] 与时代潮流相

---

[1] 韩震：《论新时代的中国时代精神》，《中国社会科学》2023年第1期，第5页。

契合的时代精神资源，在历史的发展变动中呈现出一种递进式发展、螺旋式上升的态势，在不断传递、转化、演进、丰富等变化的过程中映射出特定阶段的社会主流思想与价值观念，体现出与时俱进的鲜明特点。人类历史发展的规律表明：不同时代的时代精神资源之间从来不是互相隔绝与断裂的，而是彼此呼应、相互关联的，在精神内核的构成上体现出强烈的传承性与交融性。以改革创新为核心的时代精神是在中国改革开放和现代化建设的探索与实践中提炼生成的，是中华民族在不断向前发展的过程中作为一个整体在思想品格、精神意志等方面体现出的共同特点与属性。在中国，时代精神一脉相承着民族精神的合理内核，以爱国主义精神为底色，并在现实的发展实践中汲取了不同时代的精神精华。进入新时代，以改革创新为核心的时代精神在思想内涵上得到不断的充实和丰富，在政治、经济、科技、教育、文化等各个领域发扬光大，有力地推动了中国特色社会主义事业的发展进步，极大地深化了社会主义核心价值体系建设。时代精神思想资源、时代精神榜样资源和时代精神实践资源在高校立德树人的过程中发挥着重要的作用，为培养爱国、感恩、有理有节，具有健全的人格，能够担当民族复兴大任的时代新人提供了不可或缺的精神养料。

时代精神思想资源高度关切时代的发展，具有针对、化解时代难题的现实指向性，是时代精神不断凝练的思想理论成果。改革创新的前提是解放思想。从 1978 年 5 月 10 日中央党校内部刊物《理论动态》发表《实践是检验真理的唯一标准》，5 月 11 日《光明日报》头版刊发特约评论员文章《实践是检验真理的唯一标准》，到在全国范围内引发关于真理标准的大讨论，冲破了"两个凡是"束缚，极大地解放了思想，为改革开放奠定了思想基础。[1] 在新的历史条件下，用发展着的中国化的马克思主义指导改革开放和中国特色社会主义实践，推进社会主义核心价值体系建设，引领全社会形成的理论共识，是筑牢社会主义发展道路的道德基石和社会基础。创新的思想带来了创新的理论，创新的理论为今后的发展开辟了新的思路。中华民族伟大复兴的中国梦思想的提

---

[1] 孙绍勇：《改革创新精神的弘扬与中国精神构筑》，《人民论坛》2021 年第 15 期，第 38 页。

出正是全面深化改革的一次思想解放和理论创新，为中国特色社会主义建设事业提供了重要的方向指引。时代精神思想资源在高校德育活动中，尤其在高校思政课程中以最快的速度得到了充分的体现和运用。

时代精神榜样资源为社会树立起学习的标杆，引领着社会风尚。榜样的高尚人格与感人事迹成为时代精神的重要载体。在榜样力量的驱动和感召下，时代精神深深熔铸进一代代中国人的意识、情感和信念中，并进一步生动化、具象化，转变为刻在民族基因中的重要精神符号。进入新时代，先进人物、时代楷模们用自己的智慧、汗水、热血乃至生命在各行各业的沃土中浇灌出体现时代气息和脉搏的各类精神资源，全方位诠释着积极向上的时代品格。"爱国、创新、求实、奉献、协同、育人"的科学家精神，"爱国敬业、守法经营、创业创新、回报社会"的企业家精神，"敬业、精益、专注、创新"的工匠精神，"爱岗敬业、争创一流、艰苦奋斗、勇于创新、淡泊名利、甘于奉献"的劳模精神，"奉献、友爱、互助、进步"的志愿精神等皆在此列。在高校环境中，与大学生接触密切的躬耕教坛的大学教师、攻坚克难的科研人员、敬业奉献的行业先锋都可以成为诠释时代精神的身边榜样和学习对象。

时代精神实践资源是在改革开放与社会主义事业发展建设过程中各领域所取得的成功经验的实践基础上所孕育形成的资源。时代精神实践资源包括："解放思想、实事求是，开拓创新、勇于担当，开放包容、兼容并蓄"的改革开放精神，"上下同心、尽锐出战、精准务实、开拓创新、攻坚克难、不负人民"的脱贫攻坚精神，"万众一心、众志成城、不畏艰险、百折不挠、以人为本、尊重科学"的抗震救灾精神，"特别能吃苦、特别能战斗、特别能攻关、特别能奉献"的载人航天精神、"自主创新、开放融合、万众一心、追求卓越"的北斗精神，"生命至上、举国同心、舍生忘死、尊重科学、命运与共"的伟大抗疫精神，"胸怀大局、自信开放、迎难而上、追求卓越、共创未来"的北京冬奥精神，等等。这些在伟大实践中孕育出的精神资源在高校德育实践活动中迸发出巨大的生命力和影响力。高校通过有序组织大学生参与各类社会服务活动、志愿服务活动、生产实践活动，为他们创造走进社区、走进基层、深入社会的实践机会，让他们在实践活动中亲身感受时代的脉搏、接受时代精神的洗礼、深刻体验时代精神的真谛、了解大时代潮流中个体生命的意义和奋斗的价值，获得德行的成长与学业的进步。

三、革命文化资源

中国的革命文化传承于中华优秀传统文化，发端于革命战争年代，是社会主义先进文化的有机组成部分。革命文化是在中国共产党的领导下，在马克思主义指导下，由广大人民群众在战争与革命的实践中创造、发展、形成的宝贵精神财富，是在马克思主义中国化进程中形成的特有的文化形态。革命文化为我国的革命、建设、改革与各项事业的发展筑牢了思想道德的根基、指明了前进方向、提供了精神动力，是中华民族发展历程中形成的具有鲜明中国特色的先进文化，是文化自信的重要精神来源。以革命文化为外部表征和民族特性的精神体系是建立道德的重要基础，必须将马克思主义的普遍真理和中国革命的具体实践、中华优秀传统文化结合起来。革命文化资源是在反抗外敌入侵和推翻反动统治的斗争中创造凝练而成的物质文化资源与精神文化资源的总和，带有深厚的历史文化印记，承载着中华民族的集体记忆和价值选择，是高校德育资源的重要组成。

邓小平曾说："在长期革命战争中，我们在正确的政治方向指导下，从分析实际情况出发，发扬革命和拚命精神，严守纪律和自我牺牲精神，大公无私和先人后己精神，压倒一切敌人、压倒一切困难的精神，坚持革命乐观主义、排除万难去争取胜利的精神，取得了伟大的胜利。"[1] 革命战争年代的德育资源政治指向性很强，短短的一段讲话中提到了"革命精神""拚命精神""严守纪律的精神""自我牺牲的精神""大公无私的精神""先人后己的精神""不怕困难的精神""革命乐观主义的精神"等中国共产党人所特有的文化精神标识。经过百年历程的锤炼与熔铸，中国共产党创造和形成了伟大建党精神，并逐步构建了中国精神谱系。"坚持真理、坚守理想，践行初心、担当使命，不怕

---

[1] 邓小平：《邓小平文选》第二卷，人民出版社，1994，第367—368页。

牺牲、英勇斗争，对党忠诚、不负人民"的伟大建党精神是中国共产党的精神之源，也是革命文化的鲜亮底色。这是从1921年至今在马克思主义中国化过程中所形成的果实，是一笔跨越时空的财富。伟大建党精神的伟力折射着时代的光与热，谱写出慷慨奋进的主旋律，是中国共产党在宏大的历史发展过程中扎根于现实进行的理论创新与创造。

革命文化资源以文字、影像、实物等方式记录和呈现，是传承革命精神的重要载体和社会主义核心价值观的重要来源，包括革命历史纪念场所资源、革命文物资源、革命英雄模范事迹资源、革命精神资源、革命优秀传统资源等，具有重大的历史价值和时代价值。革命历史纪念场所资源是承载革命文化与革命记忆的物质载体，主要有革命根据地遗址、革命博物馆、革命老区、革命纪念馆、革命领导人故居、革命烈士陵园等。革命文物资源是从革命年代开始使用，记录并见证了革命斗争过程，且保存至今的各种革命遗物，包括书信、文件、衣物、用具、工具、纪念品、武器、标志等。革命英雄模范事迹资源集中于革命文学作品、革命影视作品、革命历史文献等资料中，借助于特定的场景与场所，通过家庭、学校、社会组织机构等加以讲述、演绎与传播。不同历史时期的革命精神资源具有不同的历史文化内涵：在新民主主义革命时期，革命者们追求真理、胸怀祖国的爱国主义精神，甘于奉献、不畏艰难的革命英雄主义精神散发着耀眼的光芒。中国共产党的先驱们创建了中国共产党，形成了坚持真理、坚守理想，践行初心、担当使命，不怕牺牲、英勇斗争，对党忠诚、不负人民的伟大建党精神，成为中国共产党的精神之源。土地革命时期生成的井冈山精神、苏区精神、长征精神，抗日战争和解放战争时期形成的延安精神、抗战精神、西柏坡精神等承载着丰富的内涵。在社会主义建设发展时期，从革命文化中孕育出的艰苦奋斗的精神、团结奉献的精神发挥着重要的价值引领。革命优秀传统资源包括以实事求是、艰苦奋斗等为代表的革命传统，革命理想高于天、舍己为人的革命道德等。

高校拥有丰富的革命文化资源。一批历史悠久的高校是较早接受、研究和传播马克思主义的机构，也是早期党组织建设与活动的主要地点。不少高校师生校友是中国共产党早期创始人、党员和坚定的革命者，曾在波澜壮阔的中国共产党历史和中国革命斗争历史中书写下浓墨重彩的篇章。这些高等学府在民族独立和人民解放斗争中发挥着不可替代的作用，成为当时中国革命力量的重要发展之地、汇聚之地，具有光荣的革命历史文化传统和深厚的红色基因。革命文化体现了中国共产党和广大人民群众在革命与发展实践中形成的核心价值追求，展现了中华民族特有的精神谱系，能够推动社会的不断进步和人的全面发展，为大学生树立了正确的政治导向与文化心理支持。作为学校思想政治教育最宝贵的资源，伟大建党精神是当前高校最宝贵的德育资源之一，是具有历史深度和现实张力的教学内容。在高校德育中对革命文化资源进行合理的开发、整合与利用，丰富了高校德育的内容与内涵，提升了教育的亲和力、感染力。"革命文化作为马克思主义基本原理中国化的文化成果、中国近现代史实践历程的精神凝结、毛泽东思想与中国特色社会主义理论体系的精神基因以及培育当代青年思想道德修养的重要源泉，在思政课四门课程中均有体现，是思政课课程体系的重要内容"[1]。在高校课程中积极传承与发扬革命文化，以文化人、以德育人，有助于引导大学生在对革命历史的重温中感受井冈山精神、长征精神、遵义会议精神、延安精神、西柏坡精神等伟大的精神力量，传承红色基因。

四、传统艺术资源

中国传统艺术源远流长，是中华民族优秀传统文化的重要载体，为高校教育者以美育德、以美育人提供了一座极其丰富的德育资源宝库。在高校德育中要用好传统艺术资源，让古老的艺术文化走进校园、走进课堂、走进学生的生活，使之焕发出新的生命活力。"艺术的风格、文学的风格、科学的风格、逻辑的风格、实践的风格，它们在根本上都有着共同的美学特质，即外显与内敛的共为一体。"[2] 积极探索、挖掘传

---

[1] 何虎生、赵文心：《论革命文化融入高校思想政治理论课的三重逻辑》，《教学与研究》2019年第8期，第77页。
[2] 阿尔弗雷德·诺斯·怀特海：《教育的目的》，靳玉乐、刘富利译，中国轻工业出版社，2018，第15页。

统艺术资源中的德育内涵和思政元素，有助于提升大学生对传统艺术的审美能力与艺术品鉴水平，大学生在各类传统艺术所蕴含的美学意趣与精神文化的滋养下获得人格的成长与完善。传统艺术资源在高校教育活动中的巧妙运用能够使大学师生从古人对美的表达、体验与追求过程中所孕育的作品里获取独特的文化感知和审美体验，并从中汲取不竭的智慧与力量，增进对自身文化与传统的理解和认同，同时愉悦与放松心情、缓解与释放压力。

中国文学艺术历史悠久，是中国传统文化最重要的组成部分。从春秋战国时期的诗歌、先秦的散文到汉代的大赋，从唐宋的诗词到明清的小说，中国古代文学作品艺术成就斐然。中国最早诗歌总集《诗经》描写了生产劳动、田猎战争、爱情婚姻等广阔的社会生活场景，以赋、比、兴的艺术手法表现了从西周初年到春秋中叶几百年间历史的兴衰，体现出对人民命运的关注和对现实的批判意识。屈原的《离骚》将对人生理想、命运起伏的书写与奇幻瑰丽的想象、强烈的爱国主义情感共同熔铸于文学的篇章之中。唐代诗人的作品题材丰富、个性鲜明，诗中既有对人与自然和谐关系的细致描绘、对渴望建功立业的豪情壮志的抒发，也有对不合理现实的反抗与批判精神的展现，风格或沉静细腻、或慷慨激昂、或浪漫奔放、或忧愤沉郁，对后世影响深远。北宋文学家范仲淹的散文《岳阳楼记》中"不以物喜，不以己悲"的胸襟、"先天下之忧而忧，后天下之乐而乐"的情怀，南宋名将岳飞的词《满江红》中"三十功名尘与土，八千里路云和月"的慨叹、"壮志饥餐胡虏肉，笑谈渴饮匈奴血"的气度，明末清初学者顾炎武的学术作品《日知录》中"保天下者，匹夫之贱，与有责焉耳矣。"的志向，都将思想的力量、理性的精神、充沛的情感注入了艺术化的文学表达。

中国古代戏曲是融合文学、音乐、舞蹈、绘画、武术等艺术于一体的综合性舞台艺术样式。戏曲之美在于它程式设计上的虚实结合、节奏控制上的张弛有度、情节安排上的环环相扣、扮相配饰上的精巧细致、唱词念白上的诗情画意与声调韵律上的起承转合。传统戏曲艺术的众多剧目中有反映社会生活的经典场景和片段，也不乏表现历史题材的政治和军事斗争的传奇与故事。这些剧目在对市井生活的细腻描绘、对金戈铁马战争历史的生动演绎、对叱咤风云的英雄豪杰的事迹书写中，映照出的是中华民族对真善美真谛的深刻理解与执著追求，投射出的是历经岁月洗礼积淀下来的历史观、道德观、价值观，以及深深根植于民族基因中的家国情怀与民族精神。国粹京剧流派众多、唱腔悠扬、剧目丰富，是中国影响最大的戏曲剧种。昆曲含蓄雅致、行腔婉转飘逸、大气从容，是被称为中国雅乐的最古老的传统戏曲剧种，也是中国传统戏曲艺术中的珍品。以说唱细腻见长的苏州评弹是地方戏曲艺术的代表，吴侬软语娓娓动听，弦琶琮铮轻柔和缓，富有鲜明的江南水乡特色。

中国传统书画艺术集中体现了古人的审美品位和精神追求。汉字的书写讲究笔墨、章法、布局注重结构的平衡与整体的美感，追求个性风格与气韵特色。王羲之的《兰亭集序》用笔如行云流水，颜真卿的《颜勤礼碑》书写刚健庄严，张旭的《古诗四帖》灵动飘逸。中国传统绘画艺术题材广泛，造型生动、线条流畅，色彩、笔法变化多样，画面和谐。中国的书法艺术与文学、绘画紧密相连。王冕的纸本墨笔画《墨梅图》以梅为题，借物抒情明志，融诗、书、画、情于一体，诗中有画，画中有诗，超凡脱俗，独具一格。黄公望的《富春山居图》以细腻淡雅的笔触描绘了富春江的生态之美，把人生的哲学、生命的态度倾注于对山水的艺术表达之中，被誉为"画中之兰亭"。

中国古代建筑艺术在时空的更迭与流动中展现了生动的意蕴，在功能的实现、文化的表征和审美的体验中探求着平衡之道。中国古典园林艺术以情趣为核心，将生活的态度、人生的智慧融进了亭台楼阁、廊榭台池、山石花木的精巧布局之中。古代雕塑作为建筑的构成部件匠心独具，石雕、木雕、砖雕、泥塑皆形神兼备，韵味悠长。传统手工工艺门类繁多，刺绣、缂丝、剪纸、木刻、陶瓷……展现了民间艺术之美，是民俗文化艺术的瑰宝，反映了古代劳动人民的真实生活，也体现了中国的工匠精神集中体现。

千百年来，先辈们在文学、戏曲、音乐、书法、绘画、建筑、工艺美术等领域给我们留下了大量弥足珍贵的艺术瑰宝。这些传统艺术资源作为经典传统文化的重要符号与标识，以生动形象的表达手段和表现方式展现了自古至今中华民族审美心理的发展变化历程，也为当今高校德育提供了解读中国文化内在精神品格的重要介质和资源。高校对传统艺术资源的运用可以增强在校师生对中华民族优秀传统文化的认同感、归属感和自豪感，自觉传承与弘扬其中的人文传统与民族精神，获得心灵的陶冶与德行的升华。

五、德育理论资源

德育理论资源为高校德育工作的开展与创新提供着重要的指导。当今世界，全球化、信息化使国家间的交流超过以往任何一个时代。在商品和资本的全球流通过程中，各类精神产品、文化产品在世界范围内以前所未有的速度与强度流动、碰撞与交融。"今天，人们赖以成长的文化环境已经超出了民族的和国家的界限。一个地球人从他诞生的那天起，他就处在来自全球的文化信息的包围之中，在享受着同时也接受着属于整个地球的物质文明和精神文明……"[1] 由于文化趋同化的影响，本土的和外来的德育理论资源、方法资源与实践资源不断作用于高校德育的全过程，为当前高校德育提供了多样化的内容和丰富的教育素材，使高校德育管理者和教育者可以兼收并蓄、博采众长，批判地吸收，从中获得启发与参考。

西方研究道德教育的学派众多，在道德教育哲学、道德教育心理学、道德教育社会学等领域的理论和实践成果积累较为丰富，不仅促进了西方道德研究的发展，而且推动了西方以外区域在道德领域的理论研究与实践。

在道德教育哲学方面，洛克的社会文化传递思想、卢梭的自然主义思想、杜威的进步主义理念等都产生了广泛的影响。在道德心理学、道德社会学研究中，皮亚杰、科尔伯格的道德认知发展理论，艾森伯格的亲社会道德理论、霍夫曼的道德情感理论，班杜拉的社会学习理论都是其中的代表，为学校德育的发展提供了可以借鉴的依据。皮亚杰以实证研究法说明了道德认知的发展过程，基于社会关系和自我认知两方面探

---

[1] 俞可平、黄卫平：《全球化的悖论》，中央编译出版社，1998，第131页。

索他律道德水平和自律道德水平发展阶段，提出了道德教育的自治管理方式和集体教育方式对道德思维的重要影响，阐明了学校道德教育在对学生道德发展中的管理和引导作用。科尔伯格的进步主义道德理论揭示了人的道德发展的阶段和实质，认为道德的发展是在对问题情境的积极反应中实现的，反对灌输式的德育方式；科尔伯格还创造出新苏格拉底式德育讨论策略、在实验的基础上提出了名为公正团体法的德育方法，强调了师生间互动关系的建立和集体教育的形式在道德教育中的积极作用，推动了德育实践的科学化发展。艾森伯格的亲社会道德理论对个体自我效能感、自我调节技能、有效策略认知、人际交往技能、助人技能等能力与亲社会行为之间相互作用与彼此强化的关系进行了阐释。该理论所提出的亲社会道德判断的发展阶段的普遍性获得了跨文化研究的验证。霍夫曼的道德情感理论解释了移情的产生和发展，阐释了内疚和移情情感的关系以及移情与道德原则的关系。班杜拉的社会学习理论以人的学习行为为研究对象，认为观察、模仿在人的知识技能获取和行为习惯养成方面具有重要价值，并强调了榜样示范和社会环境的作用。

　　在多元化德育理论的指导下，西方国家也出现了以认知性道德发展模式、体谅关心模式、社会学习模式、价值澄清模式、社会行动模式等为代表的多种类型的道德教育模式。认知性道德发展模式根据人已有的道德发展水平确定德育内容，创造机会让教育对象接触与思考高于本阶段水平的道德理由和道德推理方式，造成认知失衡并在引导追求新的平衡中逐步提高道德判断水平。体谅关心模式通过引导教育对象学会关心他人，在人际和社会问题的应对中学会体谅，获得快乐。社会学习模式倡导在观察和模仿的社会学习过程中习得道德行为。价值澄清模式通过包括选择、珍视和行动的价值澄清步骤，为价值多元化的社会提供了一个帮助人们减少价值混乱与冲突，形成适合自身实际的价值观体系的德育模式。社会行动模式通过为受教育者提供主动参与实践的行动机会，强调其对公共事务发挥影响的权利意识的养成，行动力的培养与提升。

　　中国德育理论的形成和发展不同于西方国家，未能形成一以贯之的德育体系。"从儒家、道家等道德思想和传统文化的熏陶，到西方近代以来的德育思想、苏联凯洛夫教育模式以及革命根据地时期教育思想的多重影响，还有建国以来社会变革频繁带来的不同历史时期对教育价值体系的不同认识，我国德育理论体系内容复杂而丰富。"[1] 近代教育家陶行知在吸取和改造杜威的教育思想的基础上，提出了生活教育理论。他认为：生活就是人们学习的全部课程，而课程是为生活服务的。多年以后，以鲁洁为代表的当代教育家在传承陶行知德育思想的基础上，强调"让德育回归生活"的教育理念，批判了知识德育和教育的工具化，开创性地提出了生活德育理论，对中国的德育生态产生了重要影响。当代中国在更加多元、开放和包容的立场上来审视德育问题，开展德育基础理论的研究，同时更加注重在本土教育语境及现实问题背景下展开了德育理念、路径与方法的创新，努力建构具有自身特色的德育理论体系。[2] 近年来出现了生活德育理论、德育美学观、情感德育理论、制度德育理论、生命德育理论、体验式德育理论等一批德育理论成果，产生了生活德育模式、情感德育模式、制度德育模式、生命德育模式、交往德育模式等德育模式。生活德育模式强调了德育与生活之间的密切联系，情感德育模式将情感因素视为道德成长的原动力，制度德育模式主张德育制度体系的设计，生命德育模式凸显了对生命内涵的追问，交往德育模式倡导师生的平等沟通与积极互动。这些德育模式从各自不同的理论假设和建构的德育观念出发，为德育实践提供了有效的指导和参考。外来德育模式与中国发展起来的本土德育模式等共同为高校德育的开展与实施提供了方法和策略上的多样化的选择与借鉴。

---

[1] 王燕华：《近十年我国德育理论研究回顾与前瞻》，《深圳大学学报（人文社会科学版）》2009 年第 5 期，第 153 页。
[2] 叶飞：《德育理论的中国探索与转型之路（1949—2019）》，《南京师范大学学报（社会科学版）》2019 年第 4 期，第 36—38 页。

第四章
当代高校德育资源运用的现状与问题

当代高校德育资源运用的现实状况与当前我们对高校德育资源的认知和理解是高度相关的。高校德育资源观建立在高校德育观的基础之上，是对高校德育资源及其运用问题的系统化认识。2017年2月，中共中央、国务院在《关于加强和改进新形势下高校思想政治工作的意见》中指出，要坚持全员全过程全方位育人。高校要把立德树人作为中心环节，把立德树人融入思想道德教育、文化知识教育、社会实践教育各环节，把思想政治工作贯穿教育教学全过程，把思想价值引领贯穿教育教学全过程和各环节，形成教书育人、科研育人、实践育人、管理育人、服务育人、文化育人、组织育人长效机制。高校德育指导理念的持续创新发展对当代高校德育资源的开发、利用、整合、配置带来了全方位的影响。

第一节 当代高校德育资源运用现状透视

现代社会丰富的物质供给、多元化的生活方式与快速的信息获取手段，为当代高校德育提供了宽松、良好的氛围，也使高校之中的大学生群体与外部世界的接触与沟通更为便捷高效。马克思在《德意志意识形态》一文中谈道："人创造了环境，同样，环境也创造人"。任何人的成长都离不开其身处环境的作用和影响。随着传统意义上象牙塔与世俗社会之间的隔阂日渐消弭，高校德育不再呈现出一种与世俗社会保持距离的姿态。高校德育资源运用理念和实践也跟随时代的趋向与需求发生相应的改变，在参与主体、呈现方式上日益多元与多样，在功能与应用上愈发追求实用与有效，各德育要素间的联结与互动获得了更多的关注与重视。

一、多元与多样的嬗变

德育是以促进人的成长和发展为目标指向的社会实践活动。不同于过去高校德育以师生为主体，将对德育资源的运用局限于课堂之内的传统德育模式，随着教育观念和德育指导思想的现代化更新，当代高校德育中多元化的德育主体参与到德育资源的运用过程，共同发挥作用。不同的德育主体在角色定位、德育活动参与度、教育影响力等方面差异甚大。现代科技的飞速发展对高等教育产生了巨大的影响，推动高等教育现代化程度的不断提升，也使高校德育资源在呈现方式上日益多样化、信息化，为高校德育活动在渠道、手段、形式、方法上提供了更为丰富的选择。

(一) 作用主体的多元化

高校德育主体是人的主体性在高校德育活动中的具体化。在高校推进全员全过程全方位育人的过程中，高校德育资源运用的主体是多元化的，高校德育资源所作用的主体也是多元化的。高校德育资源所作用主体的范围远远超出了传统高校德育框定的在校大学生群体，而更多地展现出向大学生以外的相关个体与群体潜移默化的影响力。从德育理念上来看，随着对人在高校德育活动中所体现出的主体性的理解和认识的深入，传统的德育主客二元论的藩篱不断被打破，现代德育中的双主体思维在德育实践中越来越多地受到肯定。联合国教科文组织国际教育发展委员会在20世纪70年代初《学会生存》报告中预言："未来的学校必须把教育的对象变成自己教育自己的主体。受教育的人必须成为教育他自己的人；别人的教育必须成为这个人自己的教育。"[1] 当现代学校德育的主体在经历巨大的改变时，高校德育资源运用的主体和所作用的主体也越来越多，高校德育中的双向互动性日趋增强，为更为能动地、创造性地利用高校德育资源提供了现实上的可能性与基本条件。

从高校教育者与受教育对象的角度而言，大学生既是高校德育活动的客体，又是高校德育活动的主体。从高校德育资源运用的角度看，大学生是高校德育资源积极作用的客体，也是高校德育资源积极运用的主体。当代大学生的主体意识日益增强，对德育资源的把握、转化与利用已不再是教育者们的专利。传统的他律式德育模式、接受式德育模式不

---

[1] 联合国教科文组织国际教育发展委员会：《学会生存——教育世界的今天和明天》，华东师范大学比较教育研究所译，教育科学出版社，1996，第192—193页。

再一枝独秀。能够充分体现大学生自主性、能动性的自律式德育模式、参与式德育模式在高校德育活动实施中所取得的成效更胜一筹。德育理念的更新极大地唤醒与提升了学生的自主教育意识，大学生群体在高校德育活动中"反客为主"的自我教育、主动教育姿态日益变为现实，德育活动的教育者与受教育者的双重主体身份在大学生身上得以实现。大学生对高校德育资源的自主性运用成为当代高校德育活动的一种新趋势。从教育者的角度而言，高校德育主体的范围不再限于教授德育课程的专兼职思政课教师，以辅导员队伍为主要构成的高校学生工作者、高校专业课教师与通识课教师等专门的德育教育工作者，高校党政机关、后勤服务部门的教职员工在高校德育资源的运用中也承担着重要的职能、扮演着重要的角色。由于所授思想政治教育课程本身的德育属性，高校思政课教师在日常教学工作中会接触大量与课程教学相关的高校德育资源，因而他们在课堂上对高校德育资源的运用，尤其是对教学类德育资源的利用和开发具有先天的优势。高校辅导员是高校兼职思政课教师的主要人员，他们通常也负责大学生日常思想政治教育工作及各类涉及学生的事务。高校辅导员在课堂教学与学生管理方面都具有良好的胜任力，能够较好地运用课程德育资源为课堂教学服务，并对与大学生日常活动相关的高校规章制度、校园文化生活等德育资源和支持大学生学业发展、素质养成、能力提升的奖励资助等德育资源有着较强的把握、运用的意识与实际能力。随着高校社会化程度的进一步深化，校友、社会工作者、外包服务人员等在内的各类社会人员得以全方位地参与到高校德育活动中。来自企业的管理人员、技术人员，来自科研院所的科学家、研究人员、工程师，来自社区的基层干部、社会工作者等各行各业的社会人员受到邀请进入高校，深度参与到大学的课堂教学活动、课外交流活动、社会实践活动之中。在与大学生的交流与互动中，社会人员化身为教育者，为高校德育活动源源不断地供给新质的资源、注入来自外部的活力，在创造性地运用高校德育资源的过程中发挥着不容忽视且无法取代的重要作用。

整体而言，高校思政课教师对高校德育资源的运用意识、运用能力和运用技巧普遍高于其他教育主体，而其他的教育主体作为高校德育资源运用的有益补充同样不可或缺。在教书育人、管理育人、服务育人、科研育人、资助育人、心理育人的过程中，以上这些主体由于定位、职责的不同在高校德育资源开发、利用的过程中表现出不同的特点，发挥着各自的功能与作用。不同的教育主体在对高校德育资源的认知理解、甄选与应用上各有不同，因此教育主体的多元化也使高校德育资源的运用存在主体间的差异。

（二）呈现方式的多样化

高校德育资源种类丰富多样，可用资源的选择范围广。当代高校德育资源的表现形态、呈现方式越来越不拘一格，有以人力、财力、物力为主的实体形态德育资源，也有大量精神形态、理论形态、组织形态德育资源。高校德育资源中有相当部分是直接可见的、外部特征显著的显性德育资源，也有不少是非直接可见、外部特征不明显的隐性德育资源。从空间结构上来看，随着高校社会化程度的加深，高校德育资源早已突破校园范围，向高校外部的现实空间和虚拟空间延伸拓展。从时间维度来看，传统德育资源和现代德育资源在高校德育环境中交汇融合，在动态互动中呈现出平衡互补的态势。高校德育资源呈现方式的多样化、选取运用的多样化，是高校德育高质量发展的一个重要表现。

从德育师资资源来看，近年来国家层面相关政策的制定和实施使高校德育师资资源的质量和规模发展迅速。根据新华社和央视网发布的相关数据：截至2021年年底，高校思政课专兼职教师数量超过12.7万人，教师配备总体达到师生比1∶350的要求。高学历、年轻化已成为思政课教师队伍发展新状态。9万多名专职思政课教师中，49岁以下教师占77.7%，拥有研究生以上学历的占72.9%，具有高级职称的占35%。2021年，思政课专职教师中拥有博士学位的有17 866人。师资资源的运用状况是决定着其他高校德育资源能否得到良好运用的关键环节。高校师资力量的加强为当前高校德育资源的运用提供了重要的保障和支持。为了更全面地提升高校教师的教学素养与教书育人能力，教育部加快构建全方位、体系化的教师培养培训体系，建设全国高校思政课教师研修基地、集体备课中心，开展全国高校思想政治工作骨干示范培训班等常态化的研修培训。高校深入实施"时代新人铸魂工程",全面提升高校辅导员素质能力,根据辅导员培训体系建设要求,加快推进优质课程建设,健全"部、省、校"联动三级辅导员培训格局。教育部在国家智慧教育公共服务平台设立寒暑假期高校教师研修专题,面向高校教师提供优质的学习资源,为聚焦培养高校创新型教师队伍提供专题德育资源,积极推动教师队伍建设数字化转型,帮助教师在深学笃行中提高理论素养、坚定理想信念,在师德教育中提升规则意识,取得了良好的成效。

从德育组织资源来看,落实全面从严治党要求,将党的建设贯穿高校各项工作始终。高校党委、各级党组织在高校德育资源运用的过程中发挥着至关重要的作用。当前高校党的建设与高校人才培养、学科建设、科学研究与社会服务等方面的工作融合力度不断增强,在立德树人的过程中发挥着组织资源上的优势。党建工作为高校德育提供了组织上的保障。通过各级党组织的协调力量和党员的带头示范作用,高校有力地加强了相关部门之间在整合运用高校德育人力资源、财力资源、物力资源时的沟通与合作。中国关心下一代工作委员会是主要由离退休老同志组成、党政有关部门和群团组织负责人参加的,以关心、教育、培养青少年健康成长为目的的群众性工作组织。在高校德育中,高校关工委积极配合党政有关部门和群团组织开展工作,组织和动员老干部、老战士、老专家、老教师、老模范等老同志,大力弘扬"忠诚敬业、关爱后代、务实创新、无私奉献"的五老精神,开展各类教育活动,引导高校大学生树立和践行社会主义核心价值观,支持和帮助大学生成长成才。高校共青团组织、高校大学生社团在党的领导下组织、开展了大量主题鲜明、健康有益的课外实践、文体休闲、公益服务类活动。丰富多彩的社团活动繁荣了大学生的文化生活,对于其社会责任感、创新精神和实践能力的培育和锻炼起到了积极作用。

从德育环境资源来看,随着高校招生规模的扩大,很多高校在校区建设、基础设施建设、配套设施建设等方面取得了很大的进展。高校围绕管理、服务、教学、科研,大力开展了基础网络改造、信息系统集群建设,从信息网络、数字资源到智慧校园,校园信息化发展进入新的阶段。教学楼、图书馆、学术报告厅、体育馆、运动场、实验楼、办公楼、大学生活动中心、宿舍楼、食堂、超市等高校教学环境、生活环境日益人性化，科技含量提升、社会化程度加深，全面满足了高校师生在校内学习、工作、生活等各方面的需求。一些历史悠久的高校不仅拥有建校之初旧址上的本部主校区，还根据高校发展需求在其他区域规划建设了若干新的校区。在校园环境建设方面，高校新校区建设开发的时间普遍较短，在校园文化气息和校园氛围建设上与本部校区相比明显存在差距，但在硬件设施、配套资源的现代化程度上则普遍占有明显的后发优势。

二、实用与有效的耦合

高校德育资源在功能上的有用性和应用的有效性上是高度耦合的。当前，高校深入实施"时代新人铸魂工程"，既是学习贯彻习近平新时代中国特色社会主义思想和党的二十大精神的具体举措，也是大力培育和践行社会主义核心价值观、落实立德树人根本任务、服务全面建设社会主义现代化国家的现实需要，更是高校胸怀"国之大者"，坚守为党育人、为国育才初心，勇担"国之大计、党之大计"使命的职责所在。[1] 正因职责所系，故在高校德育资源序列之中，以人的形态出现的或与人的形态相关的德育资源为德育主体建立了一个不以自我为中心的，而以社会的实际运行方式出现的、以他者为参考的坐标系统。

（一）功能的实用性

高等学府是立德树人的所在。如何让一个青年在象牙塔的学习与生活中意识到自身的道德需求，自觉主动地追求道德价值？高校德育资源的运用在这个教育的过程中扮演着不可或缺的重要角色。高校德育资源是一个抽象的概念，在现实中，它会以各种面目、形态或形式将一定的道德意识、社会规范、实践活动在高校德育过程中加以呈现与表达，直

---

[1] 续梅：《立德树人 铸魂育人》，《人民日报》2023年6月4日第6版。

接地或间接地作用于作为教育对象的大学生。高校德育资源通过对大学生道德认知、道德情感、道德意志、道德行为发挥作用、施加影响，帮助他们建立起作为道德主体的自我意识，实现"自我肯定、自我发展和自我完善"的需求。

人的自我意识的产生与对他者的觉知有关。"对于个人来说，道德能够满足自我肯定、自我发展和自我完善的需要。一个人越是自觉地意识到自己的道德需要，并且自觉地追求道德价值，他就会越具有人的价值和尊严。"[1] 高校德育资源通过一定的方式、借助一定的平台或渠道作用于作为德育对象的人，对他们的认知过程与情感体验过程施加影响，促使他们形成与社会道德准则、行为规范相协调的态度与行为。高校德育资源为身处高校环境中的德育主体提供了作为教育素材的现象与事实、作为教育情境的环境支持和作为教育依据的参照标准，为高校各种德育活动的开展储备了丰富的基质和精神养料。高校德育借由德育资源来帮助德育对象对现实社会中的各种思想、观念、行为等进行道德意义上的辨识与判断，发挥着教化引领、示范激励、凝聚塑造的功能。

从功能定位上来看，高校德育资源主要是为高校德育服务的，同时也对更大范围内的社会中的人或人群产生作用与影响。高校德育资源功能上的有用性取决于很多因素，其中高校德育资源的品质和特点起到了关键性的作用。物质形态的高校德育资源具有数量上的有限性，其数量的多少与品质高低对其在运用中的有用性影响较大。教育部发布的数据显示：2022年全国教育经费总投入为61 344亿元，比上年增长6%。其中，国家财政性教育经费为48 478亿元，比上年增长5.8%。高等教育经费总投入为16 397亿元，比上年增长6.2%，普通高等学校生均教育经费总支出比上年增长1.3%。整体上看，高等教育经费投入水平大幅提升，高等教育办学条件显著改善、高等教育资源不断拓展，资源配置机制日益健全，但由于一些历史原因及地区发展的差异，不同类型、不同区域的高校差距较大。相对于一般普通高校，国家重点高校、省部级重点高校在经费类资源、设施类资源上享受着更多的政策倾斜，占有明

---

[1] 田秀云：《社会道德与个体道德》，人民出版社，2004，第13页。

显的资源优势。与物质形态德育资源不同，精神形态的高校德育资源在数量上具有无限性，对外部物质条件的依赖性也不高。精神形态德育资源既可以独立存在，也可以附着在物态资源外壳上，以具体的、形象化的面貌出现，其品质不会因为外部资源的缺乏和限制而受到影响。理论形态的高校德育资源通常经历过较为严格的筛选流程，在呈现方式上偏向严肃与正式，主要由高校德育的课堂教学、学术研究、宣传教育等主流渠道与德育对象接触，并对他们的思想与精神世界产生影响。

（二）应用的有效性

高校德育资源在实际运用中的价值日益受到重视。高校德育资源只有有效参与德育过程，才能真正发挥作用。高校德育资源之中有些资源能够帮助受教育者建立道德认知、树立正确的价值观念；有些资源能够推动引导受教育者对特定德育内容产生认同、丰富道德体验；还有些资源能够使受教育者在实践活动中磨炼意志、强化道德行为。从实际作用的发挥上来看，不同的高校德育资源在教化引领功能的发挥上可谓各有所长、各有侧重。各种形态、不同特性的高校德育资源共同成为高校德育过程中学与思、知与行、体与悟、教与化之间的强有力的黏合剂、助燃剂和催化剂。在现实场景中，由于一些内部和外部因素的干扰和影响，高校德育资源并非都能在德育活动中有效发挥作用，导致育人效果不佳。

高校理论形态的德育资源和活动类德育资源在应用上的时效性很强。高校德育课堂上讲什么、怎么讲，如何增强课程的思想性、理论性、亲和力和针对性，是当前高校德育面临的重要课题。加强德育资源建设，抓好理论武装是关键环节。由中央宣传部、教育部通过组织编写高校专门教材、建立研究专项开展系统化、学理化和分领域、分专题研究而构建的党的创新理论研究阐释和教育教学的自主知识体系，将党的创新理论有机融入各门思政课教材和哲学社会科学学科专业教材。全国高校加强以习近平新时代中国特色社会主义思想为核心内容的课程、课程群建设，不断优化思政课教材体系和知识体系。在高校人才培养中更多地强化实践育人建设，强调高校课程和活动中对社会德育资源的引入和融合运用，挖掘好、运用好地方红色文化资源，校风校史资源，伟大建党精神、科学家精神、工匠精神等资源。各地高校主动引入德育资源，与爱国主义教育示范基地对接，充分发挥全国爱国主义教育示范基地在高校德育中的作用，用好、用活、用透反映中华民族悠久历史文化、展现中国近代反帝反封建、反侵略斗争史和社会主义发展史、覆盖从中国共产党成立到解放战争胜利各个历史时期的重大历史事件、重要人物和重要革命纪念地的场景资源、活动资源。高校要注重将人才专业性培养与德行培育相融合，组织大学生积极参加中国国际"互联网+"大学生创新创业大赛"青年红色筑梦之旅"活动、习近平新时代中国特色社会主义思想大学习领航计划系列主题活动、"小我融入大我，青春献给祖国"主题社会实践活动、"技能成才，强国有我"主题教育活动等，使大学生在学习实践中得到锻炼，在强化专业能力、感受生活的真谛的过程中，得到真善美的熏染，获得精神上的滋养。高校要积极拓宽德育思路，围绕基层治理、脱贫攻坚、乡村振兴、生态保护等与时代发展休戚相关的现实主题，调动全社会力量，用好社会大课堂、用活社会德育资源，建立校外高校实践教学基地，开辟高校社会共建德育网络和平台，积极创新育人渠道与途径。

三、联结与互动的融汇

当代高校德育资源运用中相关要素之间互动性的增强表现为德育中人与人之间的彼此影响，也表现为各类德育要素之间的交融。高校德育主题资源与内容资源的关联性日益增强，德育过程中不同主体间在德育环境资源上的联动与呼应也越来越密切。

（一）主题上的关联性

高校德育是一个寓价值观引导于知识传授与活动开展的动态过程。就德育主题而言，各类高校德育资源之间存在密切的关联性。不同形态的高校德育资源往往由一个共同的德育主题统领与联结。思想理论教育和价值观教育是当前高校德育的重要主题。在众多高校德育资源中，有辨别是非、善恶等的关于道德的基本价值观念的主题，也有贴合时代需求的关于理想信念教育、社会主义核心价值观教育等方面的主题。不同的德育资源及其主题之间有着千丝万缕的联系。当前高校德育资源在主题上应体现与时代发展相契合、与国家发展相一致的鲜明特征，积极融入马克思主义中国化的最新成果、中国特色社会主义发展的最新经验与马克思主义理论学科最新研究。

爱国主义是高校德育的重要主题，是一条贯穿高校德育活动和集结各类高校德育资源的主线。无论何时何地，爱国主义都是德育的永恒主题。苏霍姆林斯基认为，学生爱祖国的感情，是从爱家庭、爱学校、爱故乡、爱集体农庄、爱工厂、爱祖国的语言开始的，并从对感情的直接表达逐渐过渡到对祖国的概念更加深刻理性的认识。在当前高校德育中，很多德育资源的主题都与爱国主义相关联。高校德育活动资源中以重大爱国主义历史事件为主题的纪念活动、纪念仪式，高校课程资源与课程思政资源中以爱国主义为核心的民族精神和以改革创新为核心的时代精神资源，校园文化中以爱国主义为主题的校史校训资源与爱国校友资源，以及高校爱国主义教育基地资源等均在此列。在德育活动中加强与爱国主义活动相关联的、集中体现和呼应时代潮流、现实生活对高校德育的需求，形成了德育资源的聚集效应与强化叠加效应。当前，高校德育资源主题聚焦于坚持用习近平新时代中国特色社会主义思想铸魂育人，以政治认同、家国情怀、道德修养、法治意识、文化素养为重点，以爱党、爱国、爱社会主义、爱人民、爱集体为主线，坚持爱国和爱党爱社会主义相统一，系统开展马克思主义理论教育，系统进行中国特色社会主义和中国梦教育、社会主义核心价值观教育、法治教育、劳动教育、心理健康教育、中华优秀传统文化教育。在2022年教育部面向全国高校师生组织开展的"青春献礼二十大，强国有我新征程"迎接学习宣传党的二十大主题宣传教育活动中，以爱国主义为旗帜，以"青春献礼""奋进担当"为重点，聚焦北京冬奥会及近年来重大成就，聚焦重温习近平总书记重要足迹，充分运用丰富的理论类、活动类、实践类高校德育资源，开展了一系列专题教育、优秀网络文化作品征集展示、实践体验、学思践悟寻访分享、行业企业调查研究、乡村振兴实践服务活动。以爱国主义为主题的高校德育资源的运用深化了广大青年学生对"强国有我，请党放心"的认识与实践，极大地推动和引导了高校师生自觉地将人生选择与中华民族伟大复兴的中国梦结合起来。

(二) 人与人的互动性

高校德育资源在高校的特定场域中借助于一定的形式、途径与技术形态，将人的互动与物的关联、事的运作与价值观的传递、输送与植入密切联系起来，在其运用过程中表现出很强的凝聚塑造功能。高校德育资源通过人际互动发挥效用，形成资源系统内部的有效交互与作用叠加，对于调节高校德育主体之间的各种关系，对其中个人与他人、个人与集体、个人与社会等关系和行为均有良好的调节能力。在高校德育过程中，以党团组织、社团组织、班集体组织为主体的组织形态的德育资源是激发高校德育生命活力、促动大学生个体与群体精神世界积极变化的重要因素。著名教育学家马卡连柯在谈到学校教育时曾提出全部教育应遵循"通过集体"、"在集体中"和"为了集体"的教育学原则。在人与人之间的频繁的互动交往中，个体的认知方式、思维方式、交流方式等会不由自主地在不同程度上受到所在集体的影响。这个教育学规律同样呈现于高校德育活动过程。在高校之中，大学生所在的集体和集体所属的组织机构就是高校德育资源发挥作用的重要的环境。

高校内部的各类组织作为集体创造出丰富的德育资源，而组织本身也是可贵的德育资源。高校党组织、共青团组织、志愿者组织、社团组织、学生会组织、工会组织等都是高校宝贵的德育资源。这些组织在高校中覆盖着广大的师生群体，涵纳了大量主题鲜明的活动性德育资源，并使这些资源在校园日常活动中持久地作用于其中的每一个个体。在高校党支部日常运作中，无论是党员大会、支委会、党小组会，还是党课、理论学习、主题党日活动，都需要广大党员积极参与。在党组织内部，党员之间要相互交流心得体会、讨论工作计划和任务、汇报个人工作情况与思想动态、提出自己的意见和建议、开展批评与自我批评。作为思想引领的重要载体，高校团支部承担着满足大学生成长成才的精神需求、心理需求的职责，在落实推进"三会两制一课"的过程中，团员们需要围绕不同的学习、实践主题开展大量思想交流、感悟分享、理论研讨活动。大学生社团是高校内部的群众组织和学生团体。丰富多彩的社团活动为大学生提供了展现活力、锻炼成长的重要平台。社团中自主、自发、自觉的交互活动生产出大量适合大学生的精神食粮，为他们创造了自我教育与相互教育的德育情境。各类高校组织在其管理、运作、建设、活动的过程中由于现实需求的推动源源不断地生产出带有自身鲜明特色的德育资源。在组织内的各类人际互动中，以及由组织主导的各类校内外活动中，实体形态、理论形态、精神形态的各类德育资源在社会交往、人际互动的过程中以信息交互的方式得以传播、流动、评判、接纳与印证，对师生的道德认知能力、感悟能力、思辨能力等产生着积极的作用与影响。

（三）校社间的互通性

高校是社会中的高等教育机构，也是社会中的一个组织。人们常把高校比作"象牙塔"，把社会看成"大熔炉"，两者之间似乎存在着巨大的反差。实际上，无论是时空位置的分布，还是社会功能的实现，高校与社会之间并不存在天然的分野，彼此间也非隔绝状态，而始终在不同频段、不同主题、不同程度上彼此关联与相互作用。社会中的各类德育资源在高校德育中的作用不容忽视。对于高校德育工作而言，对社会德育资源的运用是对校内德育资源的很好补充，顺应了现代高校德育社会化的普遍趋势。在教育部、国家文物局的共同推动下，用好纪念馆、博物馆的革命文物资源，结合重大事件、重大活动、重要节日以及学校思政课教学内容赓续红色血脉，强化分众教育，开展现场教学，通过故事化表达、场景化呈现，将革命文化、红色资源有机融入高校德育活动，深入挖掘革命文物蕴含的时代价值和思想内涵，打造"行走的思政课"，实现高校与社会之间德育资源的融通运用。在社会德育资源的运用中，高校对社区德育资源的开发与利用最为充分。从 2018 年起，在教育部的重视和推动下，清华大学等 100 多所高校陆续建设了中华优秀传统文化传承基地，以课程建设、社团建设、工作坊建设等方式，将中华优秀传统文化教育与高校思想政治教育、社会主义核心价值观培育、学科教学内容等有机融合，探索出一条培根铸魂、以美培元的时代创新之路。

大数据、云计算、人工智能等现代技术的迅速发展使互联网在高校德育中扮演着极其重要的角色。当代大学生在日常学习、生活、休闲、娱乐中广泛运用各种移动终端设备，虚拟网络、快捷应用，使高校中人际交往的方式呈现出不同于以往的特征，在大学生与外部社会之间架起了互动的桥梁。碎片化的学习、即时的交流、非接触的沟通为大学生们构建起宽松、自由、个性化的学习氛围，让他们对外部世界中所发生的各种变化保持着快速、敏锐的觉察。在网络世界共享、开放、个性的彰显中，在作为德育主体的大学生之间、大学师生之间的学习互动中，高校德育资源在线上与线下的各种交互中得到有效的运用与价值的实现。2020年，江西省按照教育部"网上重走长征路"部署要求，由省委宣传部等部门联合打造了集数字化、可视化、AI、VR等新技术于一体的爱国主义教育基地数字展馆，实现了百万高校师生通过电脑、手机即可身临其境地线上参观南昌八一起义纪念馆、井冈山革命博物馆等50家爱国主义教育基地。现代网络技术资源的运用实现了丰富的具有地域特色的德育资源的共享，营造了浓厚的红色文化学习氛围，增强了高校师生学习红色文化、传承红色基因的积极性和主动性。

第二节　当代高校德育资源运用问题分析

高校德育资源运用因每个主体在理解上的差异与实际能力的区别，实际运用的成效差别很大。有的高校未意识到高校德育资源的价值，不用或滥用高校德育资源，造成德育资源教育价值失效。有的高校对高校德育资源的价值认识到位，具有运用德育资源的意识和一般能力，能够做到在德育活动中有意识地利用德育资源。有的高校对高校德育资源的作用有了较为深刻的认识，具备了运用德育资源的意识与能力，并着眼于提高其利用的效益，能够做到有效、充分利用德育资源。还有的高校深刻认识到高校德育资源的可贵价值，具有运用德育资源的较高能力，且善于对各类德育资源加以整合与高质量运用，形成高校德育资源运用的优质方案与创新模式。在运用各类高校德育资源的过程中，也不可避免地会遇到各种各样的问题。有的问题是由于高校德育工作者本身的原因和不足所造成的，有的问题与社会外部因素的影响有关，有的问题来自长期以来所形成的固有观念与僵化思维，还有的问题与特定的高校所处的内外环境相联系。在遇到的种种问题之中，有些是绝大多数高校都会遇到的、普遍存在的问题，也有一些是比较特殊的原因造成的个例情况。科学合理地运用当代高校德育资源的首要任务，就是要把所面临的各种问题进行剖析并加以解决。我们将从对高校德育资源的认知、利用、研究三个方面，尝试对高校德育资源运用过程中所有遇到的具有普遍性的问题作一个整体的剖析。

一、认识理解上的不足

在高校德育资源运用过程中起作用的人对高校德育资源究竟是如何认识的？心理学研究表明，对事物的认知是发起后续相关行为的基本前提。对德育资源的开发利用往往受到德育主体所持的德育资源观念的影响，与其对德育资源的属性与作用的认知了解相关，也与其对德育资源运用的基本态度与实际能力相关。在与高校德育资源运用相关的人眼中，高校德育资源"是什么？""有什么用？"直接关系到之后对高校德育资源"是否运用？"和"如何运用？"的问题。认知上的偏差、理解上的表面化为高校德育资源的实际运用带来了各种问题。

（一）认知上的偏差

在现实的教育场景中，不尊重高校德育资源的价值的情形较为常见。在某些特殊的状况之下，一些稀缺的、不可再生的高校德育资源遭到无视。不合理、不科学地运用高校德育资源的情况也并非个例。不当运用造成了对高校德育资源的浪费和破坏。高校德育资源运用失当非但无助于达成高校立德树人的德育目标，还可能导致对高校德育资源价值的质疑，使其在现实中的运用效果大打折扣。究其原因，主要是因为教育者对高校德育资源的认知存在偏差。

相关调查表明：高校教育主体对高校德育资源都有一定的认知，但对高校德育资源的内涵、外延、价值、功能等的认识和理解往往停留于表面，不够全面准确，有时也会存在某些方面的认知偏差。这种认知上的偏差主要表现为：认为高校德育资源的存在、分布与使用仅限于高校内部；把高校德育资源窄化等同为高校德育课程中的教学资源；不清楚高校德育资源的主要形态与基本构成；认为高校德育资源运用是高校德育工作者的任务和职责，与其他人无关。由于对高校德育资源的认知存在偏差，既有主观上态度的原因，也受客观上能力局限的影响，因此常常造成在高校德育过程中教育者或德育主体不能有效识别各类高校德育资源，对其视而不见、听而不闻，缺乏基本的辨识能力。主观上对高校德育资源存在的认知缺陷造成在客观行动中难以对其进一步甄别、开发与运用。

教育者对高校德育资源的认知的不同，会造成教育者对自身在德育资源运用中的主观角色定位、评估德育资源作用于高校德育过程价值效用上的差异及对资源运用策略选择上的不同。唯有以实现高校德育目的为导向，在对高校德育资源及其价值建立准确概念、形成正确认知的基础上，才能在主观上与客观上均采取积极主动的姿态与行动，实现对这些独特资源的有效运用。对高校德育资源的价值认知不足一般分为两种情况：一是缺乏对高校德育资源价值的认识；二是对高校德育资源的价值有所认识但存在偏差。前者未能认识到其价值，导致没有意识去运用或缺乏动力去运用，对高校德育资源忽视与淡漠，造成高校德育资源的浪费。后者的认知存在局限性，虽有运用的初步意识，但对其价值的认识还不够全面深入，在实际运用高校德育资源时无从着手、力不从心、运用不充分。认知的局限也可能造成对高校德育资源价值的过分放大，导致对高校德育资源的不当运用，造成高校德育资源价值的失效。

（二）理解上的表面化

德育资源的存在是一回事，德育资源是否能在现实中发挥作用是另一回事。教师是高校教育者的主体，但不是全部。高校工作人员身处高校的时空范围之内，他们本身的道德素养及对德育资源应用的能力都构成高校德育不可或缺的部分。有时，教育者对高校德育资源运用的理解止步于浅层，对高校德育资源看似有了一定的运用意识，却仅在表面做文章而未能深入，缺乏合理运用的意识，因对德育资源认识理解的表面化而走入误区。

不用高校德育资源是一种浪费，但不加区分地运用也会对德育资源价值造成损害。一些高校教育者主观上有对德育资源加以运用的意识，但客观上却缺乏对其进行识别、分类、筛选和运用的能力。在运用高校德育资源的过程中，认为德育资源用的越多越好，眉毛胡子一把抓，好大、贪多、求全，在德育过程中盲目地将各类高校德育资源简单、生硬地堆砌在一起，而缺乏真正运用德育资源的能力和技巧，使高校德育资源失去了其价值实现的机会。

对于高校德育资源的运用过于实用主义和功利化。有些高校教育者只顾眼前，缺乏长远眼光，仅满足于当前任务的完成，无视一些高校德育资源的潜在价值，本着拿来即用、无用即弃的原则，做不到对高校德育资源的潜心钻研与科学开发，缺乏在德育资源运用上精耕细作的耐心与坚守，所在高校又缺乏将德育资源有效融入德育过程的有效机制和渠道，造成了大量高校德育资源的浪费。

不重视对高校德育资源运用方法的研究，缺乏协同运用观念。有些高校教育者仅把眼光聚焦于高校内部的德育资源，忽略了对社会力量的调动和社会大课堂的运用，未能从更加广阔的社会生活与实践中提炼、吸收能够助力高校德育的各类德育资源。在德育资源的现实运用中过于粗放，缺乏整体协同性，各自为政、各行其道，未能形成有效合力，注重形式上的表现，对方式方法的深度探索不足，且缺乏科学性和精准性，没有针对性。

整体而言，在高等教育系统内部，我们对高校德育资源的认知是不充分、不全面的，对高校德育资源运用的理解也浮于表面，且不可避免地存在着一些误区。在社会的大德育系统中，人们对高校德育资源更是缺乏初步识别和全面了解的能力，对其运用价值关注不足，缺乏德育资源运用意识。

二、开发配置中的短板

开发配置高校德育资源是为了更好地发挥其功能，但在现实德育场景中，大量德育资源因未得到合理的使用，闲置浪费情况比较普遍。由于对高校德育资源的认识理解上的偏差和不足，造成了对其开发利用中的各种障碍。因为资源分配的不平衡造成了一些高校德育资源配置的失调。不同地区、不同规模、不同类型的高校在获得高校德育资源供给上的不同、各自可利用的高校德育资源在资源结构上的差异、高校对各类德育资源开发能力上的差别等因素，共同造成了其配置中的各种问题。

（一）开发力度不足

高校德育资源开发是一项要求很高的工作。如果高校德育资源开发主体不明确，就会使开发责任分散，难以形成有效的开发合力。在高校德育资源开发中发挥主要作用的是高校德育工作者队伍。这支队伍对德育资源的开发力量有限，主要承担着课程德育资源、活动德育资源等的开发任务，无法完成对众多其他高校德育资源的同步开发。如：组织形态的高校德育资源的运用很大程度上有赖于德育资源在人与人之间的有效流动，即对资源作用主体互动性的强化。但这一点没有引起足够的重视。这类资源常常成为表面上或者名义上的资源，对它的运用往往不是主动而为的结果，而是受工作的需求带动或者因上级行政规定的要求而为之，走程序的色彩比较明显，其实际的价值和作用并没有被充分挖掘、发挥出来。高校内部的其他教育主体在对德育资源的开发利用中普遍缺位，对德育资源进行开发的意识淡薄，不能承担起相应的职责。不同的高校之间在对德育资源的开发上缺乏校际交流，共享机制缺失，造成了在高校德育资源运用上各自为政、单打独斗，一些高校德育资源被重复开发，另一些高校德育资源无人问津，已成功开发的高校德育资源使用范围狭窄，其价值得不到更大范围的运用与体现等现象。

教育者未能把握高校德育资源之间的内在联系，对可开发利用的各类德育资源的了解程度不够，未及时跟进新时代高校德育在高质量发展方面的现实需求，低估了高校德育资源要素的时代价值。高校德育工作者长期偏重于对德育理论、德育经验、德育案例等传统的理论形态德育资源的研究与应用，忽视了非学术类、非课程德育资源的重要性，对其开发深度不够、开发力度不足，导致开发成效一般，难以激发不同高校德育资源之间相互作用，发挥不同类别德育资源彼此之间互补叠加的增值效应。高校缺乏对高校德育资源进行保护和维护的意识，对资源进行开发的动力不足、拓展的意识不够，很多高校德育资源处于未被开发的闲置状态，未能实现潜在德育资源向现实资源的转化与升级。德育资源的失效、失序、流失、遭到人为因素或自然因素的破坏，在德育过程中有效资源的缺位等状况都会使高校德育效果大打折扣。高校普遍较为注重对高校内部德育资源的开发，而未能开发利用与高校德育密切相关的各类校外德育资源、社会德育资源，在实现校内外德育资源的共享和互补上还需进一步加强。

（二）配置模式粗放

在高校德育过程中，根据具体的德育目标，将不同形态、种类、性状的高校德育资源根据其特性、功用进行科学配置，合理地安排它们在不同主题与类型的高校德育活动中的"入场"与"出场"，使各类资源在高校德育过程中相互补充、相互牵引、协同发力，以充分发挥其价值，为达成德育目的服务。在现实中由于高校德育资源的配置模式较为粗放，对高校德育资源的结构与层次的认识不够系统，各方未能建立起普遍认同的参照标准与体系，高校德育资源库协同建设力度不足、资源转化效率不高、创新能力不足，对不同德育资源的使用率和利用成效差异甚大。如：在开发利用高校德育资源时带有一定的盲目性，有的德育资源被过度使用或重复使用，有的德育资源运用不足，还有的德育资源被长期搁置，未曾有机会参与高校德育过程。

在对高校德育资源进行配置之前，教育者要对它们正确识别、有效提取，再进行相应的配置与运用。通过优化高校德育资源的内部结构，可以增强其整体效应的发挥，实现不同德育资源功能上的优势互补。当前高校德育活动中，德育资源配置随机性较大，配置的科学性、合理性、精准度参差不齐，配置机制欠合理，协调性不足，存在配置结构失调的现象，不同高校的德育资源配置方式差别很大。从配置权重上来看，不同地区的高校之间的资源配比相差悬殊，沿海经济发达地区高校德育资源在数量上与质量上整体优于中西部欠发达地区，同一地区高校由于定位与性质的不同而存在一定差异。从配置方式上来看，有的高校在运用德育资源时实行的是自上而下的模式，一切以上级行政部门的政策指令为导向，紧跟权威和主流，规划性强，各级组织、机构、人员分工明确，但可能忽略了学校的实际状况和需求，容易陷入僵化的德育资源配置模式，灵活性不足，也不一定合理与有效；有的高校在运用德育资源时采取的是自下而上的配置模式，这种方式保证高校能够因地制宜、因时制宜地根据高校德育活动的实际需求组织、匹配各类德育资源，自主性很强，但往往系统性不够，与相关主导政策不一定完全合拍；还有相当多的高校在运用德育资源时没有明确的目标，缺乏具体的规划与分工，配置细节不到位，配置时随意散漫、混乱无序，造成不同德育资源在使用过程中缺少彼此之间的联动与呼应。

三、创新探索上的阻滞

全球化时代，人类社会在社会制度、意识形态、文化传统等方面的发展呈现出日益多样化的趋向。伴随着新的经济模式、新的政治形态、新的科技成果、新的生活方式的不断涌现，人类社会的结构、面貌和特性不断发生着深刻而剧烈的变化，在精神文化领域和教育领域的各种变革也迎面而来。在急剧变动的潮流中，高校德育资源及其运用方式与手段也经历着巨大的变化，迫切需要适应形势的变革，创新成为必然的趋向。

（一）探索动力不足

在德育资源配置过程中，起主导作用的是人。人是使各类高校德育资源最终发挥作用的关键因素。高校德育资源只有通过人对其加以科学、合理的利用，才能成为真正转化为高校德育体系中的组成部分，为高校德育活动服务。

　　由于历史的原因和教育行政体制的结构性原因，高校在德育资源运用探索上的自主性受到各种因素的掣肘。随着时代的发展变化，人才竞争日趋激烈，高校校园内外的人发生着相应的改变。作为与大学生相处最多的高校教师，人才培养是其主要工作职责。国内高校"非升即走"的师资晋升选聘制度的普遍实施在一定程度上加速了人才的流动，提升了对高质量人才的甄选效率，但同时也给广大中青年教师带来了较大的晋升压力。长期以来高校教学质量评估体系不断发展，但相应的教学发展动力机制尚不完善，使一些专业教师重科研而轻教学，更专心专注于科研工作，追求科研绩效的提升，而没有足够的精力投入教学研究和实践，将教书和育人、立德和树人割裂开来，出现教学能力退化，对各类教学资源的敏感度弱化、钝化，探索高校德育资源运用的动力明显不足的情况。大多数高校行政管理人员不直接承担一线的教学、科研任务，他们通常忙于与教学、科研等相关的各类管理、组织、协调、服务工作。基层行政管理人员往往身兼数职，工作内容繁杂琐碎、精力分散、工作压力大，无暇顾及高校德育资源的开发与运用，探索动力较弱。高校辅导员具有高校教师和干部的双重身份，是高校中开展大学生德育工作的骨干力量和大学生健康成长的指导者、引路人。高校辅导员承担着包括思想教育、班团建设、学业指导、日常管理、心理健康、就业指导等在内的大量学生教育和管理工作，头绪多、任务重、责任大。他们具有较好的德育工作能力，对德育资源的敏感度和运用能力较好，但繁忙的工作使其对此进一步钻研的时间受到限制。随着"大思政课"体系的构建，高校服务育人的理念得到广泛认同。由于后勤社会化改革的深入发展，高校编制内后勤人员的数量不断减少，参与到高校后勤服务工作中的社会人员比例显著提高，后勤队伍构成多样化、后勤岗位分工精细化的特征突出。高校后勤系统中各类人员具备了相应的服务育人意识，但他们主要将工作重心放在做好为师生服务的具体事务上，对育人工作及与此相关的德育资源开发利用缺乏专业探索的能力和兴趣。从高校之外的社会系统来看，社会力量对高校德育工作的作用与影响超过了以往任何时代。由于缺少内部动力机制和外部激励机制，与高校德育关联密切的来自社会人员中除少量专职从事或与德育教育与管理相关的人员外，很少有人会对德育资源运用专门投入时间和精力进行探索研究与实践。

(二) 协同机制缺乏

当前的中国正处于一个由传统社会向现代社会转型的过渡时期。社会道德状况在新的时代背景下呈现出纷繁复杂的局面，新旧道德规范都不能充分地发挥其应有的社会调节作用，道德失范现象成为转型期社会的突出问题。[1] 这决定了社会所提供的与道德相关的各类资源优劣杂糅，呈现出复杂而多元的性质。这些社会资源并非都适合且能够转化为高校德育资源。要对这类资源加以开发利用，高校需要协同多方力量甄选出与高校德育目标相契合的部分，并创造性地将之运用于高校德育活动。

随着对高校思政课建设发展的高度重视与课程思政理念在高等教育中的推广和普及，思政课程和课程思政成为高校全面落实立德树人根本任务的主渠道和主阵地。高素质的高校教师队伍是提高大思政课育人效果的关键环节。高校思政课教师要深耕马列主义著作、钻研经典文献，对德育思想理论资源与思政课程教学资源有较好的把握与运用能力。与思政课教师相比，高校专业课教师由于所从事专业的不同及学科间的差异，更擅长专业属性教学内容的教授，在把握和运用高校德育资源的能力上存在着一定的差别。在基于课程思政理念开展的实际教学活动中，仅依靠教师个体的职业道德、敬业精神、专业能力是远远不够的。由于创新协同机制的缺失，专业课程教学与思想政治教育存在着融合困难、相对割裂的问题。从高校层面看，在对高校德育资源运用的创新探索过程中，高校内部不同行政部门、管理机构、学术组织与教学单位之间存在着协同性较差的问题。从社会层面来看，高校与社会的各部门、组织在探索高校德育资源创新运用中的协同合作也需要加强，与高校德育资源的有效开发与利用相关的制度建设、推动促进机制尚不完善，物质保

---

[1] 闫昌锐：《系统德育论》，博士学位论文，华中师范大学，2019，第4页。

障投入有待提升。围绕德育目标，高校内部不同的教育主体、机构在与德育资源运用相关的决策、计划、组织、管理、执行、评估的过程中承担着不同的角色和职能，彼此之间建立了基于组织架构的分工合作关系。一些高校开设的公开课、跨校通识课打破了校际阻隔，来自社会的信息资源、教学平台资源与教学软件资源丰富了高校德育资源的构成，实现了包括德育资源在内的部分高校教育资源、社会教育资源的共享，推动专门面向德育资源运用的校际协作、校内外力量互动与合作的加强。

第五章
当代高校德育资源运用的基本原则

高校德育资源无处不在，如何发挥好其效用？关键在于教育者需要有一双"慧眼"识别它，懂得如何对其进行科学的甄选、整合与利用。在开展高校德育工作的过程中，要努力改变拥有丰富多样的德育资源而不自知的尴尬局面，对各类性质各异、作用不同的德育资源运用得当，必须遵循一定的基本原则，掌握高校德育资源运用的科学方法，并采取相应的运用策略。

第一节　尊重现实原则

坚持尊重现实原则是指在当代高校德育资源运用中教育者要树立适应时代发展要求的现代高校德育资源运用理念，敦本务实，坚持以人为本位、育人以德行，对高校德育资源运用所具备的现实条件、所处的现实状况、所面临的现实问题有全面的认知，珍惜现有高校德育资源、积极利用潜在德育资源、开发挖掘全新德育资源，把握高校德育资源发挥作用的内在机理与机制生成规律，提升德育资源运用的整体效益。

一、基于现实的条件

高校德育资源运用要面向作为德育对象的人群的普遍需求，也要兼顾群体内个体的个性化需求。高校师生作为德育资源服务的主要运用者和对象，在教育过程中的主体性非常突出。无论是从事高校德育实践活动和认识活动的教育者，还是实践活动和认识活动所指向的对象客体——受教育者，都是主体性的道德存在。作为感性与理性合一的存在，这种特性也决定了他们在不同的生活情境或人生处境中不一定会按照外在固化的标准或参照坐标进行道德判断、做出道德选择和行为。正如伦理学家比彻姆所指出的："通常，道德生活中最重要的不是遵守原则或规则，而是可靠的品格、良好的道德感和情感反应……我们对他人的感觉和关心驱使我们行动，这些行动不能归结为遵守规则的行动。我们都承认，没有各种情感反应，没有超越原则和规则的震撼人心的心理，道德不过是冷冰冰的、麻木的东西而已。"[1] 尊重人的现实条件和现实需求，对以人为主体的高校德育资源的现实状况进行客观评估，为正确发挥各类高校德育资源在现实生活中的实际功用提供了必要的前提。

尊重现实原则首先体现在高校德育资源的运用要基于现实的条件。只有在充分认识与评估高校德育资源运用所具备的现实条件的基础上，才能在运用时更加得心应手。从整体状况来看，随着高等教育事业的蓬勃发展，我国高校在规模、数量与效益上不断取得新的突破。2022 年，全国共有高等学校 3 013 所，各种形式的高等教育在学总规模 4 655 万人，高等教育专任教师 197.78 万人。持续增长的高等教育经费投入为高校的发展建设提供了坚实的保障。高校校舍建筑面积、教学科研实习仪器设备值不断攀升，各类高校校园设施建设的现代化水平不断提升。一批又一批高校大学生文化素质教育基地、校外实践教育基地、中华优秀传统文化传承基地、创新创业基地项目投入建设，稳步发展，为高校提供了源源不断的德育资源输出与外部保障。从制度政策设置层面来看，近年来党中央把高校思想政治工作摆在突出位置，作出一系列重大决策部署。在深入落实中共中央、国务院《关于加强和改进新形势下高校思想政治工作的意见》的过程中，我国相当数量的高校普遍制定了与高校德育资源运用相关的规范性文件与条例，持续推动高校内外各类德育学术资源、思想文化资源、平台阵地资源等的运用。高校德育资源运用的现实条件包括与高校德育资源运用相关的制度政策设置基本状况和各类设施硬件配套情况，也与当前高校教职工师德修养的实际状况，教育者掌握和驾驭各类高校德育资源的能力，不同专业、年级青年大学生的道德发展需求及其知识结构、专业技能、社会实践等方面的现实状况相关。值得注意的是，高校德育资源运用现实基础整体向好发展，但不同高校对高校德育资源的运用状况依旧存在巨大的差异。在新一轮"双一流"大学建设中，随着龙头高校的培育、优质高等教育资源的集聚，人才培养和科技创新能力的增强，不同高校的德育资源环境也随之发生变化。

---

[1] 汤姆·比彻姆、詹姆士·邱卓思：《生命医学伦理原则》，李伦等译，北京大学出版社，2014，第 26 页。

二、针对现实的问题

尊重现实原则体现在高校德育资源的运用要突出问题意识，针对现实的问题。高校德育不能局限于抽象的德育说教，或仅仅依赖于德育课程，而要与时代的发展潮流相契合、与广阔的社会生活相交接、与高校大学生未来发展预期相关联。

从当前的外部环境上看，世界正处于百年未有之大变局，意识形态安全问题突出。随着国际力量对比的深刻调整，世界范围内局部冲突和热点问题此起彼伏，传统安全威胁与非传统安全威胁相互交织，围绕国际秩序展开的意识形态和文化领域的斗争和角力日趋激烈。世界上的一些国家通过各种方式输出自己的社会制度，把自己的意识形态强加于人，甚至以"人权"等问题为借口武力干涉别国内政，霸权主义和强权政治依旧存在。新教育专家朱永新有针对性地提出："在这样的环境条件下进行道德教育，既要面向世界，教育人们具有开放的国际视野和对别国人民文化传统的理解、尊重，促进国际和平与合作，学习当代世界先进的道德文明成果，又要立足本国，教育人们正确认识国情，继承中华民族优秀文化传统和革命传统，大力弘扬爱国主义精神，不断提高对各种外来文化的辨别力和选择力……"[1]在高校德育资源运用过程中，树立全球眼光，着眼于世界，多加强与外界的交流和沟通，同时也要探索和利用自身宝贵的德育资源，充分认识中华优秀传统文化的德育价值，走一条适合自己的道路。

教师是教育高质量发展的第一资源，师德师风建设事关高素质教师队伍的培养。《关于全面深化新时代教师队伍建设改革的意见》《关于完善高校教师思想政治和师德师风建设工作体制机制的指导意见》的出台对加强高校师德师风常态化、规范化、法治化建设起到了重要的推动作用。高校强化党委统一领导，成立党委教师工作委员会，研究审议学校教师思想政治和师德师风建设工作重大事项，进一步发挥党委教师工

---

[1] 朱永新：《朱永新教育文集》卷六，人民教育出版社，2004，第139页。

作部作用，充分激发教师党支部政治功能，在教师成长和管理各环节发挥政治和师德双把关作用，以正确的政治方向和价值导向引领教师思想政治素质、师德素养和业务能力全面提升。然而不可否认的是，少数高校发生的师德违规事件、师德失范行为极大地损害了高校教师的师道尊严，严重破坏了尊师重教的良好氛围，对高校德育工作的发展造成了恶劣的影响。

随着改革开放的深入推进，社会主义市场经济和互联网等新的传播渠道迅速发展，数字化时代的悄然来临引发了新媒体文化形态的勃兴，对传统媒体秩序平衡造成了冲击。高校面对的网络环境、媒体环境、社会舆论环境日趋复杂，给高校德育工作带来了新的情况、任务与命题，也使其面临着前所未有的挑战。加强规范高校校园网络管理工作，利用好丰富的互联网资源，增强高校德育资源的网络传播能力与社会辐射能力，推动高校德育工作的传统优势与信息技术深度融合，使高校与社会互联互通，让网络德育成为高校德育资源运用的重要形式与最大增量。

三、树立现实的目标

尊重现实原则体现在高校德育资源的运用要树立现实的目标，坚持党的教育方针，坚持社会主义办学方向，坚持立德树人、强化思想引领，在了解和把握人的成长发展规律和教育规律基础上，充分体现对人的尊重、理解与关心，符合大学生的实际状况和现实需求。高校德育资源所作用的人不仅包括大学生，也包括大学里除大学生以外的一切人及与大学相关的一切人。人是德育资源作用的对象，也是德育活动中最为能动的因素。人既可以是德育资源的发现者、利用者，也可以是德育资源指向的对象，受教育者或自我教育者。这是因为德育是一项包含着自育、他育、互育的复杂活动，它不是单一指向的，而是多维交互的。从教育者的角度来看，对人的培育理应是一个全过程、全方位、全员的长期过程，无论是教师、管理者或者服务人员都要具备运用德育资源的意识与能力。高校中教书育人、管理育人、服务育人三者存在着高度默契。另外，作为高校德育的主要对象，学生是高校德育资源的主要作用对象。同时在高校育人系统中人的角色和身份并非一成不变，而是可以灵活转换的。教育者也可以成为教育对象，而教育对象同样可以转变为教育者。如，在一定条件或场域中，大学生会转变为教育者，自主、有效地运用德育资源。在高校德育的不同场景中，人的角色可以在教育者与受教育者之间自由转换，成为高校德育资源的使用者与获益者。认识到这一规律，在高校德育工作中就能脚踏实地立足现状，科学合理地使用高校德育资源，使之服务于大学精神的塑造，服务于大学中"人"的德行养成。

从职责和使命看，现代高校肩负着人才培养、科学研究、社会服务、文化传承创新、国际交流合作等多重使命。因此，运用高校德育资源要具有开阔的格局、宽广的视野，面向覆盖高校内外与高校有着各种关联的个体与人群，从各方面为学生服务、为人民服务、为中国共产党治国理政服务，为巩固和发展中国特色社会主义制度服务，为改革开放和社会主义现代化建设服务。从这个意义上看，运用高校德育资源要在整体上把握住根本性的目标，善于将立德树人根本目标分解为具体的分级目标、分阶段目标；尤其要加强德育中的理想信念教育、培育和践行社会主义核心价值观、弘扬中华优秀传统文化。高校德育工作者要按照德育资源本身的特点及其作用对象的特点来进行具体目标的设定、德育方案的规划、德育过程的实施，使之具有可操作性、可执行性，让高校德育资源能够直接或间接地作用于高校德育的全过程。

第二节　科学配置原则

高校德育工作是一项系统工程，高校德育资源的配置水平直接关系到这项工程实施的成效。在高校德育资源运用中坚持科学配置原则，需要在对高校思想道德教育普遍规律和对当代大学生成长的发展规律深入把握的基础上，树立高校在高校德育资源运用中的主体地位，明确高校内部承担德育工作的各主体角色的职责与分工，积极调动各方力量，实现主体交互、多方协同、精准发力，使高校德育资源在整体上得到合理、准确、适度的配置。高校德育资源的科学配置为其在高校德育各类课程、活动与实践中充分发挥育人价值创造了必要条件，为高校营造良好的德育场域、德育氛围与德育微环境，构建表里一致、内外协调的德育生态系统提供了有力的保障。

一、符合高校德育规律的配置

2004年8月，中共中央、国务院《关于进一步加强和改进大学生思想政治教育的意见》强调，要加强和改进大学生思想政治教育，提高他们的思想政治素质，并明确提出要建立健全党委统一领导、党政群齐抓共管、有关部门各负其责、全社会大力支持的领导体制和工作机制，形成全党全社会共同关心支持大学生思想政治教育的强大合力。在高校德育资源的配置中要尊重高校德育规律，体现全员育人、树立全过程育人、贯彻全方位育人的理念，使高校德育资源持久性、立体式、多维度地融合进、作用于高校德育对象的日常生活、学习与工作，促进其品德的养成与人格的完善。

（一）体现全员育人理念

高校中的各式各样的"人"本身既是高校德育资源，也构成了在高校德育资源配置中发挥作用的最具主动性、主体性、主导性的因素。人的形态，多数时候指的是与受教育者面对面的、对他们形成直接的影响的人。在一些特殊的情况下，人的形态的高校德育资源并非存在于受教育者现实生活中直接接触到的人，但能够对受教育者的思想道德形成间接的影响。借助于信件、通话、视频等文字、语言、影像的交流交互，这些人的形态的高校德育资源突破时空限制对受教育者的内心世界施加作用、产生影响。

在所有以人的形态呈现的德育资源中，作为高校德育工作者的"人"是影响高校德育资源配置的关键性因素。教师资源是其中最重要的一项，大学生资源也是高校德育中人的形态的资源的重要来源。大学生资源并非指向所有的大学生个体，而是指具有德育价值的大学生个体。他们必须德才兼备，是同龄青年中的优秀代表，在某些方面或领域具有典型的、突出的事迹，或者具备较强的能力与影响力。从更广义的全员育人的角度来看，大学生所在家庭中的"人"，父母、兄弟姐妹、亲朋好友，以及大学生所生活的社区中的邻里居民，甚至与大学生朝夕相处的同伴、同学等都直接或间接地对高校德育资源的配置产生某方面的影响。在现实德育过程中，无论是何种角色，大学生的家庭成员、社区成员、高校管理者、高校德育工作者、高校专兼职教师，抑或是高校后勤服务人员等其他工作人员、社会人士等，在高校德育资源配置、运用中的角色关系与在这个过程中各自的定位都是具有相对性、灵活性的，有时分工明确、各就其位；有时上下联动、彼此呼应；有时角色兼容、融通互补。

在高校德育资源配置中体现全员育人的理念就是要充分挖掘和激发人的主动性与创造性。作为一线教学主力的高素质的教师队伍是保障我国高等教育质量的关键一环。我国高校德育工作者队伍是一个较为庞大的群体。其中，有的人是专职的，有的人是兼职的，有的人是校内的教职工，有的人是校外的社会人员，他们共同构成了高校德育活动开展的决策者、组织者、实施者与参与者队伍。"全员育人"的范围指向宽广，学校、家庭、社会、学生都包含在"全员"的概念中，四者共同形成一个关系上紧密联结、结构上互为支撑的育人共同体。在配置高校德育资源的过程中，高校管理者、教育者、服务者、离退休人员及相关社会成员应积极配合，互相协同，不断提升对各种形态、类型、性质的德育资源的认知与了解，增强这些德育资源在作用于各类高校德育活动时相互间的配合度与协调性，增强提升实效性。高校管理者，是高校治理的主要担当者，同时也直接参与高校德育的全过程。高校思政课教师、专业课教师、其他学科教师、学生辅导员、班主任等是人才培养的关键所在。他们与大学生朝夕相处，接触交流比较多，对他们在学业和思想上的成长影响较大。高校教师的人格修养、师德师风都会作用于高校德育全过程。1931年梅贻琦在清华大学校长就职演讲中提出，"所谓大学者，非谓有大楼之谓也，有大师之谓也"。大学教师是高校立德树人事业的主力军，要有言为士则、行为世范的自觉，胸怀宽广、格局开阔、专业精湛、学养深厚，有高超的育人艺术和对学生的呵护关爱的真挚之心，做学生为学、为事、为人的大先生，真正担负起传播知识、捍卫真理、塑造灵魂、培育新人的时代重任。

（二）树立全过程育人理念

在人类的道德生活中，个体的发展和完善是一个长期的、不间断的过程，个体道德的发展推动了社会道德的进步。正如教育学家鲁洁所指出的："从单子式个人走向世界历史性个人，所要实现的人格转型是根本的，也是全面的，从教育学的角度考察，思维方式和价值取向的转变，在所要实现的人格转型中显得更为重要。"[1] 马克思主义认识论基本原理表明：人们道德的发展会经历一个先知而后行的过程，其间伴随着情感和意志的发展与成熟，最终形成一定的道德品质。心理学研究也揭示了人的道德心理结构和道德发展的基本过程。人的道德心理结构是由道德认识、道德情感、道德意志和道德行为四个基本要素构成的。德育的过程是长期的，道德的塑造和养成绝非一日之功。在德育中，个体和群体的思想矛盾斗争是一个作用于人的内在知、情、意、行的过程。道德认知的形成不仅依靠间接的知识、理论和社会影响的作用，更需要通过个人在长期的生活中所积累的现实道德体验和生活实践经验来形成和巩固。考虑到人的道德认知形成的特点，在高校德育资源的运用中应采取更为生活化的措施和手段，利用生活中的场景和情境引导、深化和塑造高校德育对象特定的德性。

在高校德育资源配置中树立全过程育人的理念，就是要使各类高校德育资源在适当的德育场域、以合适的德育形态"恰逢其时"地出现在德育对象可感知、可感悟的范围内，"恰如其分"地作用并"深刻持久"地影响德育对象的道德养成。高校德育资源在时间维度上的"全过程"配置意味着它在整个高校德育活动中应保持一个全时段"不缺席"的状态。在课堂教学中，高校要一如既往地加强思政课程建设，深入推进高校课程思政建设，鼓励广大师生积极参与教学改革，在教学活

---

[1] 鲁洁：《走向世界历史的人——论人的转型与教育》，《教育研究》1999年第11期，第6页。

动中深入挖掘各学科领域所蕴含的丰富德育资源，尤其要推动专业课程与思政课程同向而行，形成育人合力。在高校各类学术科研活动中，高校要建设良好的治学育人环境和科研创新环境，充分整合、利用教师资源、校友资源与社会资源，倡导、弘扬科学家精神，培育大学生严谨的治学态度、诚信的学术道德和勇攀科学高峰、攻坚克难的道德品质。在校园文化生活中，高校应贯彻德育生活化的理念，努力使高校德育资源"接地气"，以各种形式和方式同大学生日常生活"无缝对接""全面融合"，通过营造积极向上的宿舍文化、健康有序的食堂文化、富有青春活力的休闲文化氛围，对大学生品德塑造实施潜移默化的正向影响。在大学生社会实践中，高校要以校内外实习基地、活动基地、志愿者组织及公益项目为主要平台和载体，把具有中国特色的民族精神资源、时代精神资源、革命文化资源、优秀传统文化资源等具有强大育人功能的德育资源有目的、分层次、有针对性地融入实践活动的各环节、各阶段，实现高校德育资源从"校园小课堂"到"社会大课堂"之间的跨越与衔接。

对于高校德育而言，德育资源的出现既要讲究循序渐进、水到渠成，又要与其他教育资源彼此配合、有机衔接。高校德育资源的配置与运用应尊重德育对象的主体地位、促进个性化发展，在遵循道德品质形成的一般规律、把握大学生学习特点与生活规律的基础上，渗透到高校教学、管理、服务的各个方面。高校德育资源要全面融入高校思想道德教育、文化知识教育、社会实践教育的各个环节，持续作用于课堂教育过程、课外活动过程、社会实践过程之中，贯穿于大学生在大学校园中求学生活的每个关键性的时间节点与从独立到走向自立的每个人生的重要阶段，贯穿于他们成长成才的全过程。

（三）贯彻全方位育人理念

在高校"立德树人"的过程中，内外环境因素的作用非常重要。从空间维度上看，高校教育者要对学校、社会、家庭等不同来源的高校德育资源在不同的场景中进行合理的配置，使空间环境中不同的德育因素得以全方位地对德育对象发挥作用，增强高校德育资源在"育人以德"过程中的系统性、全局性与层次性。"高校德育要把大德育模式建设成为一个具有明确目标的互动模式,具有相互渗透的综合模式,具有明显效应的合力模式。"[1] 在高校德育资源配置中贯彻全方位育人的理念,可以很好地使不同的德育资源在发挥作用时互相渗透融合、形成合力,弥补高校德育在形式上不断强化与在现实中趋于弱化之间的矛盾,解决高校德育实效性不足的困境。

人类历史上任何时代的社会都可能存在多样的价值观念和价值取向。这些来自于社会的精神道德层面的力量所凝结成的德育资源,作为所有社会成员共同的思想道德基础对身处其中的人的成长道路和发展方向起着决定性的引导作用,对于高校大学生的道德人格、道德心理的发展影响深远。高校要积极拓展德育渠道,打通高校校园内外德育资源之间的无形鸿沟,打造有助于支撑和推进高校德育工作的外部大环境。高校要对校内外德育资源兼收并蓄地加以运用,通过加强校外政治、经济、社会、文化、心理等各方德育资源与校内各类德育资源之间的相互关联和相互作用,加强社会德育基地建设,建立国家、省、市、区各级高校德育实践基地、高校德育教育基地、高校德育教育平台与高校德育活动之间的通道,使各类德育资源组成支持高校德育过程全方位的立体网状结构。德育资源从不同的方向、角度作用与影响高校德育对象的内在认知、情感、意志,从而塑造、深化或改变其信念和行为,增强道德的内心体悟、心理认同和自觉践行的机制体系。

在高校内部独特的德育语境中,高校教育者要在校园环境建设中融入全方位配置高校德育资源的理念,建设有利于开展高校德育工作的内部环境。具体而言,高校德育资源配置要着眼于以"人"为主体与介质,从空间维度上实现对大学生求学阶段的学习科研空间、课余生活空间和社会实践空间的全面覆盖,使高校德育资源得以全方位、最优化地参与到与大学生日常环境紧密连接的学业管理、组织建设、评奖评优、帮困助学、勤工俭学、创新创业等众多环节中去。在教学楼、实验室、图书馆、体育场、学生活动中心等学习型空间环境内,高校要优化高校

---

[1] 郑永廷:《新形势下高校德育发展研究》,《中国高教研究》1995年第15期,第20页。

校园环境建设中德育资源的布局与组合,不断完善支撑高校德育资源发挥作用的校园基础设施建设,最充分地开发与运用各种形态的德育资源。在行政机关、党务部门、教学管理机构、后勤服务机构等服务型空间环境内,高校教职工要本着管理育人、服务育人、组织育人的理念,把组织形态德育资源、理论形态德育资源、精神形态德育资源等的优势充分发挥出来。在校内大学生宿舍、公寓、食堂、餐厅、超市等生活型、活动型空间环境中,各类德育资源的"出场"顺序与"主攻"方向要分层配置、有序安排,尤其要发挥好精神形态德育资源在高校党、团组织建设中的积极作用,加强高校对互联网资源的管理与建设,把好虚拟德育环境的"入口"与"出口",牢牢把握好高校网络德育活动资源、阵地资源与平台资源。

二、符合大学生成长规律的配置

从内在规律上来看,高校德育是一种复杂而精妙的活动。在高校德育活动过程中,高校德育资源承担着在一定社会生活条件下帮助与推动作为高校德育主要教育对象的大学生品德发展的重要任务。教育者在配置高校德育资源时要遵循普遍意义上人的求知、探索、选择和实践发展的基本规律,更要尊重高校德育的育人规律,尊重大学生身心成长的规律。

(一) 遵循渐进性原则

高校德育资源配置必须与大学生成长的需求相一致,在大学的不同阶段以合适的形态与面貌出现,并遵循"循序渐进的原则"参与高校德育全过程。美国人本主义心理学家马斯洛曾对人的需要进行过精彩的分层描述,他认为人的需要是动态发展的,一般情况下人的生理、安全、情感、归属等中低层次的需要获得满足后才会产生更高层次的需要,最终实现最高层次的"自我实现"的需要。马克思主义认为,正是需要推动了人类历史社会的发展。"但是为了生活,首先就需要吃喝住穿以及其他一些东西。因此第一个历史活动就是生产满足这些需要的资料，即生产物质生活本身。"[1] 大学生成长中的基本需要是从低层次的需要开始，逐渐发展递进的。在需求不断被满足的过程中，大学生的个人需要与社会公共需要不断碰撞与磨合，需要的层次也在其社会化的过程中呈现出螺旋上升的趋势。大学生的道德发展需求是其在成长过程中出现的一种必然精神需求，有着一定的社会物质基础与社会思想文化基础。从道德发展的进程来看，大学生直接或间接地接触到足够多的德育要素及德育资源后，会对一定社会的思想道德准则和行为规范及其意义建立起较为全面的认识和深度认同，从而产生内在的道德发展需求。高校德育资源的运用在这个过程中帮助大学生自觉地从具体道德情景中抽象出相应的品德概念，并学会运用这些概念做出相应的道德判断、道德评价，逐渐形成较为理性的道德诉求和履践能力。

大学就学期间，高校针对不同年级的大学生的特点，在德育目标上有着不同的设定，并在高校德育资源配置方面统筹安排。对于大一新生，高校德育资源的配置要做好与高中阶段的衔接，在帮助他们顺利完成人生身份角色的转换、逐步适应大学的学习与生活方面发挥引领作用。高校校史、校训资源的恰当运用有助于增进大学生对所在高校的了解，感受大学校园生活的氛围与学习节奏。高校思政课程资源对于加强新生理想信念教育与爱国主义教育起到了理论奠基的作用，高校活动类德育资源的整合运用有助于大学生树立规则意识与竞争意识。大二学生在生活学业上均已步入轨道。在高校德育资源配置上应密切结合大学生的专业学习与思想热点问题，做到"双管齐下"，在用好专业课课程思政资源的同时，更多地发挥党团组织建设、课外活动、学科竞赛等资源的作用，重点加强人生观、价值观、世界观教育。大三学生的专业素养较之大二已有了质的提升。丰富的理论德育资源、社会实践资源供给可以帮助他们更好地深入生活、参与劳动、了解社会，不断积累有益的人生经验、逐步构建起自身较为完整的道德体系。大四学生即将步入社会，高校德育资源要面向他们在未来的发展需求来进行配置。围绕就业、创业与深造等方向，高校德育资源可以在帮助大学生树立正确的职

---

[1] 中共中央马克思恩格斯列宁斯大林著作编译局：《马克思恩格斯选集》第一卷，人民出版社，1995，第79页。

业道德和职业发展观念等方面提供有力的支持。研究生阶段的大学生在思想上、心理上已趋于成熟和稳定，在学术道路的发展与进展上与本科阶段相比有了质的提升。高校德育资源的运用需要适应他们更高层次的人格实现、学业发展与人生规划需求。

(二) 尊重个性化特点

高校德育资源为德育对象道德理性的逐步形成塑造了重要的外部环境氛围与社会心理基础。"在思想政治教育过程中，一般来讲，教育者是教育主体，受教育者是教育客体。但是，人都具有主观能动性即主体性，从受教的角度看，受教育者并非被动地接受教育，而是以自己原有的思想认识基础对教育者的教育要求进行评价与选择，通过主体思想内部的矛盾运动，吸纳教育内容、调整认知结构和将新知转化为新质行为。"[1] 任何环境中，教育对象都是能动的存在，他们不可能总是被动地单方面接受被施加的作用，而是在参与德育活动的过程中有选择性地、能动地接受来自外部的各种信息与影响。

高校德育活动的开展要充分考虑到不同类型、不同区位高校在校大学生的实际情况与现实需求，使高校德育资源的配置做到因时、因地、因人制宜。高校教育者要以人为本，将育人、育德和育心融为一体，使各类德育资源能在特定的德育场域中凸显社会道德观念，张扬时代精神，恰如其分地调动教育对象内在的道德理性、道德情感因素，激发大学生思想深处的矛盾运动。大学阶段正值人生的青年时期，大部分高校大学生已年满18周岁，迈入成年人行列。大学生身心发展日趋成熟，具有较强的学习能力、良好的逻辑思维能力和对问题理性思考判断的能力，对于外界提供的各类教育资源与信息具有较强的筛选意识，但他们的心智模式与健康状态依旧可能出现变化，存在着不稳定性。高校传统的课程德育资源、活动德育资源相对单调，丰富性不足、新鲜度不够；环境德育资源的更新周期较长，对热点、焦点问题的关注度不足、聚焦能力有限，易使大学生感到枯燥，难以调动学习兴趣。

---

[1] 张耀灿、陈万柏：《思想政治教育学原理》，高等教育出版社，2001，第169页。

高校德育资源的配置还应做到因人因事而异。高校德育要面对的并非抽象概念中的大学生，而是一个个具体的人。当代大学生个体有各自不同的个性特点、不同的家庭社会背景与生活经历。每一个大学生都是一个实在的、具体的、鲜活的人。青年的个性使他们对教育的反应是不同的，受教育影响的程度也因人而异。苏霍姆林斯基曾提出："造成教育青少年困难的最重要的原因，在于教育实践在他们面前以赤裸裸的形式进行，而处于这种年龄期的人，就其本性来说，是不愿意感到有人在教育他们的"。在高校德育实施的过程中，对德育资源的配置应从高校德育对象的实际情况出发，充分考虑到不同的大学生个体、大学生群体、大学生组织之间的差异，并根据他们的年龄、性别、专业、接受能力、个性特点、心理状态和发展需求等进行对相关德育资源的筛选、组合与运用。在高校德育活动中，以大学生喜闻乐见、乐于接受的方式呈现资源、充实资源、分享资源，做到晓之以理、动之以情、示之以行，以促进其道德认知、道德情感、道德意志和道德实践能力的发展。加强各类理论型德育资源在正面宣传教育与思想引导中的作用，用好形式多样的实践型德育资源，平衡好传统德育资源与现代德育资源之间的配置比例，成为当务之急。

（三）突出时代化主题

高校德育资源配置必须与时代发展的潮流与需求相一致，在内容上突出时代化的主题，在形式上展现时代的特点。高校教育者要以精准德育的理念，维护好高校德育资源的纯洁性与先进性，以前瞻意识、创新意识不断探索与发掘高校德育资源与其他各类高校教育资源之间的交叉区域与相融地带。在高校德育资源配置中，高校应在尽可能宽阔的范围内不断盘活旧有德育资源、发掘衍生德育资源、解锁新质德育资源，不断提升高校德育资源的容量，完善高校德育资源的结构，增强其在运用中的韧性、弹性与张力。当前，高校德育资源的配置要反映高校德育资源与时代发展之间的密切联系。在内容上，各类高校德育资源要凸显与时代特征相契合的主题，强调对青年学生在理想信念上的思想政治引领，加强政治塑造与思想淬炼，提升中国化时代化的马克思主义理论资源在德育活动中的权重。在高校德育活动中，要充分重视传统德育资源的现代价值，加强人格形态德育资源、信仰形态德育资源、品质形态德育资源的运用，在高校思想领域构筑牢固的社会主义主流意识形态的主体地位。

道德与生活是一体的，德育的存在价值体现在人的生活之中。高校德育资源的配置要体现高校德育资源呈现方式的生活化倾向。大学阶段，高校是大学生的学习场所，也是他们日常生活的主要空间。对青年学生来说，学习是一种生活方式，生活亦是一种学习方式。从德育的角度看，学习之外的生活同样具有重要的德育价值。生活德育使课堂德育、活动德育向日常时段延伸、与实际生活交接，使大学生的道德生活体验更为丰满和立体。生活化德育资源的供给与配置要体现时代的要求，与大学生的道德生活经验、道德实践经历相结合，指向人格的健全与品德的养成。

当代高校大学生是当前使用网络空间的重要群体，他们从小就接触网络，被称为"网络原住民"。高校德育资源的配置要满足高校德育资源载体与媒介日益网络化的需求。虚拟的网络世界与现实的校园生活交织在一起，成为大学生熟悉的虚实交接的活动场域，并构成了他们成长过程中重要的环境。大学生虽然身在象牙塔，但胸怀全天下，求学读书只是他们生活的一部分。网络的存在有力地打破了高校的相对封闭性，增强了大学生与社会的联结，拓展了他们的眼界和心胸。互联网成为大学期间青年们建构观念、树立信仰、理解传统的一个重要平台，是他们求知、求真、探索世界的一个通道，也是他们与他人建立关系，交流、交往、交互的一种重要方式。在大学阶段，无论是学习、生活、休闲娱乐，还是物质消费、精神体验、心理保健，当代大学生的日常活动都离不开网络的加持。他们的学习方式、生活方式甚至思维方式都带有鲜明的数字化、形象化的特征，网络化生存更成为他们普遍的人生状态。在网络社会里，虚拟的技术外壳内包裹着的是多元化的社会思潮、形态各异的价值观念、大相径庭的意识形态，投射的是现实世界中精神领域的种种矛盾与冲突，展现出思想意识领域激烈的较量与交锋。"风声雨声读书声声声入耳，家事国事天下事事事关心"，网络环境的包容开放性与广阔自由度，对正值青春年华的大学生们的精神世界具有强大的影响力、吸引力、冲击力和震撼力。在这样一个形势复杂的新兴德育场域，高校德育资源是不能缺席的。高校要用好校园网、微信公众号、微博、数字化服务平台、智慧学习平台等互联网载体、媒介资源，主动适应德育网络化的趋势，倡导良好的网络道德规范，加强线上线下高校德育资源的同步性、共享性。

第三节　整体联动原则

德育伴随着人的一生。"学校道德教育活动是一种系统工程。一方面，它表现为有关教育制度的建立、教育规划的确定以及教育活动内容、形式及教育方法的选择等；另一方面，它又必须是各个年龄段教育的合成，是学校、家庭和社会教育的结合。无论在空间或时间维度，都必须朝向道德教育目的所指明的方向……作为这一整体活动方向的德育目的因此是全部德育活动的灵魂。"[1] 从受教育的阶段来看，高校是一个人接受教育的高级阶段。大中小学各阶段的德育共同组成具有一致目标的完整的系统。在高校德育资源运用中要坚持整体联动原则，加强高校德育资源与中小学德育资源的一体化建设，积极推动高校德育资源与社会德育资源的融合与衔接，整体推进高校德育资源的立体化布局与分层次建设。

一、高校德育资源与中小学德育资源的一体化建设

在集中接受教育的青少年时期，德育贯穿了不同的教育阶段。大中小学德育构成一个完整的教育体系，做好高校德育与中小学德育的有效衔接工作非常重要。2017 年 9 月，中共中央办公厅、国务院办公厅印发的《关于深化教育体制机制改革的意见》强调：要构建以社会主义

---

[1] 檀传宝：《德育原理》，北京师范大学出版社，2007，第 125 页。

核心价值观为引领的大中小幼一体化德育体系。这一体系的构建有利于树立社会主义核心价值观，提升各级各类学校的德育工作水平，促进学生们健康成长与改善社会道德风气。2022年7月，教育部等十部门印发关于《全面推进"大思政课"建设的工作方案》的通知强调大中小学思政课一体化建设要坚持以习近平新时代中国特色社会主义思想为指导，聚焦立德树人根本任务，教育引导学生坚定"四个自信"，成为堪当民族复兴重任的时代新人。

教育系统蕴含与关联着丰富的德育资源。教育者对不同教育阶段的德育资源的运用展开深入研究有助于提升德育的时效性和长效性，实现德育发展的目标和根本要求。小学阶段的学校德育资源主要为青少年基础性道德品质的培育提供保障，重在对道德的启蒙教育，通过设置相应的练习与简单的实践，培养小学生树立基本道德意识，帮助他们建立最基本的道德发展需求与道德行为模式。中学阶段的学校德育资源主要为青少年树立正确的世界观、人生观、价值观服务，以理论层面较为系统的学习与现实层面的锻炼体验引导中学生形成符合社会要求的道德判断与评价体系，帮助中学生深化对现实社会的认知和对内在精神世界的探索。大学阶段的学校德育资源旨在为青少年构建更高层次的道德信仰体系奠定坚实的基础，强化其对马克思主义的坚定信仰、对发展中国特色社会主义事业的信念、对建设现代化强国的信心，为引导大学生立德、立志、成才发挥积极作用。整体而言，在实际运用中，大中小学不同学段的德育资源共同构成了一个阶段性目标明确、层次清晰完整的系统。小学德育资源指向基础性的道德养成教育，重在奠定与夯实小学生道德发展的基础。初高中德育资源强调的是中学生道德素养的发展，注重承接与过渡，向下、向上的兼容性都很强，重在进一步发展。高校德育资源偏重于大学生道德信仰体系的构建与塑造，重在立德树人、立志成人，层次上更立体、品质上更优化、数量上也更丰富。

目前，我国德育课程的实施是以显性课程为主要方式的。课堂教学是学校德育的主渠道。在德育资源建设方面，加强课程德育资源建设是大中小学德育资源一体化建设的重点环节，统筹大中小学思政课程资源建设是着力点。思政课程资源是学校德育的核心资源，不同学段的思政课程要按照学生的认知特点与成长规律来设计与规划具体的课程目标、内容、方法与手段，使大中小学思政课程资源形成一个前后贯通、相互衔接的系统。从德育资源分类来看，高校德育资源与中小学德育资源同为学校德育资源。从德育资源的分布与主要构成来看，高校德育资源与中小学德育资源有着共同的思想主题和理论逻辑，存在一定程度的交融性、交叉性和连贯性。同时，高校德育资源又有着自身独特的特征与呈现样态，与中小学德育资源在内涵、层次、深度上存在差异。因此，教育者要想方设法做好大中小学德育资源运用时的纵向衔接与横向贯通工作。

大中小学课程思政资源一体化建设也是大中小学德育一体化建设不可或缺的组成部分。教育部在 2005 年出台的《关于整体规划大中小学德育体系的意见》中指出："挖掘各类课程的德育资源，把德育渗透到学生学习的各个环节。大学哲学社会科学和其它各类专业课程，中小学语文、历史、地理、艺术和其它各类课程都要蕴含对学生进行德育的内容，使学生在学习知识、增强能力的过程中受到思想道德教育，加强思想道德建设"。高校教育者要树立显性教育和隐性教育相统一的理念，协调好人才培养中育德和育才之间的关系，加大高校思政课程与课程思政协同建设力度，整合好不同学科、课程中的德育资源运用，把握好各类课程中的思政元素与育人工作的融合点，建立大中小学德育资源的共享联动机制。

二、高校德育资源与社会德育资源的融合与衔接

高校德育资源的运用是在社会系统中进行的，需要依靠整体性的积极力量进行引导，并形成相应的调控机制。人们的意识与他们的生活条件、社会关系高度关联，所处的社会环境决定着他们的思想观念的产生、发展与变化。在社会生活中，人出于自身的、阶级的需要创造了道德资源，并不断改变和丰富着其内涵。从宏观的角度观察，人们身处的社会系统是由一个个不同规模、性质、人员集体集合而成的一个大组织。这个组织的内部结构十分复杂，但规则性强、运作顺畅，为高校德

育提供了外部的大环境。各种德育活动都无一例外的需要依托社会才能得以完成。马克思、恩格斯认为：只有在共同体中，个人才能获得全面发展其才能的手段。高校德育应整合社会各方力量，加强高校德育资源与社会德育资源的融合与衔接，构建高校社会德育共同体，充实内涵、扩展外延、突破局限，实现校内外德育资源的互补与共用。

高校要积极推进学校社会育人共同体构建，充分利用社会德育资源，把德育工作的基本视阈由校园拓展到社会，融合学校课堂与社会课堂，推动各方力量同向而行，在社会实践中培养大学生的社会责任感、创新精神和实践能力，增强高校德育的针对性与实效性。社区是社会的一个基本单位，高校可主动加强与所在社区或邻近社区的联系，在了解社区发展与需求的基础上加强彼此间的合作。通过设立校园开放日、社区开放日，组织高校-社区党建、团建、志愿者联合活动等，加强社区德育资源与高校德育资源间的交流与共享。高校教育者要在教育事业的发展与公共事业的发展之间架设桥梁，推动社区及社区相关附属机构、公益组织等把高校德育活动纳入社会发展的大系统，将高校德育主题与日常生活中的德育主题相结合，积极为高校德育的社会化发展创造有利条件，共同创造互利共赢双向奔赴的局面。

校友资源是高校德育资源中的一类极其重要的社会德育资源。高校校友们毕业后进入社会中的各行各业，分散在世界各地、五湖四海，但他们与学校始终保持着不同程度的联系。重要的纪念日、校庆日、开放日，校友们会重返母校，组织聚会，参加庆典、仪式、会议与活动。一些优秀的校友还会积极回馈母校，他们会根据自身的条件、能力与实力，以不同的形式和方式为在校大学生们的成长与发展提供丰富的机会与有用的资源。这些资源中就包括着各类有形与无形的德育资源。对在校大学生来说，优秀的校友本身也具有榜样示范的作用，是他们学业和人品上学习、仿效的重要对象。对于高校而言，优秀的校友也是学校的无形财富。高校每年都会有学生毕业，他们自然成为校友队伍中的一员。只要高校正常地运转下去，校友资源就不会枯竭。校友们给高校带来的资金、捐赠等实物形态的德育资源或通过以关系构建为基本形态的社会资源为高校德育工作的开展提供了助力。因此，对宝贵的校友资源，高校要悉心维护，充分地加以开发与利用。

三、整体推进高校德育资源建设运用的立体化布局

从中央到地方，从各级教育主管部门到各类高校，在整体上推进高校德育资源建设与运用的立体化布局，需要以系统、集成、协同的理念强化统筹协调、凝聚各方力量，共同做好对高校德育资源运用的指导、管理与维护工作。

在国家层面，要发挥好教育部、中央宣传部、中央网信办等国家级机构的作用，推动相关配套制度、政策资源的出台与释放。在顶层制度的设计与安排上要充分体现国家意志与社会需求，在全社会形成推动高校德育资源建设的合力，为高校德育资源的运用提供坚强有力的保障。在整体推进高校德育资源建设运用的布局中，要坚持以习近平新时代中国特色社会主义思想为指导，聚焦立德树人根本任务，自上而下地推动用党的创新理论铸魂育人，将党的创新理论最新成果有机融入各门德育课程。高等教育行政主管部门应通过政策引导与资源配套来积极牵头整合各地高校德育资源，推动国家级德育资源共享平台建设、全国性高校德育师资教研系统建设，设立高校德育实践基地与示范项目，建构党的创新理论研究阐释和教育教学的自主知识体系，丰富创新高校主渠道教学中的德育资源，增强高校德育资源运用的时效性，推动特色化高校德育资源的系统开发与建设。

在地方层面，要认真领会、积极贯彻落实上级对高校德育资源建设工作的指导精神与具体意见，加强高等教育地方管理机构之间的沟通与合作，出台相应的工作指导意见与具体实施方案，启动相应评估监督机制建设。相关部门应充分整合与调动社会各方力量和潜在资源，推动用好高校马克思主义中国化时代化最新的前沿理论资源和社会实践资源，鼓励高校将校史资源、地方红色文化资源、优秀传统文化资源、时代精神资源等有机融入思政课堂，推动高校德育资源区域共建机制、跨区域联合分享机制和校际合作交流机制，搭建地方性的研究学习平台，实现最大范围内的高校德育资源共享共用。在深入推进大中小学德育一体化

建设的过程中，各地教育部门加强引导和协调，鼓励高校积极开展与中小学德育在师资、课程资源方面的共建共享。

在高校层面，高校党委与行政机关要通过学校德育制度建设对高校的各类德育资源进行高效整合，建立健全高校德育制度规范体系，构建一体化的高校德育资源运用机制。在高校党委统一领导下，做好学校层面的统筹规划，明确高校德育资源建设运用的总体方向，构建大德育工作格局，营造良好的德育制度环境与氛围。高校应尽快建立和完善高校德育资源运用的配套机制，帮助全体教职工树立科学的德育资源运用意识，发挥多教育主体在高校德育资源运用中的互动效益与能动作用。高校还应调动校内外力量的参与和协同，在深度挖掘校本德育资源的同时，积极引入社会德育资源、创新发展地方特色德育资源，不断延伸拓展高校德育资源链、增大社会德育资源进入高校德育工作系统的接口与触点。通过对高校党政干部德育能力提升机制、高校辅导员德育能力培训机制、高校德育课程集体备课机制的建设，将德育资源的运用贯穿于高校德育全过程，使之切实融入教学、科研、管理、服务各环节，最大化地发挥其育人价值与德育效益，并不断完善考核评估反馈机制。

第六章
当代高校德育资源运用的主要方法

高校德育是一项系统、复杂的教育活动，其成效取决于各种德育因素互相影响、共同作用所形成的合力。高校德育资源融入立德树人全过程，需要在尊重大学生群体成长规律与个体发展需求的基础上，对德育内容不断丰富拓展，同时还要充分发挥显性德育和隐性德育的作用，努力挖掘校内外、课内外的各类德育元素和资源并加以利用。在科学规划、设计与组织的基础上，高校德育资源以直接影响或间接改变的方式，以教学、活动与实践为切口，通过课堂拓展的融入式运用、环境营造的沉浸式运用、社会实践的渗透式运用，作用于德育对象的认知、情感、意志与行动，使大学生在见与识、情与理、学与做的过程中获得积极的情感体验和价值认知，内化道德规则与强化道德行为。

第一节　课堂融入运用法

德育资源通常是以自然的和潜在的方式存在着。德育资源的外延远远大于德育课程本身的外延，德育资源只有经过相应的加工并付诸实施时才能成为德育课程资源。因此，德育资源课程化是学校德育中的一项重要任务。在学校德育过程中，教师要通过有意识的努力，把一切有助于德育目标实现的德育资源都开发和利用起来，使之成为提升学生道德品质的自觉的和有益的影响因素。[1] 课程是高校人才培养的核心要素，其设置充分体现了以促进大学生全面发展为中心的理念和以立德树人为核心的教育目标，而德育课程是其中重要的组成部分。

一、系统化融入思政课程

思想政治理论课是落实立德树人根本任务的关键课程。"我们办中国特色社会主义教育，就是要理直气壮开好思政课，用新时代中国特色社会主义思想铸魂育人，引导学生增强中国特色社会主义道路自信、理

---

[1] 刘济良：《学校德育》，北京师范大学出版社，2015，第122页。

论自信、制度自信、文化自信，厚植爱国主义情怀，把爱国情、强国志、报国行自觉融入坚持和发展中国特色社会主义事业、建设社会主义现代化强国、实现中华民族伟大复兴的奋斗之中。"[1] 以思政课程为核心的高校德育课程是高校德育活动的重要组成部分。高校德育资源在思政课程中的运用主要表现为其在思政课堂上的有效融入。

高校思政课具有较为完整的课程体系。为推动马克思主义中国化时代化的最新成果进教材、进课堂、进学生头脑，高校思政课程进行了一系列调整。目前高校思政课主要以马克思主义理论为主要教学内容，包括马克思主义基本原理概论、毛泽东思想和中国特色社会主义理论体系概论、习近平新时代中国特色社会主义思想概论、中国近现代史纲要、思想道德与法治、形势与政策六门必修的公共基础课程，以及近年来新增设的中国共产党史、新中国史、改革开放史、社会主义发展史四门选择性必修的公共基础课程。高校思政课的性质决定了其本身就富含各类德育资源，同时也可以融入其他更为丰富的高校德育资源。这需要对课程体系、教材体系进行整体的规划设计，着力抓好教材建设，同时也需要一线思政课教师具有将德育资源运用贯穿课程始终的意识和实际能力。高校思政课教师要能够根据课程大纲的相关规定对课程教学目标、教学内容、重点难点系统把握，将各类高校德育资源通过合适的载体与方式切入教学全过程中，使高校思政课更为立体饱满，达成更佳的教学效果。

（一）学理兼容式融入

2022年4月25日，习近平总书记在中国人民大学考察时强调，思想政治理论课能否在立德树人中发挥应有作用，关键看重视不重视、适应不适应、做得好不好。思政课的本质是讲道理，要注重方式方法，把道理讲深、讲透、讲活，老师要用心教，学生要用心悟，达到沟通心灵、启智润心、激扬斗志。如何在思政课堂上讲好道理？高校思政课教师要上好课、要把道理讲到位，使其中的精髓要义直击学生灵魂深处，

---

[1] 习近平：《习近平谈治国理政》第三卷，外文出版社，2020，第329页。

就要用好理论形态的德育资源。教师在课堂教学环节中突出理论灌输的现实性原则，协调好知识灌输与价值培育之间的关系，通过学术性、理论性资源的课堂参与，帮助大学生全面掌握马克思主义基本原理，准确把握马克思主义中国化时代化的理论成果，充分领会其真理性。高校德育资源学理兼容式融入思政课，可以增强思政课讲道理的实际效果，使学生对深奥的理论真学、真懂、真信。

不同时代的德育资源是在其特定的历史背景下产生的，理论形态的德育资源尤其带有深刻的时代烙印。恩格斯曾深刻指出："每一个时代的理论思维，从而我们时代的理论思维，都是一种历史的产物，它在不同的时代具有完全不同的形式，同时具有完全不同的内容。"[1] 我国高校思政课程以马克思主义思想的理论体系为主要内容，体现了国家主流意识形态，含有大量理论形态的德育资源。与其他学科相比，马克思主义学科的发展、高校德育课程的演进与时代的理论思维紧密相关。与高校其他课程的教材建设相比，思政课程教材修订更新的频率比较高，这反映了理论形态德育资源在时代发展中具有快速的成长性与变动性。从社会功能上看，高校是兼具培养高层次人才与开展学术研究功能的组织，是创造理论、创新理论、验证理论的所在。因而，在高校思政课课堂上，理论形态德育资源与其他教育资源相比占有先天的优势，常以准确、理性的方式表达与呈现，展现出学术上的严谨性与严肃性。

现实社会中代表主流意识形态的最新思想、观点、理论成果总是无法完全同步于课程建设。高校思政课课程体系、思政课教材的更新速度不同程度地滞后于理论的发展。在高校思政课堂中，最新的理论往往最先是以德育资源的面貌或形式出现的，随着时间的推移才逐渐在课程系统中予以固化、完成修订。这种状况对思政课教师提出了较高的要求，需要他们在学术上对相关领域最新、最前沿的思想理论保持敏锐的洞察力和深入的把握能力，在教学中能够把相关的先进理论资源及时地转化、改造为适合高校思政课的教学资源。此外，思政课教师还要能够按照各门思政课程的教学体系与内在逻辑结构，巧妙安排与精心布局理论

---

[1] 中共中央马克思恩格斯列宁斯大林著作编译局：《马克思恩格斯选集》第四卷，人民出版社，1995，第284页。

形态德育资源的出场顺序、组合模式与呈现方式,并在精神等其他形态的德育资源的配合与辅助下使其在课堂上充分发挥效用。

(二) 研讨互动式融入

人的心理结构是一个以认知为核心的有机整体。在认知基础上产生的各种思想观念是支配和制约人的其他心理要素的主导力量,是人的情感、意志、信念得以形成发展的必要条件。在运用高校德育资源时,教育者要坚持灌输性和启发性相统一,注重启发性教育,引导学生发现问题、分析问题、思考问题,在不断启发中让学生水到渠成得出结论。在高校思政课堂上讲好思政课重点、难点内容,在讲清重要理论的基础上,教师应积极尝试"对分课堂"教学模式,高度重视对学生主动性的激发,通过教学互动来消解理论学习的枯燥性,改变因单向度信息输出而导致的课堂活力不足、亲和力缺失的状况。通过开展线上线下主题研讨,教师可在高校思政课堂上有意识地引入相关德育资源以使课程的理论结构与内在逻辑更为清晰明了。大量理论形态德育资源、精神形态德育资源融入思政课堂互动,推动了大学生们对重要的理论、思想、观点在理论上的深刻理解与逻辑上的严密论证,使他们在思辨的过程中更好地相互启发,在课堂的翻转中辨明、理清学习的重要原理,全面地掌握社会发展运行的基本规律。

高校要改变以教师讲授为主的传统课堂教学模式,在教学设计上立足教学目标,在高校德育资源的引入及运用的过程中发挥教师的引导与把控作用。在明确课堂教学主题的前提下,教师可在课堂上通过研究性学习环节的设置来充分激发大学生的能动性与创造力,磨炼与提升他们的理论分析能力、政治辨别能力。课堂研讨互动环节的加入有力地改变了德育资源进入课程的通道与固有模式,使契合课程主题、匹配课程进度、符合课程特点的各种高校德育资源经由多向度互动有效融入具体的思政课堂中。高校德育资源在课程中的研讨互动式融入增强了大学生自主学习理论、自发参与教学设计、主动融入课堂互动的积极性,使他们在课堂学习中发挥了主体性作用。在确立研讨主题、构思研讨策略、制定研讨方案、搜集研讨资料、整合研讨资源、推进研究实施、分享展示讨论成果的过程中，大学生的问题意识和研究性学习的能力得到培养与加强。在探索、审视、思考、论辩、批判的过程中，大学生积极挖掘着自身的潜能，增进了知识、锻炼了思维、提升了能力。在高校德育资源与现实课堂的对接与融合中，思政课堂的活跃指数显著增强，对先进理论的精确解读、对思政课程相关内容与主题的深度学习得以顺利达成。

大学生参与研讨式思政课学习时，在研讨准备及交流过程中，一般都会主动地利用互联网提供的各类信息与资源，借助于网络较为充分地挖掘出与研讨主题密切关联的网络德育资源作为支撑材料与参考范本，为后续的交流与分享环节提供"原料"、"燃点"与"催化剂"。除了课堂上面对面的学习交流，大学生还会借助网络建立研讨团队、小组、师生之间的即时沟通通道，利用技术上的溢出效应成功地突破现实课堂在时空上的沟通限制。当代大学生熟稔于在无限的虚拟空间中对所聚焦研究的主题进行高效的交流、确定分工合作的方案、整合集体的力量，并对所获取的相关德育资源进行认真的梳理、分析与提炼，运用于课堂研讨活动。高校德育资源在课程中的研讨互动式融入促进了线上潜在德育资源向现实教学资源的转化，增强了思政课堂的亲和力与吸引力。

（三）情景交融式融入

德育的主体是人，因而会受到人的认知和情感因素的影响和制约。教育学家朱小蔓认为，学校道德教育应从知识化、认知化调整到重视情感体验和情感发展。[1] 人们对道德的接受与内化需要理性的参与和情感力量的推动。教育者要在高校思政课上讲好道理，不仅要注重知识的讲授与灌输，用好、用足理论形态德育资源，也要充分运用好心理情感因素，重视情感对态度的影响，调动教育对象积极的情感情绪体验。高校思政课教师要充分发挥实体形态德育资源在思政课堂上的协同增效作用，善于在课堂教学环节中创造性地在理论与现实之间借由特定的手段搭建融历史认知、情感体验、理论图式于一体的德育教学场域。通过具有强烈感染力、冲击力的形象化德育资源在课堂中的呈现，在历史场景

---

[1] 朱小蔓、其东：《关于学校道德教育的思考》，《中国教育学刊》2004年第10期，第35页。

与现实课堂之间的推移与转换中创新思政课把道理讲深、讲透的表达方式，以深入浅出讲道理的叙事模式和直观形象的理论演绎方式，"因景生情""由情入境"地加速大学生对外在的道德信息读取与内在的思想变化之间的振荡频率、缩短对相关德育主题认知-理解-领悟-认同-内化的进程，激发他们对思政课相关专题的学习兴趣、参与热情和进一步探索动力，着力增强思政课讲道理的底气与力度。

高校德育资源在思政课堂中的情景交融式融入，考验的是思政课教师的基本素质和专业功力。在对思政课堂教学目标准确把握的基础上，在现有课堂条件与现代化技术资源的支持下，思政课教师广泛收集具有形象化视觉特征、饱含情感性因子的数字化德育资源，运用化虚为实的场景化方式对具体思政课教学主题进行创新性重构，是当前思政课改革创新的一种新趋势。在高校思政课堂的教学叙事中融入情感性的德育因素，借景生情、融情于景、寓情于理、化理为境，通过情境模拟、场景再现实现对文本化教学内容的形象化演绎，以沉浸式的感官体验深度触发学生对相关思政主题的情感认知与心理认同，以情景理合一、学思悟贯通的课堂氛围增强思政课教学的吸引力与亲和力。

在多媒体平台上借助便于佩戴、易于操作的虚拟现实装备，互联网技术、虚拟仿真技术等现代信息技术为高校德育资源融入思政课堂创造了一种全新的方式，使基于现实课堂的跨时空沉浸式教学模式从理念构想转变为现实中常态化的存在。有了技术资源的加持，高校思政课教师可以根据相关思政课教学主题设计订制特定的历史场景片段、规划组合德育场景片段，接入远在千里之外的专题博物馆、陈列馆、纪念场馆等相关的现实场景资源、线上数字德育资源，使如临其境般的主题式虚拟漫游、全景化体验与模拟演绎在课堂里得以实现。鲜活化的集体历史记忆资源、社会发展动力资源，具象化的传统革命精神资源、中华优秀文化资源，使高校思政课堂血肉丰满，充满时代气息与生命活力。

二、特色化融入专业及通识课程

在"大德育"背景下，将高校德育资源有机融入高校专业学科教育课程教学与通识教育课程教学是当前高校德育发展的一个大趋势。在专业学科及通识课程教学内容中往往隐含着与德育密切相关的主题与素材，或与德育存在着某种联结、共同趋向于同一教学目标，或体现出对马克思主义的立场、观点与方法的高度认同与准确运用。在高校众多非德育类课程学习中，充分发挥师生的能动作用，有意识地发现、挖掘与解锁课程中所隐含的各种德育元素，从中提炼出具有亲和力、说服力与悦纳感的精神品质类德育资源，使之与其他高校德育资源相配合，同步引入、特色化融入课程教学全过程，有助于更生动地开展理想信念教育、爱国主义教育、集体主义教育活动，帮助大学生树立正确的世界观、人生观、价值观。

（一）人格感染式融入

在高校有限的现实空间范围内，课堂是承载与展示人格元素最多的一个教育场所。人格是在一定社会历史条件下通过社会实践活动形成和发展起来的，表现在知、情、意等心理活动中，反映着人的态度和信仰的体系、道德价值方面的特点。广大青年要做社会主义核心价值观的坚定信仰者、积极传播者、模范践行者，向英雄学习、向前辈学习、向榜样学习，争做堪当民族复兴重任的时代新人，在实现中华民族伟大复兴的时代洪流中踔厉奋发、勇毅前进。高校德育资源中包含的人格形态德育资源丰富而多样，与人格相关的德育资源在课堂空间中高度聚集，并在不同的载体上得以体现。

作为教学主体的高校教师是人格形态德育资源的重要载体。作为大学课堂中传道授业解惑的主体，高校教师不仅在学识上要立得住脚，更要在对大学生思想的引领上发挥积极的作用与影响。以教师高尚师德师风为主要内涵的人格品质在课堂教学中会对大学生产生直接而持久的影响。中共中央、国务院发布的《关于进一步加强和改进大学生思想政治教育的意见》指出："高等学校各门课程都具有育人功能，所有教师都负有育人职责。广大教师要以高度负责的态度，率先垂范、言传身教，以良好的思想、道德、品质和人格给大学生以潜移默化的影响。"一个富有人格魅力的高校教师在促进学生品格发展与道德完善过程中的价值是不可替代的。教师的理想信念、德行品质、情操风度、价值理念等会通过其言行举止、态度情感、学识能力等渗透到具体的教学过程中，对课堂中的大学生产生潜移默化的影响，同时也会影响到身边的其他教师。

作为教学对象与学习主体的大学生同样也是高校人格形态德育资源的重要来源与载体。"从15到20岁左右，同辈群体的影响最为普遍深入，对同辈群体成员的思想和行为产生着重要影响，也在一定程度上强化或者弱化青少年思想政治教育的影响。"[1] 在高校校园环境中，相同的身份角色、相近的年龄阶段、相似的成长经历，使大学生之间的交往比师生之间的互动更加具有平等性、支持性、互助性与参照性。大学生身边同龄伙伴之间的交流往来不带有明确的教育目的、宽松而随意，但对思想、精神、心理层面的影响却真切存在。以优秀卓越的品德、积极向上的学风为主要内涵的大学生人格在高校德育中具有较高的朋辈育人价值与榜样影响力。现实生活中这种近距离的影响虽然不易觉察，也不太会有立竿见影的效果，但正是在这种持续的、无声无息的价值同化、情绪感染、心理共鸣中，大学生的道德认知与行为发生着深刻而持久的改变。

作为高等教育教学机构，高校有着丰富的课程资源，而不同学科的课程中包含着多样态的人格类德育资源。在高校推进新一轮教学改革、持续加强课程思政建设的过程中，人格类德育资源得到了进一步发掘与运用。高校的人文社会科学类专业课程、通识类课程体现着较强的思想性与政治性。文学类、史学类、哲学类、法学类等学科相关的课程中所蕴含的人格类德育资源最为丰富。高校理工类、农林类、医学类、商学类等学科专业课程资源偏向科学与专业，但课程的专业发展史、相关学科发展史中包含着不少与高校德育密切相关的人格类德育资源。随着高校产学研一体化趋势的加强，开门办学理念的深入，高校与社会企事业单位及机构之间的联系日益密切，德育资源的共享区域也日渐扩展。科学家精神、企业家精神、劳动者精神、改革家精神、创业者精神等具有

---

[1] 陈万柏、张耀灿：《思想政治教育学原理（第三版）》，高等教育出版社，2015，第114页。

鲜明时代精神特征的、更为丰富的人格形态德育资源被源源不断地汲取、充实到高校课程资源中。

(二) 主题拓展式融入

高校要用心布局课程思政德育资源链,鼓励教师对不同学科课程中所隐含的德育元素的分析与梳理,找准其中内含的价值导引线索,定位好每个课堂的经纬刻度与思想坐标。在高校不同的专业课程、通识课程中,授课教师应密切结合、科学整合、巧妙融合各类主题教育德育资源,积极拓展课堂容量、理顺专业知识图谱与课程思政德育图谱之间的逻辑关系。高校将经过提炼的符合时代需求、中国特色的相关德育资源有机融入课堂教学全过程,有助于推动实现促进大学生专业知识学习、价值观念塑造与综合素养培育的综合性育人目标。

在高校文史类专业课程中,要坚持以文化人、以文培元的原则,在专业核心课程、通识基础课程设计中充分发挥优秀传统文化资源的作用,把潜在的德育元素发掘出来,把时代化的精神内涵融入进去。高校在帮助文科大学生夯实专业基础、拓展综合素养的同时,要进一步坚定其理想信念、厚植文化自信,自觉继承与弘扬中华优秀传统文化。文史专业大学生就读期间会集中阅读、系统学习富含德育元素、德育素材、德育主题的大量中外文学古籍、著作、史学名著等。高校应协同各方力量加强对古籍典藏的保护与利用,深入挖掘其中隐含的人文精神、价值理念、道德规范等,推动中华优秀传统文化资源向高校德育资源的创造性转化。高校教师在教学中要发挥专业优势,贯彻课程思政理念,聚焦相关德育主题并有意识地加以拓展,积极发掘课程中的传统德育资源、历史教育资源、红色文化资源等,在课堂上将文化的传承教育与价值观的引导培育有机结合起来,并使之与大学生的社会现实生活相联系。

在高校艺术类专业课程中,教师要坚持寓美于德、以美育德、以美化人的理念,在课堂教学中融入正确的审美观、艺术观、创作观。艺术教师在教授课程的过程中带领大学生用心灵体悟、用声音描摹蕴含在雄浑强健的时代旋律中的精神内涵,用笔触勾勒、用目光感受隐藏在革命历史生动画卷中的人格伟力,教会学生在社会生活的大课堂中用理性的思维、丰富的情感、个性的表达体现对艺术人生的追求。高校德育资源主题拓展式融入艺术类课程，教师在对美的解读、欣赏与创造中教育引导大学生立足时代、扎根人民、深入生活，自觉传承和弘扬优秀文化的精髓，提升德行素养，增强文化自信。

在高校理工类专业课程中，在开展基础性专业知识教学的同时，专业教师要利用学科优势、结合专业动态、紧跟行业发展趋势，将推动国家科学技术发展的学术精神、专业伦理规范、道德价值观念融入教学全过程。通过高校德育资源主题式拓展，使大学生增强爱国主义情怀、深化科技强国信念、树立科技报国的行业理想，鼓励他们创新进取，勇攀科学高峰，为社会的发展贡献自己的力量。同时，高校要充分发挥好学科实验室、科研资源平台、项目交流平台等学术资源的协同育人价值和对课堂教学的增效作用。

在高校医学类专业课程中，要注重医学与人文的交叉融合，用好传统与现代医学中的医德资源，在各门专业课程中有机融入医者应有的价值追求、应遵循的医德规范与行医准则，凸显大医精诚的职业精神内核，引导医学生树立尊重生命、救死扶伤的职业使命感。巧用名医名师资源，利用医务明星、学科领军人物的模范效应，潜移默化地引导医学生品德养成，通过在医学实验中严格执行尊重实验动物、人体标本的规范，组织医学生授帽仪式、向遗体捐赠者致敬仪式等，增强医学生的生命体验感。[1]

在高校农林类专业课程中，教师要善于结合农林科技发展的前沿和强农兴农事业中的典型人物与事例，在强化农林科技人才专业化培养的同时，在价值引领中彰显农为邦本之"真"，在能力培养中彰显心怀天下之"善"，在知识传授中彰显农耕文化之"美"，[2]引导大学生建立生态文明意识，树立绿色发展理念，积极投身农业现代化建设。

---

[1] 林莹：《论高等医学院校德育资源的挖掘和利用》，《南京医科大学学报（社会科学版）》2017年第6期，第507—508页。

[2] 漆勇政、孙倩茹：《农林高校课程思政建设的实践路径》，《学校党建与思想教育》2021年第6期，第46—48页。

第二节　环境熏染运用法

德育活动的效果在一定程度上受到德育主体所在环境的影响，德育环境是德育资源运用中的一个至关重要的因素。环境是个体赖以生存和发展的重要条件。社会构成了人类生活的大环境。马克思认为："既然人天生就是社会的生物，那他就只有在社会中才能发展自己的真正的天性，而对于他的天性的力量的判断，也不应当以单个，个人的力量为准绳，而应当以整个社会的力量为准绳。"[1] 当然，德育环境与一般意义上的环境是有区别的。德育环境它的目的性和针对性突出，具有自身的独特性。教育者创设与利用德育环境的过程就是对所在环境中的各类德育资源进行有效整合、科学运用的过程。德育环境保障着德育活动的顺利开展，对德育对象思想、道德、政治、修养等的形成发展施加特定的影响。高校德育环境是高校德育活动展开的主要背景与基本条件。大学校园是大学生就学期间日常学习、生活、交往与活动的重要场所。所在高校的环境对年轻大学生的影响贯穿于整个大学时代，而且即使在他们完成学业、离开校园以后对其之后的人生依旧发挥着持久的作用。高校德育资源是高校德育环境的有机组成部分，其作用的发挥也受到高校德育整体环境的影响与制约。

一、虚实相交：教学空间的氛围感染

教学是高校最重要的功能之一。教学环境构成了高校育人系统的重要组成部分。高校内各类有形与无形的教学空间所共同构成的环境，为身处其中的大学生提供了一个虚实相交的发展成长的空间。

从教学空间的外部环境来看，相对于其他组织机构，作为教学机构的高等院校在选址、规模及空间安排上享有一定的优势和政策倾斜，因

---

[1] 中共中央马克思恩格斯列宁斯大林著作编译局：《马克思恩格斯全集》第二卷，人民出版社，1957，第167页。

此常常拥有着得天独厚的自然环境资源。很多高校的校园风景如画，宛如美丽的花园，四季皆有不同的美景。对于大学里的师生而言，母校校园里的花草树木会格外亲切可爱。小到校园内的一花一叶、一草一木等绿化园艺，大到更为开阔的山坡草坪、池塘喷泉、湖泊林地等景观，对身处其中的人们而言都是一种无形的德育资源。这些大自然馈赠的资源所呈现出的未经雕饰、浑然天成的自然美陶冶着大学生的心灵，对他们精神面貌发挥潜移默化的影响，在他们的心理与行为上产生了积极的投射与反应。研究表明：在高校德育的活动中，自然环境构成了德育的环体与介体。高校自然环境为青年学生提供了身临其境的沉浸式教育，使他们学会与自然相处，懂得欣赏身边的美好的事物，对其高尚道德品质的形成起到了推动作用。

从实体性的教学空间来看，高校的教学楼、实验楼是最能够展示学校办学理念、体现师生教风学风、反映学术氛围的核心场所。现代高校在总体的规划和教学设施的设计上日益展现出以人为本的特点，强调环境的整体协调性及良好的服务功能。相关研究表明：高校教学建筑的设计与建造若能兼具实用性与美观性，自然融入展现高校的历史特色与文化底蕴的元素，那么就会在无形中对大学生良好人格与品德的养成产生积极的作用。在公共教学楼、专业教学楼的整体布局装饰、教学空间的规划安排、楼内教学设施的配置中有意识地加入德育元素营造特定的氛围，突出学生在教学空间中的主体性、增强教师的课堂视野与空间掌控力，能够对其中参与教学活动的师生产生良好的影响。教室、实验室是高校教学空间中最基本的单元，在有限的时间段内能够自成一体，构成相对独立的育人微环境。现代高校教学空间的通用化、模块化特征，使教学场地可以根据师生的实际需求加以灵活改造，在空间功能的发挥上更具弹性。在高校，不同的课程就意味着不同的教学空间。大学生的学习空间并不是固定的，而是随着时间的流动而不断变动。每上一门课程就要更换一次教室，调整一次座位。快节奏的"转场"成为今天大学生日常学习生活的常态。对于频繁变化的教学空间，需要大学生具有快速适应空间状态变化的能力。随着智慧教室的普及应用，高校的教学空间早已超越现实空间的局限，延伸到云端的虚拟世界。当凭借数字化技术的无缝对接式"转场"变为现实，高校需要平衡好传统教学空间和现代教学空间中德育资源的配置与运用，以更好地对大学生身心健康、学习行为、价值观念等施加影响。

除了教学楼、实验室以外，高校还拥有学术报告厅（学术交流中心）、图书馆、体育场馆等各种具有教学属性的配套设施与公共场馆。高校图书馆丰富的图书资料为高校德育工作者提供了理论研究和实践上的学术支持，而且也满足了大学生在知识储备、精神滋养、休闲阅读等方面的需求。书籍为高校师生们提供了大量学术资源和科研信息，是高校重要的教育资源。书籍中蕴含的大量精神形态的德育资源，在师生借阅的过程中自然而然地作用于他们的精神世界，触动其心灵，陶冶其情操，培育其品格。高校校园电视台、广播站、官方网站也是各类高校德育资源发挥作用的重要载体和媒介，在一定的条件下它们本身也成为高校德育资源的组成部分。

二、内外联动：生活空间的场景浸润

德育的目的是生活，生活环境是德育的重要场域。生活环境对于人的影响是日积月累，潜移默化的。进入高校后，大学生大都离开了原来熟悉的家庭环境，进入人生中相对独立的集体生活时期。教育者要让高校德育回归大学生的日常生活，在生活中让大学生感受与体验道德的教化与熏陶，塑造其品德与人格。在高校推进生活化德育的过程中，离不开高校德育资源的"出场"。"道德之知就其性质而言是实践之知，它被亚里士多德、康德等人称之为实践理性，是实践的一个部分。它内在于人的行为，只有去行，才有真知，知只有行中才能最后完成，对于这种知的把握必须以达到某种实践境界为前提。"[1] 道德源于日常生活，提炼自生活，也必须在生活的环境中得到检验或验证，并不断地加以充实与完善，方能为德育对象所认可与习得，达到内化于心、外化于行的境界。

---

[1] 鲁洁：《生活·道德·道德教育》，《教育研究》2006年第10期，第6页。

教育者应有意识地将高校德育资源的运用安排在大学生的生活场景中，成为他们的日常所见，成为促发他们思考的契机。正如教育家陶行知说："生活教育是生活所原有，生活所自营，生活所必须的教育，教育的根本意义是生活的变化。生活无时不变，即生活无时不含有教育的意义。"[1] 生活化的高校德育资源分布于大学生的生活空间内，与他们的衣食住行息息相关，与他们的日常活动密切相伴。优化高校德育资源在大学生生活空间中的存在和运用，能够使他们在生活化的德育环境中获得道德浸润、价值反思与生活实践，最终实现德行上的成长。通过生活中的感同身受，大学生在自我教育中获得相应的道德认知，主动尝试与验证特定的道德行为，从而建立与形成相应的道德理念体系。

高校学生宿舍、大学生公寓是大学生居住的主要场所。这里既是课余休息休闲之地，也是大学生开展小范围社交活动的重要区域，具有多元的功能。过去，大部分高校宿舍、公寓位于校园内的生活区域，但随着高校学生规模的不断扩大与后勤社会化程度的提升，居住在校外的大学生数量日益增多。相对于教学区域的公共空间而言，宿舍具有相对私密性，大学舍友之间的交流与交往一般比较密切。宿舍如同校园里的一个个"家庭"，宿舍内部的秩序与氛围会对生活在其中的成员产生直接而深刻的影响。无论是宿舍的布置风格、用品的摆放规则、日常的清洁整理、内部的规则公约，还是宿舍成员们的兴趣爱好、生活习惯、思维方式、个性特点、互动模式，都会影响到宿舍中每一位个体成员的思想意识与身心状况。大学期间，生活在一个融洽和谐、自由轻松的宿舍中，与友善、有趣、有思想、有见识的舍友们朝夕相处、长久为伴，相互体谅谦让、团结互助，有助于大学生在彼此间长时间的磨合中达成默契与自律。在良好的宿舍氛围中，大学生更容易建立共同的价值观与信念理想，形成良好的精神风貌、正确的思想观念、良好的道德品质和健康稳定的心理。

民以食为天，饮食是人最基本的需求之一。一日三餐对于正处在成长时期的青年大学生而言，既是保证营养、补充能量的必须，也是让生

---

[1] 陶行知：《陶行知全集》第三卷，四川教育出版社，1991，第246页。

活规律、身体健康的重要保障。随着越来越多的年轻人进入高等学府，高校的就餐需求趋于多元化，就餐模式、就餐场所的选择日益增多。除了传统意义上学生食堂，更多个性化的餐厅、特色化的饮食店出现在校园内外及周边区域。线上点餐的"外卖"餐饮也成了高校大学生就餐的又一选择。一些高校在教学楼中专门设置了自助的咖啡机、饮品柜，并在附近放置了桌椅，开辟出方便大学生快速、简易就餐的休息区域。有些高校还在校园内设置了生鲜食品配送专区，在学生宿舍、公寓配备了"小饭厅"、公共"小厨房"。餐厨一体化的空间设置满足了大学生"自己动手，丰衣足食"的个性化需求。随着高校服务理念与管理水平的不断提升，高校食堂、餐厅、学生厨房等为师生提供的不仅是物质上的食粮，除了干净整洁的就餐环境、营养可口选择多样的食物，多元化的就餐空间已逐渐成为高校输出精神食粮的特色场所和育人基地。很多高校专门在食堂建造了无障碍通道方便残疾师生出入，在就餐空间中设置爱心药箱、爱心物品借用专区，体现了人性的关怀。在"光盘行动"中倡导勤俭节约的意识，在"节水节电""减少使用一次性筷子行动"中植入节能减排、可持续发展的环保理念，在轻松愉悦的就餐氛围中推广"均衡营养、科学饮食"的养生理念，生活场景的空间浸润在大学生的饮食生活中得到了淋漓尽致的体现。

  以日常生活需求的满足为起点，高校德育工作者在对大学生生活空间秩序的管理中要重视发挥大学生的自主性与独立性。通过优化宿舍空间、改善就餐空间的布局，完善大学生生活区域周边的配套设施，使高校德育资源融入每天的现实生活场景中，激发与提升大学生在良好的集体生活中的自我约束、自我管理、自我教育、服务他人的意识与能力。通过组织宿舍精神风貌、宿舍文化的展示与评比活动，挖掘、树立先进典型、示范榜样，鼓励创建整洁温馨、文明有序的生活环境和就餐环境，营造积极向上的、和谐友好的心理氛围。各类高校德育资源或以积极向上的人格形态，或以外在可见的物质形态，或以共同认可的规则形态等附着、充盈、弥散于大学生宿舍、食堂等日常公共活动空间及洗衣房、公共浴室、开水房等日常生活配套设施，在日复一日的浸润中潜移默化地发挥作用，从思想、情感、行为等各个层面对大学生的道德发展产生正向的引导与积极的影响。

三、丰富有序：文化空间的情境体验

高校丰富多彩的文化生活为大学生的成长提供了多样化的选择。高校拥有类别多样的文化场馆、艺术场馆，文化活动空间的布局立体而富有层次，涉及的主题与内容涵盖文学、历史、艺术、体育、社会等众多领域。在文化活动空间的规划与建设中，高校应充分整合和利用自身所拥有的德育资源，通过体现时代特色、富有生活气息的德育文化空间建设，在日常校园活动中营造出相应的德育情境。大学生身处特定的校园文化氛围中，在接触、体验与感知中受到道德的熏陶、感染与影响，在"不教而教"中水到渠成地获得成长。

高校博物馆作为高校的一个重要文化空间，是高校发挥文化传承、创新功能的重要场所，也是高校文化特色展示的平台和示范的窗口。博物馆最早孕育、诞生之地是高校。1683年，英国牛津大学的阿什莫林博物馆成为世界上第一座向公众开放的博物馆。1876年，为配合学习西方自然科学技术知识，京师同文馆内设立了一座博物馆，供学生参观与学习。作为高校中传播知识、普及科学、弘扬文化、增进审美、培育精神的多功能文化空间，高校博物馆发挥着重要的育人功能。根据不完全统计，全国高校博物馆数量已达400多座，部属高校中约有60%以上的高校拥有博物馆。近年来，高校博物馆发展迅速，更多的高校博物馆正在筹建和建设中。纵览国内高校博物馆，我们不难发现，地质类、财经类、农业类、医药类、电子科技类等专业型高校博物馆的主题设置通常与本校的重点学科与主要专业密切关联。如：河北地质大学的地球科学博物馆、西南财经大学的货币金融博物馆、西北农林科技大学的昆虫博物馆、中国传媒大学的传媒博物馆、上海财经大学的中国商学博物馆、东华大学的上海纺织服饰博物馆等，皆凝聚了高等院校最优势的学科资源。[1] 不少高校将博物馆场馆的建设发展纳入学校的整体发展规

---

[1] 张安胜：《高校博物馆育人的内涵、定位与路径论析》，《上海交通大学学报（哲学社会科学版）》2022年第5期，第101页。

划，在内涵建设上与学校历史、学科专业特色紧密结合，与所在区域的地方经济文化特点及发展需求紧密结合，不断拓展高校博物馆的功能，积极建设特色鲜明的博物馆集群，走出了一条特色化、专业化、多元化的发展之路。一些高校博物馆馆藏资源丰富、精品荟萃、特色鲜明。经过多年的发展，清华大学艺术博物馆、山东大学博物馆已跻身国家一级博物馆行列。"高校要充分依托博物馆，通过专题展出等方式，将思想教育外化为实物、场景、展板和视听资料，作为开展爱国主义教育、理想信念教育、民族精神和时代精神教育等专项教育的重要辅助手段，使师生在轻松的参观中受到深刻的教育。"[1] 高校博物馆拥有的珍贵文物、标本、资料等特色化藏品和专题陈列为大学生提供了在课堂之外了解学校历史沿革、感受文化魅力、丰富审美体验的重要通道，在浸入式的参观体验、欣赏品位的过程中，大学师生的家国情怀、文化自信得到了激发与增进。高校博物馆通过向大学生提供志愿服务相关培训和面向公众的讲解、引导、协助等公益性工作服务机会，使他们能够在博物馆的文化空间熏染下学习知识、拓展视野、提升修养、完善品质，在这个与社会相联结的文化实践平台得到锻炼和成长。

高校音乐厅、演艺厅、美术馆等艺术类场馆，是高校举办音乐会、演奏会、戏剧曲艺演出、艺术展览的主要场所，为师生提供了文化艺术交流的空间。高校的大礼堂、报告厅、学生活动中心等场馆及校园中的广场、绿地、草坪等较为开阔的室外公共空间区域等，承担着举办高校开学典礼、毕业典礼、学位授予仪式、表彰活动、纪念仪式等大型集会活动、升国旗仪式、主题活动开闭幕式，以及各类宣讲会、报告会、文化活动的任务，发挥着综合性的文化育人功能。高校的运动场、体育馆、健身房、游泳馆等设施满足了大学生日常体育运动、休闲锻炼的需求，也是举办各类体育竞赛、举行高校运动会的主要场所。此外，作为高校景观文化的组成部分，散布在校园各处的主题雕塑、标志性建筑、纪念碑（塔）、校园装置艺术等往往位于大学生日常校园交通的必经之地。大学生们经过时步履匆忙间不经意的一瞥、驻足停留时的端详、休

---

[1] 杜玉波：《充分发挥高校博物馆育人功能》，《高校理论战线》2012年第7期，第6—7页。

憩徜徉间的观望，这些散发着浓郁文艺气息、带着厚重历史积淀的人文景观也许会给他们留下浅浅的印象、引发淡淡的思绪或长久的思索，甚至激起内心的波澜。一些高校在环境德育资源建设上有意识地对承载高校建设发展历史、具有年代感的校园标志性建筑、雕塑等进行修缮、复建、仿建，以"空间复制""时空交叠"的方式增加新老校区之间的联结与文化脉络勾连，从文化心理环境营造上提升育人的效果。

第三节　实践渗透运用法

实践是认识的来源，实践决定认识，认识反作用于实践，两者是辩证统一的。马克思主义认为，社会生活在本质上是实践的。"人不仅象在意识中那样理智地复现自己，而且能动地、现实地复现自己，从而在他所创造的世界中直观自身。"[1] 马克思主义实践观认识到人在实践中的能动作用，强调通过实践积极改变世界。实践教学是高校德育的重要组成部分，对于帮助大学生深化理论认识、实现知行合一发挥着重要作用。通过德育资源在经济社会发展、乡村振兴、社会治理和群众工作等实践活动中的全方位渗透，高校德育可以突破德育课堂的局限性、丰富德育教学内容，在抽象的理论与现实的社会之间更好地架起通道。在参与实践的过程中，大学生得以更为深入地理解、接受相关的知识与理论，领悟和深化原有的认知，形成一定的政治心理、道德心理以及相应观念，逐步建构起自身的道德认知图式和道德评价体系，顺利实现由知到行的转化。

一、课程实践渗透

随着时代的发展，社会变得开放而多元，对人才的培养提出了更为全面的要求。深入实施人才强国战略，培养造就大批德才兼备的高素质

---

[1] 中共中央马克思恩格斯列宁斯大林著作编译局：《马克思恩格斯全集》第四十二卷，人民出版社，1979，第97页。

人才，是国家和民族长远发展的大计。当代大学生不仅要有扎实的专业知识与技能、开阔的视野与胸襟，还要具备良好的品德修养与较强的社会实践能力。2019 年，中共中央办公厅、国务院办公厅印发了《关于深化新时代学校思想政治理论课改革创新的若干意见》，要求各地区各部门要积极拓展思政课建设格局，将思政课学习实践情况等作为重要内容纳入综合素质评价体系。2022 年，教育部等十部门印发《全面推进"大思政课"建设的工作方案》更加突出了思政课实践教学的重要性，强调高校要落实思政课实践教学学时学分，明确了高校要严格落实本科 2 个学分、专科 1 个学分用于思政课实践教学的要求，鼓励有条件的高校开设专门的实践教学课，从政策层面推动了高校德育课程实践教学环节的发展。实践性教学活动的实施可以使大学生的理论思维在实践中得到检验与训练，有利于突破传统课堂课程教学模式的束缚，实现理论教学与实践教学的统合。

在学习型实践活动中，高校要充分用好校内外现有的爱国主义教育基地资源、社会实践基地资源、素质拓展基地资源，让大学生在对革命根据地、历史文化遗迹、相关的博物馆、专题纪念馆、陈列馆、展示馆等的学习参观中增进对国史、党史的认识与理解，深化对改革开放以来社会主义现代化建设的伟大成就、新时代坚持和发展中国特色社会主义的生动实践的感性认识。《关于加强和改进新形势下高校思想政治工作的意见》要求："加强革命文化和社会主义先进文化教育，深化中国共产党史、中华人民共和国史、改革开放史和社会主义发展史学习教育，利用我国改革发展的伟大成就、重大历史事件纪念活动、爱国主义教育基地、国家公祭仪式等组织开展主题教育，弘扬以爱国主义为核心的民族精神和以改革创新为核心的时代精神。"高校教育者要让渗透在学习实践活动中的各类德育资源引领大学生开眼界、学新知，使他们在学习、接触新领域的过程中了解世情国情、洞悉民情民意，培养当代大学生对人民群众的真挚感情和对国家社会的责任担当，帮助他们树立正确的历史观、大局观、角色观，深化对马克思主义中国化最新成果的认同与坚持，增强道路自信、理论自信、制度自信、文化自信。

在体验型实践活动中，高校要从大学生的社会体验需求出发，积极开辟与拓展活动渠道，启动学校-社区-社会的育人联动机制、协调机制，努力创造条件聚合校内外不同领域的德育资源，在推动大学生知行合一、学以致用上下功夫。高校德育工作者要积极推动社区和高校合作项目，拓展高校德育工作的视域与平台，利用好、开发好社区德育资源、地方德育资源，鼓励大学生亲眼看见、亲身感受真实的社会生活，走进社区、深入实地、服务群众，主动构建生活实践与德育之间的联结点，在社会基层体察民风民情、奉献社会的行动中培育道德品质、积累人生经验、增强社会责任感。在搭建校企合作平台、校地合作平台的过程中，高校要统筹开发可利用的工矿企业、事业机关、社会机构育人资源，加强与乡村的合作，挖掘运用乡村振兴中的原生态德育资源，不断丰富德育实践的维度、拓展实践内容的深度。高校教师要带领、鼓励大学生走出校园，主动下沉到工厂车间、深入到田间地头、活跃在社会服务一线，参加生产实践、劳动体验、社会服务，在城乡地区的基层生活中经受锻炼和磨砺，引领大学生尊重劳动、热爱劳动、学会劳动，虚心向劳动人民学习的风尚，在做中学、学中做，提升动手能力与参与生产劳动的能力。通过广泛参与社会实践活动，大学生能够在艰苦的劳动锻炼中加强自律，体验与领会人与自然的关系、人与社会的关系，在亲身的实践中感受中国式现代化的伟大历程。

在研究型实践活动中，思政课教师、高校各行政管理部门及相关院系要相互配合，立足校园、面向社会，协同各方对高校德育实践资源有效抓取与整合，不断丰富、充实、拓展研究型实践活动的主题、内容，扩展实践范围、增加实践活动的学生覆盖面。高校教师要鼓励大学生发挥主观能动性，自主寻找与课程相匹配、与专业相关联的实践资源，通过结合典型案例、设置相关议题、凝练实践主题，引导大学生在深入学习相关理论的基础上，建立研究小组、考察团队，在课堂内外、学校内外、线上线下展开实践性的探索、考察活动。在研究型实践活动开展中，教师要指导大学生边走边学、边游边学，上好"行走的思政课"，引导他们学会在鲜活的生活实践、生动的社会实践中观察世界、认识社会、了解人性，并以课堂研讨、主题演讲、实践调研等形式进行汇报，或以所拍摄、制作的微视频作品、撰写的研究报告、学术论文等作为实践成果在课堂上予以呈现或提交。研究型实践活动有助于大学生树立问题意识，深入社会调研问题，学会将理论落地、学会用马克思主义立场观点方法指导实践，在社会大课堂中正确认识社会现象，学会发现问题、分析问题，验证与巩固课堂上学到的理论知识，培养为解决实际问题出谋划策的意识与能力，增强建设中国特色社会主义的自觉性和责任感。

二、活动实践渗透

活动是大学生社会道德实践的重要方式。高校以实现特定的教育目的组织开展的各种活动，最终指向的都是立德树人的根本任务。这一共同特性决定了在高校丰富多彩的活动中必然蕴含着、渗透着大量可贵的德育资源，为实现这个目标而服务。从社会发展运行的角度来看，对社会中的人而言，道德的塑造和养成在本质上是一种社会实践。在社会生活实践中，他人的行为不可避免地会对道德教育的对象产生影响。在成长的过程中，正是在对他人有代表性、典型性的相关行为观察、分析、评估的基础上，我们才逐渐形成自身的道德选择与价值体系。正是在社会实践的参与中，大学生建立起社会所期望的道德认知、道德意识、道德情感和价值观念，形成符合社会评价标准的道德意识和道德自觉。高校要注重加强党的领导，在大型活动中切实发挥党的领导作用；要注重发挥好教师的引领作用，教师、学生共同参加活动，更有利于爱国主义教育的开展；要注重宣传，活动结束后可通过座谈会、宣讲会、总结会、党团日活动等，把青年学生在实践中形成的理性认识、情感体验传播出去。

高校要利用学校特有的组织优势与资源优势，发挥好主题教育活动中各类德育资源的育人作用。高校的各类主题教育活动性质不同、形式多样、频度各异，在活动时间、活动地点、活动内容、活动规模、活动的组织者、活动的受众等方面差别很大，但它们都有着各自鲜明的主题和明确的教育目的，发挥着一定的社会辐射作用。在爱国主义主题教育活动中，通过实物呈现、仪式表达、叙事体验等多样化的方式与手段，可以有效激发大学生的国家意识、民族觉悟，唤起他们的爱国热情。在弘扬优秀传统文化的主题教育活动中，以诗词为媒、以典籍为介、以技艺为质，可以在对博大精深思想的解读品位、对巧夺天工非遗文化的沉浸体验、对传统民俗活动的亲身感受中，引领大学生获得审美的体验，实现思想的净化与德行修养的提升。在国家安全主题教育活动中，通过举办"全民国家安全教育日"活动、打造"国防大讲堂"、开展"保密安全宣传周""网络安全宣传周""平安校园"等活动，培养大学生热爱祖国、维护国家安全的意识，树立国家安全和利益高于一切的观念。在高校知识竞赛、辩论赛、演讲宣讲、歌舞汇演、书画比赛、健身活动、体育竞赛等丰富多彩的文化体育活动中，要充分挖掘重大纪念日、重大历史事件所蕴含的德育价值，注重运用升国旗仪式、入队入团入党宣誓等仪式礼仪，激发学生的爱国主义和集体主义精神，坚定爱国追求。

高校通过整合校内外有形与无形的社会服务类活动资源，为大学生提供和创造了较为丰富的参与德育实践活动的机遇与平台，在教学计划中组织与安排了明确指向德育目标的具体实践活动项目与内容，激励大学生主动参与，并对他们在实践中的所思所悟加以引导与评价，予以反馈与回应。高校德育工作者要重视对大学生社会服务活动的支持力度，使各类德育活动资源在大学校园里全方位地渗透于大学生的课余实践活动中。德育工作者要从大处着眼，小处入手，以兴趣爱好为引导、以社团组织为载体，发挥大学生的特长与专业优势，注重学科交叉，以活泼、自由的教育方式向他们潜移默化地传递着积极向上的精神能量。高校要以推动大学生进社区活动为纽带，增强与周边社区之间的黏合度，促进与社区的优势互补与良性互动，实现双方德育资源的共享和互通，拓宽大学生参加社区志愿服务的路径，使他们有机会发挥自身的专业所长与聪明才智，在为社区治理出谋划策、为社区建设贡献力量的过程中养成吃苦耐劳、精益求精、乐于奉献的精神品质。在当前我国城乡融合发展前景中，高校尤其要发挥好主导作用，将大学生社会实践与乡村振兴相对接融合，组织大学生挖掘、发挥自身专业优势与特长，利用寒暑假期参加文化、科技、卫生"三下乡"活动，到广大农村、边远地区开展支教、调研，参与组织农村地区的群众性文化活动，开展科技扶贫、医疗服务活动，以青春力量推进乡村发展、参与乡村建设与治理、助力乡村振兴。高校要充分利用好奥运会、亚运会、大学生运动会等大型活动来推进爱国主义教育，引导青年学生在志愿服务大型活动中增强民族自豪感和对国家的情感认同。高校要以各种方式激励大学生投身广阔的社会生活天地，充分调动学生参与各种社会实践活动的积极性，使他们在策划、组织、参与各类社会服务活动、慈善公益活动、志愿者活动的过程中学会做人、受到教育、增长才干、作出贡献，传承优良传统、弘扬志愿精神、展现青春活力、实现理想抱负、体现人生价值，使人格得到完善与发展。

高校德育要有意识融入大学生创新创业活动中。加强实习基地、实训基地、实践基地、共享创业平台、科技创业实习基地等校内外实践基地建设，使渗透于其中的各类德育资源与创新创业教育资源彼此呼应、协同增效。以市场和社会需求为导向，以专业学习为依托、以创新创业项目为平台，高校可以通过推动产学研结合的模式培养大学生勇于创新的精神、敢于创业的魄力，鼓励他们将真才实学用于实践，将所学的专业知识、技能和综合实践能力转化为推动社会发展、促进科技进步的力量。"创新创业实践育人体系是协同化育人的生动体现。从宏观上来看，创新创业教育过程是高校人才培养与社会需求之间协同的过程，也是各学科之间，高校与政府、企业之间三方协同的过程。因此，要从基础性、专业性、综合性、转化性方式手段四个维度入手，建立起结构多元、多方合作、交叉互动的复合性人才培养机制。"[1] 在校期间积极参与创新创业实践活动，有助于大学生增长学识、增强才干、发展能力、提升素质、完善自我，获得全面的发展。在指导大学生准备创新创业立项计划、参加科技创新创业大赛的过程中，高校引导学生发挥专业优势、激发创新潜力的同时，也要在项目推进的过程中通过德育资源的有效注入来培育大学生的集体荣誉感、团队协作意识与开拓奉献精神，激发他们的积极性、主动性和创造性。

---

[1] 常青、李力：《高校"多维型"创新创业实践育人体系建设与运行机制》，《思想理论教育导刊》2017年第1期，第141页。

第七章
当代高校德育资源运用的关键机制

高校德育资源运用的成效与高校德育目的、高校德育环境与氛围、高校管理者与教育者、高校大学生及其家庭等因素相关。为了推动高校德育改革创新，构建良好的育人格局，需要对当代高校德育资源运用的关键机制展开深入研究。我们要树立与时俱进的德育资源观念，以探索高校思政课建设中的德育资源运用为重中之重，以深研高校课程思政建设中的德育资源运用为主攻方向，以协同校内外各方力量做好对高校德育资源运用的引导与支持为着力点与突破口，对高校德育资源运用的核心要素全方位地开展研究。同时，我们还要在不断改善各相关要素之间结构关系、互动运行方式的基础上，不断优化现有的高校德育资源运用环境，构建促进高校德育资源运用的驱动机制、创新机制、保障机制，推动高校德育资源运用的规范化、科学化与系统化。

第一节 高校德育资源运用的驱动机制

高校德育资源运用的驱动机制主要指的是推动教育者在高校德育工作开展的各个环节有意识地对各类高校德育资源加以运用的动力系统中发挥作用的各要素及其相互之间的关系。驱动高校德育资源运用的要素有的来源于政策层面，与国家的大政方针密切挂钩；有的来源于操作层面，与高校的自主决策举措相关联；还有的来源于人员层面，与高校德育工作相关的人员的需求与状态相匹配。不同层次、不同来源的要素之间在整体上相互配合、共同发挥作用，构成了调动高校德育资源运用的内外驱动力，不断推进与激励高校德育资源在高校立德树人的过程中发挥最大化的育人价值，实现最优化的育人效应。

一、目标驱动

办好教育是国之大计、党之大计。我国高等教育发展方向要同我国发展的现实目标和未来方向紧密联系在一起，为人民服务，为中国共产党治国理政服务，为巩固和发展中国特色社会主义制度服务，为改革开放和社会主义现代化建设服务。构建德智体美劳"五育并举"的教育体系，是新时代中国特色社会主义高等教育深化改革发展的前进方向，也是高校思想政治工作体系创建的行动指南。[1] 德育在"五育并举"教育体系中居首要位置，是高校人才培养的核心与根本。《中长期青年发展规划（2016—2025年）》序言中指出："青年思想教育的时代性、实效性有待增强，用共产主义和中国特色社会主义引领青年，用中国梦和社会主义核心价值观凝聚共识、汇聚力量的任务尤为紧迫。"近年来，在国家的高度重视与大力推动下，推进高校德育建设的相关政策不断出台，我国高校德育事业不断迈上新台阶。明确的高校德育目标为高校德育资源运用指明了方向，提供了强有力的驱动。

具体来看，我国高校德育目标可以进一步细化为基础目标、主导目标、核心目标与最高目标四个层次。培养具有良好公德意识和习惯的人是高校德育的基础目标，培养合格的现代公民是高校德育的主导目标，培养具有中华民族优秀精神的人是高校德育的核心目标，培养具有共产主义信仰的人是高校德育的最高目标。[2] 在对当代高校德育目标体系建立起全面而深刻认识的基础上，在高校德育资源运用过程中应以实现不同层次的目标为中心，主动突破课堂、教室、校园的限制，将丰富多样的德育资源科学、合理融入高校教育活动的全过程，为大学生成长成才服务。在全面了解、把握大学生成长中的需求及其对社会探索的兴趣、对发展道路的疑惑的基础上，高校教育者要把高校德育资源的运用与高校立德树人的根本任务有机融合、与高校铸魂育人的核心诉求自然结合，在循序渐进中有的放矢、精准到位地开展全方位、全过程德育。

实现高校德育的基础目标"培养具有良好公德意识和习惯的人"[3]，需要加强高校德育资源与中小学德育资源的兼容和与社会德育资源的贯通，使相关德育资源在不同学段得到科学的一体化运用，避免同类德育资源的简单"重复出现"和各类德育资源无差别的"堆积"

---

[1] 韩君华、许亨洪：《"五育并举"视域下高校思想政治工作体系创建的机制探析》，《思想理论教育》2021年第2期，第96页。
[2] 刘忠孝、陈桂芝、刘金莹：《高校德育论》，黑龙江人民出版社，2019，第165—169页。
[3] 张淑兰：《新时代高校德育实施路径与效果评估研究》，中国纺织出版社，2022，第77页。

运用。根据大学生道德发展的基本规律，高校在德育资源运用中要呈现出在品质与精度上螺旋式上升的特征，强化对大学生在中小学阶段初步形成的公德意识和道德习惯的"修正"、"再塑"、"强化"与"定型"。高校德育的主导目标"培养合格的现代公民"[1] 指向的是现代社会中公民的基本道德素养。要实现这一目标，高校教育者不仅要充分发挥精神形态高校德育资源的引领作用与实物形态高校德育资源的激发作用，更要为大学生架起从高校通往社会的桥梁，提供丰富多样的、能够塑造具有独立人格、理性思维、担当意识的现代公民的德育实践资源，帮助大学生更全面地认识与理解各种社会现象，树立正确的世界观、人生观、价值观。围绕高校德育的核心目标"培养具有中华民族优秀精神的人"[2]，高校需要在运用好传统德育资源的基础上，动态地吸收具有时代内涵的中华民族优秀精神，并将爱国主义精神、创造精神、奋斗精神、团结精神、梦想精神等具体化、生动化，以人、事、物等不同的德育形态表现，全方位地沁入大学生身处的校内外环境中去。高校德育的最高目标"培养具有共产主义信仰的人"的实现需求推动着高校德育资源在高校全员全过程全方位育人过程中的全面参与，高校德育工作者要突出马克思主义在意识形态领域的指导地位，发挥理论德育资源的重要功能，调动以理想信念为代表的德育精神资源的积极力量，激发坚定信仰、触发行为的内在驱动力。

二、业绩驱动

从企业经营管理的角度来看，业绩代表着工作的成绩及其所带来的收益或效益。教育领域的业绩不同于企业中与利益密切挂钩、以盈利为目的业绩，它主要反映与体现的是育人的效果及对育人效果的评估与反馈。在高校德育体系中，可通过在教学、科研、管理、服务、文化建设

---

[1] 张淑兰：《新时代高校德育实施路径与效果评估研究》，中国纺织出版社，2022，第79页。
[2] 张淑兰：《新时代高校德育实施路径与效果评估研究》，中国纺织出版社，2022，第81页。

等方面取得的业绩来驱动高校德育资源的运用。这就需要把高校德育资源的运用与当前高等教育教学改革、高校师资队伍的高质量建设的需求紧密结合起来，通过高校德育资源的运用提升高校的育人成效，再通过育人成效的显现进一步助推高校德育资源在更高层次上运用，从而实现双向驱动。

在高校各类课程的课堂教学中，教育者要以教学质量的提升为导向、以育人以德为追求，完善课程设置管理、课程标准和教案评价制度，实施高校课程体系和教育教学创新计划。高校要鼓励思政课教师、专业课教师根据课程的性质特点，课程学习的内容目标，课程采取的教学方式、运用的教学手段，课程学习者的专业学习需求、道德发展需求等，对高校德育资源进行开发和利用。2017年中共教育部党组印发《高校思想政治工作质量提升工程实施纲要》，要求："发挥专业教师课程育人的主体作用，健全课程育人管理、运行体制，将课程育人作为教师思想政治工作的重要环节，作为教学督导和教师绩效考核的重要方面。"在教学活动中，教师要根据大学生的实际学习状态与诉求，有意识、有计划地融入包含着知识、意识、品质、人格等丰富德育元素的各类德育资源，寓德于教、寓情于理，不断优化教学过程，达成知识传授、价值塑造、能力培养的多维目标。

高校要把思想价值引领贯穿高校科研选题、立项、研究、成果应用与转化的全过程，着力加强科研育人。完善科研评价标准体系和方法，突出科学精神和创新精神，健全成果评选机制，实施科研创新团队培育支持计划、科教协同育人计划、产学研合作协同育人计划，引导高校师生积极参与科技创新团队和科研创新训练，倡导团队精神和协作意识，促进成果转化应用。将推动高校德育资源运用的探索与教学改革研究结合起来，结合高校实际，鼓励广大高校教师、辅导员、行政管理人员等相关教育者在工作中深入钻研相关教学理论，主动探索高校德育资源在日常教学实践及教育活动中的运用规律，创新人才培养模式，提升教育教学质量。在此基础上，鼓励广大教师积极申报与高校德育资源运用相关的国家级、省部级、市厅级、校级思政类、课程思政类教学改革研究项目、专项科研课题。通过相关项目、课题的培育与建设，支持有研究兴趣与能力的教育者或教学团队对各类高校德育资源进行细致的考察与归类，总结在不同的德育场域中运用高校德育资源的经验与成效，提炼高校德育资源运用的一般规律和适合某些高校的特殊规律，并将研究成果进行汇报、展示、分享、应用与推广。

强化高校领导层面对高校德育资源运用的认识与重视，明晰责任，加强指导与管理。在高校师资队伍建设的过程中，通过制定高校层面的相关制度、规范与政策等方式增强教职员工对于高校德育资源价值的认识。通过提供相关的研修、培训，为教职员工提供学习机会，提升他们主动运用高校德育资源的意识、实际操作的水平和能力。高校要协调好不同部门之间分工，细化落实具体的推进措施，从整体上将高校德育资源运用工作纳入高校德育工作体系中去，并建立相应的监督、考核机制。高校应将德育资源运用的成效作为教职工年度考核、职务职称晋升、评奖评优等的重要依据，纳入教学评估体系。以工作业绩为主要驱动，以评估考核为手段、以激励为导向，建立多元多层、科学有效的德育资源运用评估模式和指标体系，推进全员全程全方位育人的德育工作体系的构建。

三、示范驱动

学高为师，身正为范。政治标准是衡量教师的首要标准。在教学评价、职务评聘、评优奖励中，思想政治表现和育人功能发挥是高校教师评价的首要指标。高校教师具有高校教育者、高校德育资源运用者双重身份，其本身也是重要的高校德育资源，在高校德育资源运用中发挥着重要的示范引领作用。高校教师中的师德楷模、教书育人楷模、时代楷模更是高等教育领域的先锋人物。他们思想政治素质和职业道德水平高、业务能力精湛、育人水平高超，在塑造灵魂、塑造生命、塑造人的事业中为同行们提供了卓越的示范。高校还应加强管理岗位、服务岗位育人功能的发挥，培育"管理育人示范岗""服务育人示范岗"，引导高校行政管理干部、后勤服务人员用良好的态度、积极的精神面貌、专业的能力影响、培养学生，提升高校德育资源的综合运用效益。

在高校德育资源运用中，优秀的高校领导们的率先垂范、德才兼备的学者们的积极参与，发挥着强大的感召和引领作用。近年来一批高校书记、校长、院士、教授们化身一线教师，在高校重要的典礼、仪式等一些特定的德育场域中亲自为大学生上思政课、心理课、社会实践课、生涯规划课等课程，以生动、活泼的形式充分激活了各类高校德育资源，吹响了高校德育资源运用的集结号。富有校本特色、充满时代气息的高校德育资源出现在开学迎新典礼上校长、书记们金句频出、幽默风趣的分享中，浓缩于学位授予仪式上颁授学位隆重的仪式感里，激荡在毕业典礼上同声高唱、振奋人心的校歌声中，呈现在同步于现场的精彩纷呈的高校网络课堂内，发挥出惊人的影响力与辐射力，展示出不同寻常的育人效果，带来了强大的示范驱动效应。在高校教师群体中，思政课教师作为德育工作者主要承担着给学生心灵埋下真善美的种子，引导学生扣好人生第一粒扣子的重任。2019年3月18日，习近平总书记在主持召开学校思想政治理论课教师座谈会时强调：办好思想政治理论课关键在教师。并对思政课教师提出了政治要强、情怀要深、思维要新、视野要广、自律要严、人格要正六个方面的要求。思政课教师人格要正，有人格，才有吸引力。亲其师，才能信其道。要有堂堂正正的人格，用高尚的人格感染学生，用真理的力量感召学生，以深厚的理论功底赢得学生，自觉做为学为人的表率，做让学生喜爱的人。思政课教师要有高尚的师德，要用心钻研立德树人的本领，尤其要在德育课程的教学研究与教学实践中积累起与高校德育资源运用密切相关的丰富经验和学术成果。

当前，要在国家级、省部级、校级高校金课、精品示范课、示范课等高校公共教学资源中挖掘、甄选一批具有代表性的德育课程资源、课程思政资源，着重促进中华优秀传统文化、革命文化、社会主义先进文化等不同类型的德育资源在高校德育中的融入。高校要注重内涵建设与德育环境氛围的营造，积极探索高校德育资源在各类课程中的最优运用方式、最佳组合模式，从中梳理出好的做法、收集优秀的案例、提炼典型的样本、选树示范项目，供广大教师学习参考。高校还要加大对校内外名师名家、优秀教学团队、学术团队先进事迹的宣传力度，大力培育全国高校黄大年式教师团队，加强推进高校德育资源运用的专门力量建设，推动校、院、系各级课程示范平台、课程思政示范项目建设。通过示范平台的分享与示范项目的推广，发挥行业先锋人物、先进同行在为学、为事、为人上的榜样示范效应，在引导师生树立正确的政治方向、价值取向、学术导向，培养师生至诚报国的理想追求、敢为人先的科学精神、开拓创新的进取意识和严谨求实的科研作风的同时，为广大高校教师提供可供借鉴的做法和经验。

第二节 高校德育资源运用的创新机制

高校德育资源运用的创新机制主要是指在高校德育的特定场域及运用各类高校德育资源的过程中，从各个层面与维度推动突破固化思维、打破僵化模式、引入变革要素的内在机理。探索高校德育资源运用的创新机制有助于高校德育紧跟时代发展趋势，主动回应高等教育育人需求的新动向与新形势、升级更新德育资源运用观念，使高校德育资源运用手段丰富化、载体立体化、模式多元化。通过高校德育资源创新机制的作用，提升德育资源与德育目标之间的匹配度、加大德育资源组合之间的贴合度、增强不同德育资源运用时的和谐度，提升对新资源的开发与利用、对现有资源的整合、对潜在资源的发掘与提炼能力，最大程度地激发高校德育资源的育人活力与生命张力，增强高校德育资源助力大学生成长成才的聚合作用与价值溢出效应。

一、观念创新

高校德育资源在高校德育活动中的运用成效取决于多样化的因素。在众多的因素中，高校德育活动中教育主体对德育资源及其作用的认知，对高校德育资源运用的基本理念，在很大程度上决定了在现实中真正面对这些资源时，教育者所采取的策略和方式。高校德育资源运用观念创新集中体现在对高校德育资源的整体化运用、系统化整合与持续化更新发展三个方面。

  首先,要在全社会建立高校德育资源整体化运用的观念。2017年12月,中共教育部党组发布的《高校思想政治工作质量提升工程实施纲要》提出,要充分发挥课程、科研、实践、文化、网络、心理、管理、服务、资助、组织等方面工作的育人功能,挖掘育人要素,完善育人机制,优化评价激励,强化实施保障,切实构建"十大"育人体系。高等教育的发展要高度契合当代社会发展的实际需求,顺应高等教育改革与发展的趋势,而高素质的人才培养仅靠高校的单打独斗是不可能完成的,它需要全社会力量的共同参与。2021年,习近平总书记提出了"'大思政课'我们要善用之"的重要论述。在各类高校德育资源的运用过程中,我们要有全局性的视野,秉持"大德育观""大思政观",构建全员全过程全方位育人格局,发挥高校内外不同教育主体、机构、部门、单位、组织的力量,推动相关联合协作体系、互联互通合作平台的建设,明确各方责任,做好教育系统内不同学段的各类德育资源的衔接与贯通,实现各类德育资源在现实空间与虚拟空间上的流动与融合,着力构建一体化育人资源体系。

  其次,要建立以高校为主体,系统化整合各类高校德育资源的观念。在当代高校德育环境中,人的价值观念多元、行为模式多样,主体性、能动性不断提升,对外部世界的改造影响力日益增强。在《社会学与十个大问题》一书中,乔尔·查农提出:"我们会发展和理解指导我们生活的观念、价值观和规则;这些都是社会地创造出来的,使得我们可以理解我们所处的环境。我们不是顺应自然法则对我们所处的环境作出反应,而是对环境和我们自身抱着一种社会建构的视角,这一视角会影响我们的行动。"[1] 高校德育资源正是在这种发现探索的过程中经历动态的变化,被不断注入符合时代发展潮流的主题与内容、发展出新的形式,这也使当代高校德育资源越来越丰富。面对各种形态、结构、主题、内涵、分布于不同场景、区域中的高校德育资源,在高校德育活动中不能简单抓取、生硬运用,而要根据它们不同的特性与作用进行梳

---

[1] 乔尔·查农:《社会学与十个大问题》,汪丽华译,北京大学出版社,2009,第33页。

理、分类与科学的整合。尤其要立足于当代中国高校的德育语境，在遵循大学生道德发展的一般规律与特殊规律的基础上，根据具体的德育目标处理好不同类型德育资源之间的融合与配比关系，在运用高校德育资源的过程中设置科学、合理的流程，协调运用，发挥合力。

再次，要建立高校德育资源及其运用的持续化更新发展的理念。德育资源不断更新与发展，处在动态变化中，而对德育资源的运用也应因时、因势而变。高校德育资源类型众多、体量很大，往往与其他各类教育资源共存，甚至与一些良莠不齐的非德育资源、伪德育资源混杂在一起。在运用高校德育资源之前，需要进行专门的筛选与鉴别，高校德育工作者在其中发挥着重要的作用。通过德育资源在德育活动中的有效运用，不仅能使大学生认识与了解道德现象，学习并形成符合社会德行规范与要求的道德判断，形成相应的道德分析与认知能力，而且可以帮助他们不断完善与提升自身内在的思想道德水平与境界，做出符合社会期望的道德行为。在教育者运用高校德育资源的过程中，务必把工作做细、做实、做足、做好，在掌握大学生思想道德意识变化和发展规律的基础上，更要密切结合社会生活中的实际问题和热点问题，特别是要把解决内在问题同解决现实问题结合起来。高校德育工作者要不断地对新生成的德育资源进行细致的过滤、筛选，对陈旧的德育资源进行淘汰、再开发，将抽象的理论资源与具体的实践资源有机地融合，并不断探索开辟高校德育资源运用的新渠道、新途径、新模式。

二、手段创新

高校德育资源运用的传统手段在信息化浪潮中不断受到冲击，与现代信息社会相关联的网络化、智能化、生活化技术手段逐步成熟。高校德育资源运用的网络化趋势明显。当前高校德育资源的运用早已突破了现实场景德育的各种限制，在虚拟空间开拓了新的载体形式。虚拟空间的德育资源本身即是对现实世界德育资源的一种呈现与反映。虚拟空间德育资源与现实空间德育资源之间既存在着高度的关联性、一定的相似性，又因其存在的空间形式与表达方式有着很大的不同。随着高校线上课程的大量增加，高校德育资源运用网络化成为趋势，线上德育资源数量猛增。根据教育部相关数据，目前中国的慕课数量、学习人数均列世界首位，并保持快速增长的态势。中国的慕课发展从 2013 年起步，遵循教育部规划的"高校主体、政府支持、社会参与"的发展模式，近十年来，几十家大型综合类和专业类高等教育公共在线课程平台和技术平台应运而生。截至 2022 年 2 月底，中国上线慕课数量超过 5 万门，选课人次近 8 亿，在校生获得慕课学分人次超过 3 亿。线上德育课程资源通常具有鲜明的德育主题，品质较高，一般以大型线上课程服务平台和技术平台或高校自建的课程服务平台为依托。高校德育线上课程资源的开发一般需要投入较多的人力、物力、财力，有自身的建设和运行周期。随着网络平台功能的不断优化和内容体验性的增强，这些平台基于高校大学生的实际需求，配合现代化的移动数据终端信息技术的支持，嵌入了各类贴近高校校园学习生活的应用端口，融合了强大的社交互动功能和信息服务能力，为大学生提供了立足校园的综合性服务平台。

  高校德育资源运用的智能化趋势增强。借助于大数据、云计算、人工智能、AR、VR 等前沿科技，虚拟空间中的高等教育智慧课堂、智慧教室和智能图书馆以其强大的技术层面的优势获得了迅速发展与壮大，推动了现代信息技术与教育教学的深度融合。"两微一端"等全媒体平台大大增加了高校德育资源与大学生的"共处"时间，为网络德育提供了物质和技术层面的支撑，实现了高校德育资源与其他教学资源之间的聚合、叠加效应。《全面推进"大思政课"建设的工作方案》提出，要推进国家智慧教育平台建设使用，打造网络教育宣传云平台，积极研发成本适宜的虚拟仿真教学资源。虚拟空间强大的交互功能有助于存在于其中的德育资源以更为直观形象的方式展现出来，为大学生们提供道德学习过程中的基本素材和模拟场景。通过对在线活动的参与，大学生获得了对相关道德境况、社会现象、特定道德问题的认知与情感体验，继而引发思考、受到教育、获得成长，并在此后的现实生活的德行表现中得到积极迁移。虚拟空间技术的运用以在互联网搭建平面或建设三维空间的方式模拟现实社会中的特定环境，将相关的德育资源转化为数字化的形式，使非接触式参观、沉浸式体验、自主式学习得以实现，创造出打破传统时空范围限制的线上德育阵地，有力增强了社会德育资源对高校德育对象的辐射，实现了高校德育活动对社会德育资源的吸收与最大化利用。

高校德育资源运用的生活化趋势增强。随着社会的发展，很多国家着手生产、传播大量渗透、包含了德育因素的生活化的文化产品。这些文化产品中的德育资源对人们思想的改造与影响是在悄无声息的日常生活中完成的。高校德育资源要发挥作用，必须贴近大学生的日常生活，充分展现其亲和力，以生活化的面貌、大学生喜闻乐见的鲜活形式出现，以潜移默化的方式融入他们的日常学习、生活与社交。高校要有意识地用好在大学生休闲文化生活中占有重要位置的影视作品中丰富的德育资源。形象生动又富有感染力的高校德育资源会对大学生在信息传播、价值观引领、行为引导等方面产生极大的影响力。影视作品作为大众文化的一部分，不仅在商业上具有经济效益，而且可以传递相应的价值观念与思想文化，对接触、观赏到影片的青年大学生而言会产生不同程度的心理暗示和影响。社会各方力量要协同起来，使电影、电视屏幕上涌现出更多以喜闻乐见的形式来传递正能量的作品，将红色文化、民族精神、时代精神、优秀传统文化资源融入节目中，创造大量符合当前中国国情、具有吸引力、说服力的德育文化产品。

三、模式创新

2019年3月，习近平总书记在主持召开学校思想政治理论课教师座谈会时提出，要坚持显性教育和隐性教育相统一，挖掘其他课程和教学方式中蕴含的思想政治教育资源，实现全员全程全方位育人。2020年4月，教育部等八部门印发的《关于加快构建高校思想政治工作体系的意见》强调，要健全立德树人体制机制，把立德树人融入思想道德、文化知识、社会实践教育各环节，贯通学科体系、教学体系、教材体系、管理体系，加快构建目标明确、内容完善、标准健全、运行科学、保障有力、成效显著的高校思想政治工作体系。要把立德树人融入高校教育事业各环节，离不开各类德育资源的参与。在强化高校立德树人体制机制的建设中，高校德育资源运用理念也在发生着前所未有的变革。以课程为中心融合高校德育资源、以任务为中心整合高校德育资源、以活动为中心聚合高校德育资源成为当前高校德育资源运用的主要模式。这三种创新运用模式各有侧重，相互之间是协调呼应、相辅相成的关系。

  以课程为中心融合高校德育资源的模式充分发挥了传统课堂教学的主渠道作用。高校要将最新的理论形态德育资源运用于思政课课堂，使之"进教材、进课堂、进头脑"，同时也要在专业课课堂教学中加强德育资源的融入与渗透，在专业课程中积极挖掘潜在的德育元素、引入适合的德育资源，做到思政课程建设与课程思政建设双轨并进。2016年，中共中央、国务院《关于加强和改进新形势下高校思想政治工作的意见》提出，要加强对课堂教学的建设管理，充分挖掘和运用各学科蕴含的思想政治教育资源，坚持全员全过程全方位育人，把思想价值引领贯穿教育教学全过程和各环节。2020年，教育部印发的《高等学校课程思政建设指导纲要》指出，要深化高校教育教学改革，深入挖掘各类课程和教学方法中蕴含的思想政治资源，发挥好每门课程的育人作用，提高高校人才培养质量，还从教学体系、专业特点、教师课程思政建设的意识和能力、评价体系和激励机制、组织实施和条件保障等方面对课程思政建设进行了整体设计和安排。近年来课程思政理念的提出使得高校德育资源的使用范围不再局限于德育课程及相关活动，而与学科教学、专业教学紧密关联起来。

  以任务为中心整合高校德育资源的模式契合了高校为培养高素质人才夯实德育基石的努力。高校根据大学生成长发展不同阶段的培养目标与任务，不同学科专业认证中的毕业要求，对各类德育资源进行了具体化、精准化的配置与运用。强化新时代高校大学生爱国主义教育，在明确爱国主义时代内涵与要求的基础上，高校教育者要关注、把握好当代高校大学生的思想动态，结合他们日常学习生活的实际状况，以体现与反映正确国家观、民族观、历史观、文化观、价值观的高校德育资源进一步充实、丰富爱国主义教育内容，更好地支撑、印证爱国主义的教育主题。在推动高校党史学习教育常态化长效化的过程中，高校要用好各类理论形态德育资源、党史文化资源,发挥好革命根据地、遗址遗迹、革命纪念馆、陈列馆等红色资源,充分利用"党史学习教育官网""学习强国"学习平台等线上平台的德育资源和各地的线下爱国主义教育基地、党史学习教育基地资源。在高校开展大学生学术诚信教育、职业素养教育、劳动教育的过程中,教育者要把承载着科学家精神、科研文化、职业伦理道德、劳模精神、工匠精神的德育资源,以生动、灵活的形式在现地或仿真的环境中加以呈现,引导大学生恪守学术伦理规范,激发他们的创新思维、创新能力与团结协作的品质,在开展马克思主义劳动观教育的过程中帮助大学生深化对劳动与价值之间关系的理解。

以活动为中心聚合高校德育资源的模式使各类高校德育资源得以与大学生广泛参与的各类实践活动相结合,增强了教育的吸引力、感染力与亲和力。在暑期社会实践活动中,结合新时代伟大成就、中国共产党人精神谱系、中华文明探源工程等主题,通过组织大学生寻访重温国家领导人重要考察足迹、深刻感知时代发展的伟大成就、沉浸式体验中华优秀传统文化等方式,积极探索新时代社会实践育人的新范式,教育引导广大师生在社会实践中厚植家国情怀、了解国情民情、增长知识才干。高校要营造良好的德育大环境,将德育活动与大学生创新创业活动深度融合,引导大学生结合自身的专业特点与特长,用专业知识和创新实践推动社会经济发展,服务广大人民群众,鼓励大学生深入基层,参与乡村支教、无偿献血、帮扶社区困难群体等各类社会实践活动。高校还要加强大学生基层党团组织建设,通过先进评选、表彰分享、培训研学等活动,依托微信抖音、B站等团属新媒体矩阵,讲好青春故事,树立典型人物,以具体的人物形象和感人的事物阐释抽象的道德品质概念,充分发挥好榜样的思想引领功能,服务大学生成长成才。

第三节 高校德育资源运用的保障机制

高校德育资源运用的保障机制是为高校德育资源在高校德育工作中切实发挥作用,达到运用效果而起保驾护航作用的各种内在、外在的条件与环境因素的组合所构成的系统。在这个集组织、管理功能于一体的集成化保障系统中，高校德育资源得到妥善的维护、科学的配置与合理的运用，从而在高校德育活动中能够持续、稳定地发挥作用。

一、加强对高校德育资源的专题研究

高校是高校德育资源运用的主体，在很大程度上决定着高校德育资源的价值与作用的发挥，也是高校德育资源运用的观察者与研究者，具有利用自身学术资源与科研优势对高校德育资源运用开展系统研究的能力。高校领导者要切实提高对高校德育资源运用研究的重视程度，为德育工作者或有志于从事相关研究的人员提供必要的科研资源、支撑平台与良好的学术研究氛围，指导、扶持与高校德育资源运用研究相关的科研立项，推动研究成果对高校德育资源运用的实践进行学术引领与现实指导。

时代是思想之母，实践是理论之源。任何德育资源都不是凭空产生的，是特定时代条件下经过实践检验的产物，散发着理论的光彩，凝聚了思想的精华。思想是行动的先导。高校肩负着探索高校德育相关领域的理论前沿并在第一时间把最新的学术研究成果转化为理论形态德育资源的重任，以保证高校德育资源的内容体系与主流的政治方向、价值导向与话语体系的高度一致性。"经过长期努力，中国特色社会主义进入了新时代，这是我国发展新的历史方位。新时代新方位，新征程新要求，呈现出许多新特征，提出许多新问题，迫切需要从理论上回答。"[1] 高校德育资源要充分汲取党的创新理论与实践的成果，以不同的方式和形态展现、阐释马克思列宁主义、毛泽东思想、中国特色社会主义理论体系、习近平新时代中国特色社会主义思想。在高校德育资源运用中，要牢牢把握好时代主题，聚焦好现实课题，以严谨、辩证、科学的态度，以历史、发展、唯物的眼光，把与理论研究最新成果相关的德育资源融汇、联结、渗透到高校教学活动的各个环节中去。

---

[1] 王伟光：《当代中国马克思主义的最新理论成果——习近平新时代中国特色社会主义思想学习体会》，《中国社会科学》2017 年第 12 期，第 5 页。

对高校爱国主义教育资源的研究是高校德育资源研究的一个重要领域。爱国主义教育是高校德育的永恒主题。中共中央、国务院印发的《新时代爱国主义教育实施纲要》明确指出："要把青少年作为爱国主义教育的重中之重，将爱国主义精神贯穿于学校教育全过程，推动爱国主义教育进课堂、进教材、进头脑。""在普通高校将爱国主义教育与哲学社会科学相关专业课程有机结合，加大爱国主义教育内容的比重。"高校德育要突出新时代爱国主义教育的主旋律，围绕实现中国梦的奋斗目标，将爱国主义与新时代脱贫攻坚、乡村振兴等伟大工程相结合，加强、丰富和优化爱国主义教育资源的专题研究。其中，尤其要加强以长征精神、抗战精神、抗美援朝精神等为代表的爱国主义精神资源的研究，加强爱国主义教育资源与其他德育资源之间的关系研究、关联研究、联动机制研究，积极探索爱国主义教育资源融入高校德育活动的创新形式与实现路径。高校还要加强以红色文化、优秀传统文化、地方文化为代表的德育文化资源的专题研究，精准把握好红色文化资源的德育价值生成规律与转化机制，摸索好优秀传统文化资源、地方文化资源在高校德育活动中的表达、呈现方式与运用策略。在对以校史校训为代表的学校德育资源的专题研究中，不仅要重视宏观上的认知与分析，更要着眼于探索校史校训资源在特定高校德育场景中的具体运用，开展典型案例研究。在对以家风家训为代表的家庭德育资源的专题研究中，则要突出家校社联动的研究视角，加强对家庭德育资源各方协同运用模式的研究。

除了在理论上对高校德育资源进行全方位的研究外，还要加强对高校德育资源实践运用的研究。对高校德育资源运用开展实践研究可以为高校德育资源在具体的高校德育场景、特定的教育语境中的精准运用提供参考与借鉴，为高校德育工作者在运用高校德育资源时开拓新的思路，对可能会遇到的各类问题或矛盾提供优质的解决方案和应对策略。对高校课堂场景中的德育资源运用研究可以为广大高校教师提供如何在线上线下课程的教学设计中精选、提炼、组合有效的德育资源，并以各种适当的教学形式、教学手段在课堂教学中用好、用活、用对相关资源的操作指南，具有很大的现实指导价值。着眼于大学生专业能力培养与专业实践的德育资源运用研究，以人才培养的现实需求为导向，为高校共享社会化德育资源、加强校企联合育人、提升创新型人才的培养质量提供了创新思路。对高校课外活动、生活化场景中的德育资源运用的研究，有助于发挥高校德育资源的集群化效应与倍增效应，为重大纪念日、历史事件纪念日、重要仪式活动、传统节日活动的组织开展等具体落实各环节中相关主题德育资源的选用和整合提供了可供参照的基本模式。以社会生活参与为目的的德育资源运用研究为高校教育者提供了促进政府、学校、家庭、社会育人力量整体协同的现实范式，使高校德育资源的运用能够贯通于高校师生参与的研学实践、社会服务、公益事业及各类有益的实践活动中。

二、优化高校德育资源的主要配置

在人类的生产活动中，资源的优化配置通常是指人、财、物、科技、信息等资源形式通过市场等途径的作用带来的高效率使用。教育活动中同样存在优化资源配置的问题。高校德育资源的优化配置是一项综合性工程。在高校德育的具体实施过程中，需要有可使德育内容与思想得以外化的大量物质资源，使德育可以借助于教育宣传资料和外部设施设备得以影响德育对象；也需要相关人员使德育在学校、社区、社会的各个领域得到良好的组织、开展和实施。德育环境的营造、相关设施的建立、资源的积累、德育工作者的培训、德育平台的开发等，都需要大量经费的支持和保障，是非常现实和实际的问题。

高校德育做的是"人"的工作，对育人主体的素质要求很高。从德育人力资源配置情况来看，高校德育资源的有效运用与教师的整体素质、专业能力相挂钩。高校专兼职思政课教师是高校德育工作队伍中的中坚力量。高校辅导员、班主任、专业教师、党政干部、管理人员、科研人员等也都是高校德育工作中重要的人力资源。作为高校德育的主体队伍，他们要有过硬的专业素养，具备较强的教书育人、管理育人、服务育人的意识，也要具备良好的德教能力，善于发现探索、挖掘利用其他各类德育资源。通过在职教育、岗位培训、学习研修等方式可以实现高校德育工作者的专业化成长与赋能，极大地优化高校德育人力资源的结构与水平。高校要按照教育部规定严格落实思政课教师配备的师生比例要求，通过提高岗位待遇、加大扶持力度等办法，不断吸引优秀人才加盟，选聘、吸纳校内外各行各业的领军人物、专家学者、先进模范等加入，充实壮大思政课教师队伍。高校要创造条件建立思政课教师发展中心，建立健全兼职教师制度，通过组织开展思政课教师岗位培训、促进专兼职思政课教师素质能力提升、助推思政课教师健康成长、推进思政课教学改革科研创新等途径，"孵化"高校思政课教师名师工作室，打造富有自身特色的"名师金课"，加强新时代高等学校思想政治理论课教师队伍建设，加大思政课教师培养和激励工作力度，优化校内思想政治理论课教师队伍资源配置，推动思想政治理论课教师团队高质量发展。高校要切实发挥好全国、各省市、校级高校思政课教师理论研修基地、教学研修基地、实践研修基地的作用，组织思政课教师开展各类学习研修活动，不断拓宽理论视野、加强实践体验，加深对世情、国情、党情、民情的认识，丰富与更新高校德育素材资源。针对高校德育工作中的难点、焦点，高校应依托项目与平台，完善培训体系，坚持常态化培训与专题培训相结合，通过教育培训、建立合作团队等方式为一线辅导员、班主任领航赋能，强化全员全过程全方位师德养成，树立在德政、学业、科研、实践、生活诸方面对大学生全程陪伴与引领的意识，练就相应的能力，提升育人合力。全面强化专业教师的课程思政理念，鼓励骨干教师深入基层挂职锻炼、深入学生调查研究，通过推动高校专业教师课程思政培训、立项校级课程思政示范课程项目等方式，增强他们在课堂教学与专业实践中运用各类高校德育资源的能力和水平。

从物力、财力资源配置来看，在经济系统中对高校德育资源的运用加以保障，除了政府通过各种途径加大相关经费的投入力度之外，还应该积极拓展来源于社会的德育经费支持作为补充。整合社会上已有的各类德育资源为高校所用、与高校共享，也不失为一种现实可操作的选择。此外，由于地域差别、地区差异，对高校德育资源建设的重视程度不一、投入与支持的力度不一，也要注意通过各种有效渠道对不同地区的状况进行平衡，或者加以弥补，使沿海发达地区和西部落后地区之间由于资金、人员、师资和设施等客观原因造成的高校德育资源不均衡状态得到改善。从财力、物力上加大高校资助育人的力度，从人才培养的角度与大学生实际状况出发，把立德树人与解决大学生现实需求密切结合起来，加强对家庭经济困难学生的经济资助、心理关爱与人文关怀，使高校德育资源的运用能够同时满足"扶贫"、"扶智"与"扶志"的三维需求，为大学生健康成长保驾护航。

课程是教育思想、教育目标和教育内容的主要载体，集中体现了国家意志和主流价值观念，是高校教育教学活动的基本依据，直接影响人才培养质量。从高校课程资源配置来看，高校要着力挖掘和增强各门课程的思想性，根据学生思想动态及师生互动交流情况，在教学设计、课堂互动、课后拓展与实践中有机融入社会主义核心价值观、中华优秀传统文化、社会主义法治精神等德育元素，持续优化课程资源配置。课程教材是德育资源的一个重要载体，《全国大中小学教材建设规划（2019—2022年）》明确要求提高大中小学各种教材综合质量，使教材成为落实立德树人根本任务的重要载体。高校要修订各类专业教材，加强课堂教学设计，推进马克思主义理论研究和建设工程教材、思想政治理论课统编教材编写修订，研制课程育人指导意见，充分挖掘和运用各门课程蕴含的思想政治教育元素，作为教材讲义必要章节、课堂讲授重要内容和学生考核关键知识。高校应研制引进教材选用管理办法，严格把关所有课程教材的质量，制定严格、规范的选用标准与要求，建立优秀教材评选奖励制度，使课程教材内容体现正确的政治性方向，经得起时间和实践的检验，促进知识教学与社会主义核心价值观的融合，将知识传授、能力培养与思想理论、理想信念教育有机融合，使思想性、科学性与时代性有机统一，在不同学段、不同学科和不同类型学校实现德育一体化，提高教材的育人功能。

三、完善高校德育资源运用的协同体系

高校德育资源运用的协同体系主要是指在高校德育资源加以运用的过程中，为推进高校德育工作成效而形成合力的各要素所构成的动态结

构。以政府的主导力量和高校的主动作为，构建上下贯通、内外联动的科学运行机制与工作体系，促进建立政府部门、企事业单位、高校、社会、家庭等各方力量相互协调、多部门共同配合、各尽其责的高校德育资源运用共同体，实现学校、家庭、社会德育资源的共享与互补，优化德育资源运用效果、形成育人合力。高校德育资源运用的协同体系通过有效的统筹、有针对性的引导、有组织的联动，以多位一体的全员参与模式，全方位地发掘与利用校内外各类德育资源在高校育人全过程中的价值与作用，可以提升高校德育资源运用的实效性与时效性。

各级政府及相关机构、部门应积极引导、协助、配合各地高校，在制度上推进健全完善，在政策上加强引导，在资源上提供支持，在督查中及时发现问题、解决问题，统筹与把控好高校德育资源运用的各个环节、领域，全方位地支持高校德育工作。近年来，国家推出了《中华人民共和国爱国主义教育法》《新时代爱国主义教育实施纲要》《新时代公民道德建设实施纲要》《关于加强和改进新形势下高校思想政治工作的意见》《关于深化新时代学校思想政治理论课改革创新的若干意见》《关于全面深化新时代教师队伍建设改革的意见》《新时代高等学校思想政治理论课教师队伍建设规定》《普通高等学校辅导员队伍建设规定》《高等学校课程思政建设指导纲要》《国务院办公厅关于深化高等学校创新创业教育改革的实施意见》等一系列重要法律法规与政策文件，要求各地区各部门结合实际认真贯彻落实。2022年3月，在教育部的推动与指导下，教育部教育技术与资源发展中心（中央电化教育馆）主办的国家高等教育智慧教育平台正式上线启动，首批上线的2万门课程是从1800所高校建设的5万门课程中精选的优质课程，课程覆盖了13个学科92个专业类。国家高等教育智慧教育平台为高校师生及社会学习者提供了大量优质的在线教育资源和在线教育服务，为高校德育资源的创新运用提供了有力支持。其中"课程""教材""虚仿实验""教师教研""创课平台""课外成长"等各大板块汇聚了各类高品质的在线高校德育资源；"树人课堂"专题为广大学生提供了涵养文化自信、夯实思想根基的课程体系、动态集纳和积淀了各领域优质德育资源；"慕课西部行"专题共建共享东西部高校优质教育教学资源，有利于振兴中西部高等教育，加快建设教育强国。2022年8月，围绕科学精神、工业文化、美丽中国、中华优秀传统文化、革命文化、脱贫攻坚、乡村振兴等专题，教育部与科学技术部、工业和信息化部、生态环境部、国家卫生健康委、国家文物局、国家乡村振兴局、中国关心下一代工作委员会联合设立了一批"大思政课"实践教学基地，为高校调动、对接了优质的实践类德育资源。

高校应通过制定相关政策、制度规范，实行激励措施等方式增强高校内部的凝聚力、向心力，提升高校党政干部、思政课教师、专业教师、辅导员、班主任、学生事务管理与服务人员等不同育人主体的自我身份认同，帮助他们找准在立德树人过程中"守好一段渠、种好责任田"的定位与职责分工，强化高校教职工队伍在德育资源运用中的协同配合能力。在高校聚焦课程育人、科研育人、实践育人、文化育人、网络育人、心理育人、管理育人、服务育人、资助育人、组织育人的过程中，强化党主心骨的地位以及马克思主义主旋律、意识形态主导权、课堂教学主渠道、思政工作主力军、网络舆论主战场，实现德育资源运用的纵向贯通、横向耦合，发挥好校内外各育人主体的协同作用。高校在德育资源运用中要主动加强与社会对接，融通、共享各类德育资源。各地高校在德育工作开展中需要紧扣立德树人的目标，基于大学生现实需求，因地制宜地把准脉搏、找准自身定位，对历史文化名城、红色革命老区、经济发达地区、工业产业基地等地方德育资源进行全面、适度地挖掘，科学开发、合理利用地方历史文化资源、地方革命传统资源、地方名人名家资源、地方民俗特色资源。

社会应主动协同高校做好德育资源的对接、更新与升级工作，发挥好企事业单位、各类社会机构与组织、社区、家庭等的优势与能动作用，在推进产教融合、深化校企合作、促进德育社会化的过程中为新时代高校人才培养提供支持平台、操作方案、案例资源与德育素材。对社会德育资源的利用，有助于高校打破封闭的校内德育空间，通过德育实践项目培育、德育实践基地建设等方式，将高校德育延展到社会生活中，架起大学德育通向社会生活的桥梁，为大学生提供了观察社会、接触社会、了解社会、服务社会的窗口，为大学生培养、锻炼自身各类社会生存能力、社会生活技能提供了最有价值的空间。社会德育资源对高校德育的辐射有助于大学生建立从道德认知到道德实践的有效通道，使其在德性养成的过程得以扎根现实的土壤，实现理论知识在生活实践中的检验与印证，增强了高校德育的实效性。统筹和调动各个领域的道德文化资源，在城市文化、社区文化、社团文化、组织文化等各类公共文化系统中构建和自然融入高校德育的精神和理念，也是增强高校德育资源运用协同性的一种有益尝试。

第八章
当代高校德育资源运用的专题研究

德育是一种旨在培养社会所需要的思想行为的实践性教育。高校德育资源的运用必须立足于高校德育的客观实际与高校德育的实践性特点，围绕丰富的高校德育主题展开，推动不同高校德育对象在多样化的道德语境与场域中，验证道德知识、体验道德要求、理解道德规范，在学习、思考、领悟、行动中完成道德的内化与外化，适应社会赋予的角色，实现德性的提升与人格的完善。

第一节　高质量马院建设推动高校德育资源运用

高校马克思主义学院是学习、研究、宣传马克思主义、开展马克思主义理论教育教学、培养马克思主义理论人才的重要阵地，体现着中国特色社会主义大学的本质特征和根本要求。党的十八大以来，以习近平同志为核心的党中央高度重视思想政治工作和高校马克思主义学院的建设，出台实施了一系列重要政策文件和重大举措，高校马克思主义学院的建设取得了历史性成就。马克思主义学院在高校德育资源运用方面有着天然的理论优势、学科优势与人才优势，高质量马克思主义学院建设能够有力地推动高校德育资源运用的研究与实践。

一、发挥学科发展优势，筑牢高校德育资源运用之基

坚持"马院姓马，在马言马"，高校马克思主义学院是深入研究阐释马克思主义、加强马克思主义理论学科建设的主要阵地。新时代高校马克思主义学院建设要主动适应新的形势发展要求，结合自身办学实际，强化马克思主义理论学科体系建设与学术体系建设。2021年9月，中共中央办公厅印发了《关于加强新时代马克思主义学院建设的意见》（以下简称《意见》），对如何加强新时代马克思主义学院建设，推动马克思主义学院的内涵式发展提出了指导性意见。《意见》为马克思主义学院的高质量发展提供了有利的政策环境和良好的外部条件，高质量马克思主义学院建设有助于推进高校德育资源的高质量运用。

习近平总书记在党的二十大报告中指出："实践告诉我们，中国共产党为什么能，中国特色社会主义为什么好，归根到底是马克思主义行，是中国化时代化的马克思主义行。拥有马克思主义科学理论指导是我们党坚定信仰信念、把握历史主动的根本所在。"高校必须坚持以马克思主义为指导，全面贯彻党的教育方针。高校要准确定位马克思主义理论学科，找准学科发展方向，加强马克思主义理论学科建设与时代发展需求的结合，坚持以习近平新时代中国特色社会主义思想铸魂育人，充分发挥马克思主义理论学科德育资源对高校德育工作的引领、支撑和带动作用，担当起领航定向的学科使命。"扎根中国大地，努力推动马克思主义理论研究和创新。一是要深入研究习近平新时代中国特色社会主义思想的思想体系与核心要义、基本原理与科学方法，深刻揭示其原理性创新和历史性贡献，不断提高分析和解决问题能力。二是在学科体系、教材体系和话语体系创新上下功夫，构建既能解读中国实践，又为国际社会理解接受的中国理论，增强国际学术话语权和影响力。"[1] 在马克思主义理论学科建设中，重视对马克思主义中国化时代化最新成果的学习研究，强化马克思主义理论创新研究，深化对习近平新时代中国特色社会主义思想的理论研究，为高校德育资源运用提供坚实的理论基础、学术支撑和学科资源，以丰富的学术成果为高校德育课程建设、课程思政建设、德育实践活动的开展提供有力的指导与支持。

高校马克思主义学院应守正创新，加强统筹规划，发挥好在学科建设与发展上的优势，不断拓展研究领域、提升科研实力，通过人才引进、自我培养、以老带新等方式培养一批马克思主义理论学科的学术带头人、中青年专家，在理论研究上担当好领头羊的角色。马克思主义理论体系和知识体系博大精深，需要下大气力、下苦功夫来掌握其真谛，并在实际应用中融会贯通。在学院建设发展中构建以马克思主义为指导的中国特色哲学社会科学，凝聚和引领社会主义意识形态，丰富和发展马克思主义学科资源，推动与促进马克思主义中国化最新理论成果进教材、进课堂、进头脑，把习近平新时代中国特色社会主义思想、习近平

---

[1] 冯秀军：《努力提高马克思主义理论学科建设水平和质量》，《中国教育报》2021年5月19日第11版。

总书记的重要讲话、党的二十大会议等重要精神，及时、高效地转化为可供运用的高校德育资源。做好马克思主义学院专业文献资料与资源库建设，使之密切反映领域内的前沿成果与学术动态，为深入开展学术研究提供支撑，为哲学社会科学提供科学的思想工具。高校在开展重点马克思主义学院建设、示范马克思主义学院建设的过程中，通过组建学术共同体、协同创新中心等，开展研修培训、校际访学、学术论坛等活动，加强不同高校之间的交流与合作，发挥好马克思主义学术研究的政治功能、教育功能，汇集优质的教学研究德育资源，实现跨区域、跨校的资源整合与优势互补。

二、推进课程建设力度，把准高校德育资源运用之要

作为思政课教学工作的主要承担机构，马克思主义学院承担着高校本科生与研究生思政课的教学任务，是高校德育的主要阵地和战略高地，也是高校德育资源高度集中之地。2015年7月，中央宣传部、教育部印发《普通高校思想政治理论课建设体系创新计划》，提出要"实施重点马克思主义学院建设工程，建设一批集马克思主义理论学习教育、研究宣传、人才培养于一体的高水平马克思主义学院，使之成为办好高校思想政治理论课的坚强战斗堡垒。"2017年9月，教育部印发的《高等学校马克思主义学院建设标准（2017年本）》中要求："把思想政治理论课作为重点课程、把马克思主义理论学科作为重点学科、把马克思主义学院作为重点学院，纳入学校发展规划，进行重点建设。"2019年8月，中共中央办公厅、国务院办公厅印发了《关于深化新时代学校思想政治理论课改革创新的若干意见》，强调："办好思政课，要放在世界百年未有之大变局、党和国家事业发展全局中来看待，要从坚持和发展中国特色社会主义、建设社会主义现代化强国、实现中华民族伟大复兴的高度来对待。"

高校要积极推进思政课课程建设力度，发挥好关键课程的关键作用，设立思政课教学改革创新项目、示范项目、特色项目，夯实主阵地、强化主渠道作用，加强以习近平新时代中国特色社会主义思想为核心内容的思政课课程群建设，坚持思政课在课程体系中的政治引领和价值引领作用。高校要重点引导学生系统掌握马克思主义基本原理和马克思主义中国化理论成果，了解党史、新中国史、改革开放史、社会主义发展史和中华民族发展史，认识世情、国情、党情，深刻领会习近平新时代中国特色社会主义思想，从增强高校思政课的思想性、理论性入手，在"孵化"思政精品课、思政金课的过程中注重对高校德育资源的挖掘和利用，积极吸纳、运用马克思主义学院在马克思主义理论学科建设上取得的成果与理论资源，指导大学生阅读马克思主义经典著作，讲深、讲透、讲活马克思主义基本原理，运用马克思主义的立场、观点和方法来观察世界、剖析社会、分析与解决问题，使他们充分感受到马克思主义的理论魅力与现实价值。

在加强思政课课程群建设中，高校应注重课程建设与大学生现实生活的结合、对教育教学规律的把握以及对教学手段与模式的创新，以提升、增强大学生的政治认同、家国情怀、道德修养、法治意识、文化素养为重点，把最鲜活的德育资源以最适当的形式引入课程。坚持高校思政课建设与党的创新理论武装同步推进，全面推动习近平新时代中国特色社会主义思想进教材、进课堂、进头脑，把社会主义核心价值观贯穿国民教育全过程。在思政课教学改革创新中，要始终坚持政治性和学理性相统一、价值性和知识性相统一、建设性和批判性相统一、理论性和实践性相统一、统一性和多样性相统一、主导性和主体性相统一、灌输性和启发性相统一、显性教育和隐性教育相统一，使思政课堂上德育资源的运用更有针对性和时效性，更具说服力和亲和力，增强大学生学习的动力，深化对相关理论的理解。此外，马克思主义学院还应与高校各相关部门相互配合，从整体上推进高校课程思政建设，加强引领示范，深度挖掘各学科门类专业课程中所蕴含的德育资源，使高校各类课程与思政课同向同行，加强高校日常德育，协同发挥好各类课程对大学生培根铸魂、启智润心的育人功能。

三、提高师资建设水平，增强高校德育资源运用之力

马克思主义学院作为高校德育主阵地，拥有丰富的马克思主义理论

学术资源与教学资源。人才是推动高校科学发展的第一资源。围绕培养什么人、怎样培养人、为谁培养人，提高师资建设水平，是增强高校德育资源运用之力的关键。早在2008年9月，中共中央宣传部、教育部在《关于进一步加强高等学校思想政治理论课教师队伍建设的意见》中就强调指出："培养一批坚持正确的政治方向、理论功底扎实、善于联系实际的教学领军人物、中青年学术带头人和骨干教师，努力建设一支政治坚定、业务精湛、师德高尚、结构合理的教师队伍。"高校马克思主义学院在建强马克思主义理论学科的同时，还要更好地汇聚高校德育资源，尤其是发挥好德育人力资源的优势，把思政课教师纳入各类高层次人才项目，通过加强思政课教师队伍建设，努力培养思政课名师大家、思政课教学领军人才、思政课教学骨干，设立思政课教师准入机制和退出机制。

高校要完善顶层设计、加强资源整合力度，在马克思主义学院思政课教师的专业发展、科研立项、评优表彰、职务评聘等各环节加大政策倾斜与现实支持力度，建立健全相应的激励机制，充分调动思政课教师的积极性、主动性与创造性，教育引导广大思政课教师树牢"四个意识"，坚定"四个自信"，坚决做到"两个维护"，用习近平新时代中国特色社会主义思想铸魂育人，全面贯彻党的教育方针，落实立德树人根本任务，传播知识、传播思想、传播真理、塑造灵魂、塑造生命、塑造新人，努力成为马克思主义理论教育家，培养担当民族复兴大任的时代新人，培养德智体美劳全面发展的社会主义建设者和接班人。

按照"政治要强、情怀要深、思维要新、视野要广、自律要严、人格要正"的要求，高校可通过组建师德师风良好、理论功底扎实、教学能力过硬的思政课教学教研团队，培养一批中青年思政课骨干教师，和创建全国、各省市校级思政课教师名师工作室等方式，为广大思政课教师提供在职培训、脱产学习、竞赛展示、挂职锻炼、集体备课磨课等机会，使他们能够教学相长、教研并进，具有较强的马克思主义理论基本功，具有对高校德育资源较强的把控与运用能力，能够在不同的教学场域得心应手地运用各类高校德育资源。按照相关政策要求，严格选拔、择优聘任，主动吸纳高校内部相关学科专任教师、辅导员、党政管理人员加入思政课教师专兼职队伍，积极选聘高校之外的地方党政领导干部、社科理论界与相关各领域的专家学者、企事业单位管理专家、各行业先进模范等加入高校思政课特聘教师队伍，建设一支专职为主、专兼结合、数量充足、素质优良的高校思政课教师队伍。用好、盘活校内外德育人力资源，拓宽高校德育资源的社会通道，保证高校思政课教师队伍数量充足、质量过关，既有理论功底，又富实践经验与专长。通过加强马克思主义理论学科博士点、硕士点建设，培养政治觉悟高、理论基础扎实、素质学养深厚的德育人才，为高校马克思主义学院储备与输送优秀的师资。

高校在打造专业化的思政课教师队伍的同时，也要注重增加广大专业课教师接受理论学习培训与提升课程思政能力的机会。加强马克思主义学院与高校其他二级学院之间的合作与交流，通过资源分享、专业讲座、教学示范、联学联讲等方式帮助专业教师对马克思主义理论学深悟透，提高政治理论素养、坚定马克思主义信仰，指导他们学习正确解析、深入挖掘所教授专业课程中的各类思政元素，主动吸收和运用各类高校德育资源，为在教学一线打造高水平、特色化的课程思政课教学团队提供专业性的指导和教学建议。

四、凝练区域地方特色，提升高校德育资源运用之效

深入学习贯彻习近平总书记关于"大思政课"的重要指示批示，动员社会力量共建马克思主义学院。高校与地方积极开展合作，与省委宣传部、市委宣传部等地方党政部门共建马克思主义学院合作项目，充分用好各地政策优势与资源优势，为高校德育工作拓展思路、搭建平台、提供教育基地，凝聚与激发"思政小课堂"和"社会大课堂"的强大合力，推动理论与实践紧密结合，有效利用各类具有区域地方特色的德育资源。对高校德育资源的运用要做到"接地气"，以中国为观照、以时代为观照，立足中国实际、回应中国发展、解决中国问题，培养国家需要的能够担当时代重任的可造之才。

地方高校马克思主义学院建设要坚持"守正创新",积极跟进教育部"一省一策思政课"集体行动的同时,应充分发掘自身的特色与优势,在思政课教师学习培训中注重理论研修、教学研修、实践研修"三管齐下",在高校德育事业发展中潜心打磨"一校一品"的特色化发展之路。高校马克思主义学院要及时回应时代需求和社会关切,强化服务意识,推动党政机关、企事业单位优质德育资源的共建与共享,积极行动、主动对接,通过充分调动全社会的力量,深入挖掘高校所在区域内及跨区域的优质德育资源,在打造好、利用好地方特色鲜明的各级思政课教师研修基地、研学基地、实践基地的同时,建设发展一批面向大学生的德育教育基地、活动基地与实践基地,形成具有本校、本地特色的德育资源链、德育资源库,协力营造健康有序的德育大环境。

高校马克思主义学院要在凝练德育资源区域地方特色上下功夫,创造条件让师生们"走出去",主动接触社会、了解民生、增长见识,同时还要把鲜活、生动、形象的各类事例、场景等有意识、有选择地"引进来",使之融入高校课堂、渗透于师生的生活与活动之中,实现从"德育原料"向"德育资源"的有效转化,实现高校德育资源运用的"升级扩容",为广大师生更好地理解习近平新时代中国特色社会主义思想指导下党和国家事业取得的历史性成就、发生的历史性变革提供现实的注脚和实践的印证。马克思主义学院要推动区域性德育资源、校本德育资源的运用,使广大师生在现实场景德育资源的教育熏染中深化对当前世情、国情、党情的认识,深化对党的创新理论的理解,主动汲取思想的养分,逐渐建立对中华优秀传统文化的全面认知,在政治上、思想上、情感上对建党精神、井冈山精神、长征精神、延安精神、西柏坡精神、沂蒙精神、抗战精神、大庆精神、红旗渠精神、"两弹一星"精神、雷锋精神、劳模精神、焦裕禄精神、东北抗联精神、北大荒精神、太行精神等党和人民在各个历史时期奋斗形成的伟大精神的深度认同,深刻感悟马克思主义的真理力量和实践伟力,真正做到学思用贯通、知信行统一。

第二节　党团组织资源在高校德育中的价值实现

党团组织是高校德育资源的常见形态，加强和改进高校党的建设，充分发挥高校共青团的作用，有助于推动党团组织资源在高校德育中的价值实现。近年来，苏州大学明确高校党委职责和决策机制，健全和完善高校党委领导下的校长负责制，坚持党委统筹领导，着力强化高质量党建引领，推动学校各级党组织自觉担负起管党治党、办学治校、育人育才的主体责任，夯实筑牢共青团工作的前沿阵地，用好党团组织资源，以思想引领铸魂育人、以组织建设强基赋能、以成长服务启智逐梦，用高质量党团建设凝聚育人合力、落实立德树人根本任务。以下将以苏州大学为例[1]，聚焦党团组织资源在高校德育实践中的价值实现。

一、以思想引领铸魂育人

苏州大学是国家"211工程""2011计划"首批入列高校，是教育部与江苏省人民政府共建"双一流"建设高校、国家国防科技工业局和江苏省人民政府共建高校，是江苏省属重点综合性大学。学校党委坚持以习近平新时代中国特色社会主义思想为指导，坚持党委领导下的校长负责制，以政治建设为统领全面加强党的建设，创新思想政治工作，团结全校各级党组织和广大干部师生，奋发有为推进高水平研究型大学建设。

学校将党建工作作为引领学校事业发展的"红色引擎"，坚持和加强党的全面领导、构建高质量的党建工作体系、抓好党建重点任务落实、探索创新基层党建方法、建设高校师生思想政治工作品牌和有影响力的平台阵地，在新时代高校党建示范创建和质量创优工作上成效显著，不断取得新的进展和成果。学校秉持"党建引领、组织相加、工作

---

[1] 相关数据、资料来源：全国高校思想政治工作资源库、苏州大学校园网，引用的数据资料截止时间为2023年8月31日。

相融、共建共享、发展共赢"的发展理念，围绕中心抓党建，抓好党建促发展。坚持深化先进典型宣传，持续开展王晓军精神文明奖、"兴育新"宣传思想政治工作奖、"高尚师德""美德学生""中国青年五四奖章"等评选表彰活动，深入挖掘以薛鸣球院士、阮长耿院士、潘君骅院士等为代表的苏大教授热忱投身党和国家建设的突出事迹，在各级媒体宣传"全国高校黄大年式教师团队"李述汤院士团队的先进事迹。学校充分挖掘百年办学历程中的红色资源，建成全国高校首家以本校党员英烈生平事迹为主题的展览馆，吸引广大师生和社会各界人士前来瞻仰学习。根据校友英烈丁香真实事迹原创的话剧《丁香，丁香》，入选江苏省庆祝建党百年舞台艺术精品创作工程。学校依托基层党建"书记项目"特色品牌，各院级党委、党工委、党组织书记夯实责任意识，坚持系统思维和问题导向，坚持理论武装和创新思维，不断探索基层党建创新方案，攻克与破解基层党建工作中的难点、难题，牵引基层党建高质量发展。各党委、党工委全面加强党的思想建设，推动党史学习教育常态化长效化，以思想引领铸魂育人，推进党的二十大精神学习走深走实。

苏州大学在共青团工作中始终坚守立德树人初心，牢记为党育人使命，强化思想引领，推进铸魂育人工程，奋发进取，勇于担当，干在实处，深化党史学习教育，深入实施"青年大学习"和"信仰公开课"计划，播撒信仰火种，扎实推进"青年马克思主义者培养工程"（以下简称"青马工程"），围绕理想信念教育开展理论学习、党性教育、实践锻炼，打造团属新媒体矩阵，传播青春正能量，引领青年听党话、跟党走。选树青年榜样，讲好青春故事，开展苏州大学"中国青年五四奖章"评选，开展"两红三优""十佳红旗团支部""百强千优"团支部评选，举办"中国青年五四奖章"评选表彰分享会，广泛宣传各类青春榜样，示范带动青年强健精神素养、增强道德品质，创新开展劳动教育、国防教育、美育教育，培育和践行社会主义核心价值观，引导团员青年树立共产主义远大理想和中国特色社会主义共同理想。加强网上共青团建设，把互联网作为开展青年思想教育的重要阵地，形成"互联网+共青团"工作格局，扎实开展网络思想引领工作。依托苏州大学团委微信、微博、抖音、B 站等团属新媒体矩阵，持续推出青年喜闻乐见的新媒体文化产品，大力开展正面宣传，增强网络正能量，更为广泛、更有深度地展示苏州大学新时代青年和共青团的风貌。2022 年 11 月，在校党委的关心指导下，苏州大学团委主动思考、积极作为，发起成立全省首家共青团与青年发展研究院，通过调查研究深入把握青年工作的热点、难点，加强对党的创新理论的青年化阐释、元素化解析、分众化传播，满足青年成长的需要，更好地为青年工作提供智力支持与决策参考，更优地发挥共青团的育人功能。

二、以组织建设强基赋能

在创建"全国党建工作示范高校""党建工作标杆院系""全国党建工作样板支部"的过程中，苏州大学以扎实理论武装夯基础，以党建业务融合促发展，以党建品牌打造求突破，坚持软件建设和硬件建设相结合、统筹规划和分步实施相结合、整体提升和品牌塑造相结合，发挥了各级党组织的主动性、创造性。学校荣获"全国先进基层党组织"称号、"全国党建工作示范高校"，全校 8 个基层党组织入选全国党建工作标杆院系、样板支部，4 个基层党组织入选江苏省首批党建工作标杆院系、样板支部。学校通过构建党建矩阵，打造出一批具有品牌特色的党建工作室，同时推动党建与学生社区建设深度融合，开展党课活动，组织专题教育，建强"党建+思政"阵地，打通立德树人、铸魂育人的"最后一公里"。学生社区成立党建领航站，立足生活场域，指导社区党支部打破专业壁垒，从"建在院系专业上"改为"建立在楼宇基础上"，侧重培养考察，并纵向贯通了"党委/党建领航站—党支部—党小组—党员"四级管理，横向挂牌党员宿舍、设立党员先锋岗、划分党员服务责任区，构建"矩阵式、全覆盖"的党建网络，延伸了党建领航的"神经末梢"。积极融合功能型党支部，以"跨学院、跨专业、跨年级、跨楼栋"的方式按需建设，发挥服务引领作用。

作为全国、全省党建工作标杆院系、样板支部培育单位，学校党委不断优化党建工作体制机制，以组织建设强基赋能，坚持把典型示范作为重要推动力,引领带动基层党组织全面进步、全面过硬,形成校党委、院级党组织、党支部三级联创贯通体系,培育了一批先进典型,以点带面促进全校党支部争先创优、齐头并进。推进基层党组织"对标争先""提质增效""强基创优"建设计划,重视高层次人才的政治引领和政治吸纳,坚持政治素养和业务能力"双培养"、职业发展与身心健康"双关怀"的"双轨"机制,为申请入党的高层次人才配备政治和学术"双导师"。搭建"双带头人"教师党支部书记"管理及业务"双线发展通道。学校材料与化学化工学部物理及分析化学教工党支部创新工作方法,打造具有化学学科特色的"萃取"品牌,建立"萃取3+4"工作体系,发挥"扩散、共轭、协同"三效应强化理论学习,规范支部管理,守正师德师风,通过"组装、链式、络合、放热"四反应实现融合发展,助推辐射宣传,引领价值塑造,服务师生群众,紧紧围绕高校立德树人根本任务,持续发挥教师党支部在教学一线和学生培养上的战斗堡垒作用。轨道交通学院通信控制学生党支部积极探索基层党建与专业建设、学生诉求有机融合,把党支部比作"基站",把支部党员比作收发信机,紧密团结、分工协作,在思想上、组织上、队伍上、工作上注重以党建带动团建,从坚定信仰、榜样力量、前进方向、优良作风、过硬本领、奉献精神等六个方面服务和推动青年学生成长成才,为青年指明前进方向。苏州大学附属第一医院门急诊医技党总支以"红细胞"党群服务中心为阵地,外树品牌,内聚人心,着力实施"红细胞"六大活力工程,构建医院社区、利民惠民的基层党建工作新格局。

苏州大学共青团抓好基层组织建设,从严规范基础团务工作。学校加强团员先进性教育,加强新形势下团员管理,规范落实"三会两制一课",做好党史组织化学习、"学社衔接"、"对标定级"、"推优"、团员发展等工作。加强对"智慧团建"系统的常态化管理,充分利用"智慧团建"平台,实现基础团务数字化转型。深化"团干部增能计划""团团赋能计划",分层分类构建团干部培养体系,实现团学骨干素养提升。强化理论和业务学习,支持一批团建创新课题项目,广泛开展研学活动。探索"以赛代训"的新路子,为团干部搭建交流工作、展示风采的平台,大力营造"比学赶帮超"的良好氛围,增强团干部会干事、能干事的能力水平。以"青马工程"团支书专项为抓手，带动神经末梢，增强团支书在团员青年中的凝聚力和号召力。推动共青团改革向基层延伸，着力激发基层组织活力。组织开展优秀主题团日活动评比，引导基层团支部充分利用专业优势，有针对性地开展特色活动，探索形成"一支部一特色"。将主题党日、主题团日活动、团委的青马培训等与思政课实践教学协同融合，在专题讲座、知识竞答、辩论赛和学科竞赛等校园活动中融入德育资源，在生活中实现对大学生的思想引领和价值塑造。

三、以成长服务启智逐梦

学校将促进高质量党建与思想政治工作全面融合，充分激发党组织活力，构建"三全育人"大思政平台，以成长服务启智逐梦，把"一站式"学生社区打造成为党建领航的前沿阵地，引导学生铸就理想信念、掌握丰富知识、锤炼高尚品格，形成了党建头雁领航的育人新格局。2021年7月苏州大学获批教育部"一站式"学生社区综合管理模式建设试点单位，学校党委书记、校长将"一站式"学生社区建设作为"一把手"工程，精心打造富有学校特色、符合思政要求、贴近学生实际的育人综合体。学校党政领导定期下沉到各个学生社区讲授党课、调研交流，以多种形式关心、陪伴学生成长。由马克思主义学院的教授学者、抗战老兵、行业专家、专职辅导员等组成的"德政导师团"，由专业教师、校外行业专家组成的"学业导师团"，由大学生组成的"朋辈导师团"，由专兼职辅导员、关工委老同志、社区管理人员组成的"生活导师团"，进驻社区的"事务管理站"和"发展指导站"，为大学生的成长发展领航定标，为他们提供各种帮助与支持。全国高校思政课名师工作室（苏州大学）进驻各个社区，马克思主义学院融入各社区党建特色，定期深入社区开设思政金课、交流座谈、专题调研，为学生社区提升党建质量把脉开方，实现思政工作阵地的有效延伸。根据不同年级、专业的大学生的需求，社区定期开设"敬文讲堂""乐享课堂"，邀请专业教授、学业导师、知名学者解码专业前沿，帮助大一学生适应学习方式、强化专业认同。敬文书院的"敬文学涯"学生生涯提升项目、法商社区的"固本培研"专业学术养成计划、紫卿书院的"乐学工作坊",广泛吸纳学业标兵、优秀校友充实资源,为大二学生提供面对面的精准生涯指导。依托社区双创中心、工程实践中心等举办的"乐创训练营",使企业高工、行业精英指导学生将理论应用于实践,化身大学生的"生涯引路人"。"学术攀登研学营""学业加油站"则为大四学生的高质量升学及就业输送"助推剂"。学校自主开发的"智慧学工系统",全方位、全过程地记录着每一位大学生的成长足迹,"云中苏大"线上平台实现了人员定位、健康打卡、奖助评优等功能的"一键达成",涵盖了大学生学习生活的方方面面。社区为身处其中的大学生们提供了融"沉浸学习、交流研讨、文体生活"于一体的成长空间。紫卿书院打造"科学家精神"活动研讨室,智工舍以"智造、智行、智融"的文化理念推动"书香社区"建设,敬文书院设计"江南融合实践空间",各具特色,营造了浓郁的育人氛围。

  学校共青团立足学校百余年的优良历史传统,打造特色鲜明的校园文化,积极搭建青年成才体系,为大学生健康成长保驾护航。学校团委推进志愿服务常态化、制度化、规范化建设,"行之有声"志愿服务团队获第五届中国青年志愿服务项目大赛金奖。"敬文花红"党员志愿服务团、智工先锋师生党员服务队等贴心助力新生报到,陪伴新生适应、成长,让党徽在社区一线闪光。组织大学生广泛深入开展"三下乡""返家乡"社会实践和各类志愿服务活动,弘扬百年"惠寒"精神,建成27所惠寒分校,派出研究生支教团志愿者奔赴西部地区,持续开展"惠寒手拉手"、无偿献血、红十字工作等品牌志愿服务活动。推进大学生创新创业能力培养,遴选培育优秀项目参加"挑战杯"全国大学生课外学术科技作品竞赛、"挑战杯"中国大学生创业计划竞赛,培养本科生创新能力,培育优良学风和创新创业氛围。细致做好学生就业观引导和就业能力提升工作,举办就业观微团课、"百校千企万岗"招聘会,建设"团团微就业"共青团服务青年就业平台,推进团干部与困难家庭毕业生结对帮扶,落实落细就业服务。加强社团管理,加强社团骨干培训,选择并树立"榜样"优秀社团指导教师,以学生组织文化建设和社团建设为抓手,通过品牌活动、精品社团活动建设切实发挥社团育人功能。在迎新生文艺晚会、新生舞蹈大赛、毕业晚会、校园马拉松等丰富的校园活动中,传承先进文化、弘扬民族精神、践行社会主义核心价值观,培养大学生的审美修养和人文素质,帮助他们建立独立的人格追求和高尚的道德追求,充分发挥校园文化润心向善的育人功能。

第三节　红色文化资源融入高校德育的研究理路

随着红色文化研究的日益勃兴,越来越多的学者开始关注到红色文化资源的重要价值,从不同的研究视角、运用多样的研究方法对红色文化对青年大学生在认知、信念和行为等方面的感召力、影响力和塑造力展开了层次丰富的相关研究。学者们普遍的共识是:红色文化资源应融入新时代高校德育教育,传承利用好红色文化资源对于高校立德树人和培养能担当起民族复兴大任的时代新人具有重要价值。如何将红色文化资源融入新时代高校德育的研究视野置于当今社会这个复杂的大系统中,并进一步拓展研究的深度?如何以实践的需要为理论研究的出发点,在高校特定的场域和语境中恰当运用和把握好红色文化资源的育人功能?如何基于社会历史发展中以人为中心的价值立场,在高等教育视阈中聚焦红色文化资源在新时代高校德育中的价值展现和时代担当?面对这些问题,全面、科学、清晰的研究理路是必不可少的前提。红色文化资源融入高校德育相关研究的开展需要厘清以何为指导这一重大问题,明确为何融入、以何融入、何以融入这三个研究的主要脉络。

一、红色文化资源融入高校德育应以马克思主义为指导

党的二十大报告指出:"弘扬以伟大建党精神为源头的中国共产党人精神谱系,用好红色资源,深入开展社会主义核心价值观宣传教育,深化爱国主义、集体主义、社会主义教育,着力培养担当民族复兴大任的时代新人。"红色文化是中国共产党领导中国人民在革命斗争实践和

进行社会主义建设中创造、发展、形成的先进文化，是中国特色社会主义文化的有机组成部分。在百年未有之大变局的时代背景下，呼应新时代创新发展的需求，探索与聚焦高校德育的红色文化资源融入问题，是当前高等教育提出的一个重大命题。思想是行动的先导。红色文化资源融入新时代高校德育应以何为指导？红色文化资源融入高校德育应以马克思主义为指导。

2021年7月1日，习近平总书记在《在庆祝中国共产党成立100周年大会上的讲话》中强调："马克思主义是我们立党立国的根本指导思想，是我们党的灵魂和旗帜。"坚定的理想信念必须建立在对马克思主义的深刻理解之上，建立在对历史规律的深刻把握之上。加强新时代高校德育教育中的红色文化资源融入，要高度重视和运用马克思主义中国化的重要理论成果，以习近平新时代中国特色社会主义思想为指导。回望历史，红色文化的价值指向始终与马克思主义的价值追求高度一致，它不断拓展、丰富的精神文化内涵和多元、生动的外在表现形态，成为马克思主义中国化、大众化的一个有效载体和桥梁，也充分印证了中国化马克思主义的科学性、先进性与实践性。红色文化在不同的时代条件下被赋予和植入了与当时时代相关的新的内涵，可以说红色文化的政治性鲜明，导向性突出，体现主流价值观，与不同时期的主流意识形态不同程度融合的趋势显著，是社会价值观的重要组成部分。

从孕育背景来看，红色文化根植于近代以来的中国历史和中国社会的土壤中，其产生、形成、发展和勃兴与马克思主义在中国的传播和影响有着密切联系。中国共产党是一个信仰马克思主义的政党，在中国共产党发展、壮大的过程中始终高举马克思主义的伟大旗帜。正是在马克思主义的指引下，中国共产党带领和团结中国人民浴血奋战、艰苦奋斗，实现了民族独立、人民当家作主，建立了中华人民共和国，创造了社会主义革命和建设的伟大成就。从根本性质来看，红色文化的创造和塑造都与人民群众有着密切的联系，红色文化是在中华民族发展的特定历史时期，广大人民群众积极参与历史、创造历史所结出的丰富果实之一。红色文化资源所呈现出的文化形态和文化属性，所携带的天然的人民属性和人民立场，是对人民群众历史创造者地位的印证和肯定，也是马克思主义立场在中国土地上的生动体现。从发展规律来看，红色文化是在践行马克思主义的实际行动中发展起来的。红色文化资源是不断发展、不断丰富起来的，它在不同历史阶段表现出不同的内涵和外在特征，并经过岁月的淬炼和洗礼，凝练出饱含时代气息的丰富理论成果和实践成果。

二、深刻把握红色文化资源"为何融入"高校德育

把握红色文化资源"为何融入"新时代高校德育，实质上就是要明确其融入新时代高校德育的价值与功能的问题。红色文化资源融入新时代高校德育价值何在？在当今复杂的国际环境和周边安全形势下，在信息化浪潮的推动下，西方的社会思想、文化思潮和价值观念冲击着大学生的思维方式与价值观念，其社会认知、理想信念、人生目标在潜移默化中受到冲击。英国社会学家戴维·巴特勒提出的文化产品"注射模式"很值得关注。巴特勒认为现代媒介信息就如同皮下注射器一样，能够越过外部皮肤的屏障轻而易举地直接进入人的血液系统，使个体很难防御和抵抗。一些大学生由于缺乏深度的辨析能力和安全意识，盲目崇尚西方文明和价值观念，出现了信仰迷茫、信念迷失、理想丧失的状态。这给新时代高校德育工作带来了严峻的挑战。面对全球化的副产品——大量良莠不齐、鱼龙混杂的西方文化产品的到来，我们需要动用民族特色鲜明、基因强大的文化"疫苗"来阻止这种悄无声息的思想渗透与精神入侵。人的价值观念与价值体系非一朝一夕间建立，其形成与稳固需要漫长的过程，而这个过程中强大的外部因素对人长期的影响与持久的作用是非常关键的。红色文化资源在高校德育活动中的广泛存在，及其在大学生学习场景、生活环境、活动场域中的出现和持续影响，有助于帮助他们不断修正思想、信念与行为，真正从内心深处接纳社会主义核心价值体系和社会主义核心价值观。

红色文化资源融入高校德育为当代青年肩负历史使命、坚定前进信心，立大志、明大德、成大才、担大任提供源源不断的精神动力，要深刻把握其价值与功能定位。一是坚定理想信念，强化思想导向。红色文

化资源所具有的强大教育引导功能，对于坚定当代大学生社会主义和共产主义理想信念，增强其对不良思想和消极观念的抵御力和免疫力具有重要的价值。今天的大学生是明天国家治理、社会治理的中坚力量和脊梁，他们中的一些人会成为基层干部、社会工作者、地方管理者。在高校职业生涯等相关课程中用好红色文化资源，让大学生在就学期间就能对自己的人生之路、今后的职业发展深入思考，是非常有价值的。二是弘扬爱国精神，明确价值追求。红色文化资源融入高校德育将推动新时代高校青年学生明确其人生价值和所肩负的时代重任，把热爱祖国作为自己的立身之本与成才之基，胸怀赤子心，把自己的前途命运与国家和民族的前途命运紧密相连，以实现中华民族伟大复兴的中国梦作为人生的最高追求，努力学习、报效祖国。三是锤炼人格修养，涵育道德品质。红色文化资源强大的塑造功能将引导广大青年"扣好人生的第一粒扣子"，树立正确的道德认知，锤炼高尚的人格修养，涵育道德品质，自觉树立和践行社会主义核心价值观，带头倡导良好的社会风气。四是提振文化自信，增强历史感悟。通过对红色文化资源所蕴含的红色精神的感悟来更好地理解中华民族近代以来所经历的变革、革命、救亡图存、自立自强的历史，使青年学生能在更深层次认同国家的发展道路选择、民族的共同信仰，坚定支持中国共产党的领导，提升对民族文化的自豪感和自信心。

三、深入研究红色文化资源"以何融入"高校德育

红色文化资源有着丰富的内涵，是中国共产党和中国人民在伟大的革命斗争和社会主义的建设实践中用智慧、汗水、鲜血甚至付出生命的代价创造出来的。2021年4月19日，习近平总书记在清华大学考察时说："自觉用中华优秀传统文化、革命文化、社会主义先进文化培根铸魂、启智润心，加强道德修养，明辨是非曲直，增强自我定力，矢志追求更有高度、更有境界、更有品位的人生。"红色文化资源蕴含着丰富的爱国主义内容，在精神实质上与国家的安危、人民的根本利益密切关联，是高校德育的重要资源。

在中国革命斗争实践、社会主义现代化建设和改革开放进程中，中国共产党领导全国人民英勇奋斗、战胜敌人，取得革命胜利和社会主义建设伟大成就，在此过程中涌现出一批批革命志士、英雄人物、英模人物，留下了众多可歌可泣、感人至深的事迹和极其宝贵的精神资源。这些思想道德资源，是中华民族最高精神追求的代表和象征。以革命历史、革命精神、先进人物为代表的红色精神文化资源，以革命文物、革命遗址、红色地标、建设成就为内容的红色物质文化资源，都展现了中国共产党和人民群众的高尚品质，具有强大的思想道德教育功能。赓续红色血脉，传承红色基因。在高校德育中渗透红色文化宣传教育，注重红色传统、红色基因、红色精神的继承和弘扬，可以让学生对于红色文化资源的物质形态和精神形态有比较直观的感受和了解，培育新时代大学生的文化自觉和文化自信。

从对教育规律的探索来看，红色文化资源融入高校德育不仅要体现在加强课程体系建设上，更要将加强红色文化资源融入高校德育的学术研究。学术研究应该具有较高的政治站位，研究方法上要坚持用马克思主义的基本原理，秉持科学的精神，用全面的、系统的、历史的辩证思维分析考察问题，抓住本质规律。从对研究对象的把握来看，红色文化资源融入高校德育的研究视野要开阔，不仅要重视总结和探索宏观的规律，更要突出问题意识，着眼于研究与解决具体的问题。研究对象要聚焦于对革命战争年代所形成的井冈山精神、长征精神等为代表的红色文化资源融入的研究，要着力加强在社会主义建设时期形成的"两弹一星"精神、雷锋精神和改革开放时期以载人航天精神、脱贫攻坚精神等为代表的红色文化资源融入的研究，要能结合当前"四史"学习教育和对伟大建党精神的深入学习，重视研究的时代性和实践性，重视研究不同地区的红色文化资源对当地高校德育的辐射、影响与作用。

四、深度探索红色文化资源"何以融入"高校德育

在《〈黑格尔法哲学批判〉导言》中，马克思提出："理论在一个

国家实现的程度，总是决定于理论满足这个国家的需要的程度。"[1] 理论的重要性，在于它能够指导实践，回答实践提出的各种问题。红色文化融入新时代高校德育的研究应从实践的需要出发，避免陷入"就理论研究理论"的误区。在马克思主义的指导下，从理论和实践两个方向上对红色文化资源"何以融入"高校德育，即融入的路径问题展开全面探索。红色文化资源融入高校德育全过程需要做到实处，做到深度融入高校课程体系、深度融入高校课外活动、深度融入大学生日常生活。这三个深度"融入"有助于使红色文化资源培根铸魂的强大政治引领作用和凝心聚力的强大育人功能作用于大学生知识积累、人格培养与实践锻炼的全过程。加强"三融"研究应成为新时代红色文化资源融入高校德育路径研究的主要着力点。

（一）红色文化资源融入课程体系

课堂教学是高校开展红色文化教育的主阵地。红色文化资源融入高校德育不仅要融入思想政治课教学，更要融入基础课程、专业课程的教学。拓宽红色文化资源建设渠道，要积极创新，发展多样化、特色化的教育方式。把红色文化资源融入高校开设的习近平新时代中国特色社会主义思想概论、马克思主义基本原理、毛泽东思想和中国特色社会主义理论体系概论、中国近代史纲要、思想道德与法治等思想政治课程和党史、新中国史、改革开放史、社会主义发展史"四史"课程中，成为我们研究的重点领域。加强建设完善红色文化课程体系，推进高校大学生思想政治教育的创新发展，更好地回应新时代对高校德育提出的新要求。

（二）红色文化资源融入课外活动

课堂之外的第二课堂、社会实践和仪式教育是高校进行红色文化教育的多样化、特色化方式。高校与爱国主义教育基地、革命博物馆、红色旅游景点等建立长期合作关系，通过组织大学生开展社会实践与体验

---

[1] 中共中央马克思恩格斯列宁斯大林著作编译局：《马克思恩格斯选集》第一卷，人民出版社，1995，第11页。

活动，真正把红色文化资源"用好""用活"，把红色故事"讲深""讲透"，把红色教育基地变为高校德育的重要课堂。重视仪式教育在红色文化传播和传承中的重要作用，围绕中国人民抗日战争胜利纪念日、南京大屠杀死难者国家公祭日、烈士纪念日等重大纪念日开展相应的仪式教育活动。这些都应成为研究者们关注的具有指导价值和实践意义的研究课题。

（三）红色文化资源融入日常生活

当代大学生对红色文化有一定的兴趣，但整体上缺乏对与红色文化相关的历史、遗迹、事迹等全面、深入的了解，对红色文化的内涵、本质、精神等的认知度和认同度都存在很大的提升空间。在信息化快速发展的今天，高校德育应高度重视综合运用传统媒介和信息化的平台。一方面加强研究利用青年学生易于接受的各种形式讲好革命故事，将红色文化资源融入大学生每天的生活。另一方面关注新时代大学生群体的差异性，对不同大学生群体对红色文化资源融入生活的接纳度、倾向等展开"量身定制"的研究，制定出"因材施教"的教育方法与途径，将研究成果与解决现实问题紧密结合，使红色文化传承与高校德育实践切实融合。

第四节　高校国防教育资源德育功能的开发利用

自古以来，中西方德育体系中蕴含着大量与领土资源、国家民族、防务安全等密切相关的德育主题。人类的国防活动自诞生以来与众多德育因素有着十分密切的关联。高校国防教育范围广阔、内容丰富，在国防教育大系统中地位重要。高校国防教育从国家的安全与防务出发，以爱国主义为核心，涵盖国防思想、国防观念、国防知识和国防技能等方面的内容，对于促进青年大学生品德、智力和体能的发展发挥着重要的作用。作为《中国普通高等学校德育大纲（试行）》核心内容的爱国主义、集体主义、社会主义教育在高校国防教育中得到了充分而集中的体现。高校国防教育资源丰富，在高校德育中发挥着重要的功能，并日益显示出其独特的生命力和现实价值。

一、高校国防教育资源德育功能的内涵

当代大学生作为未来中国特色社会主义事业的建设者和接班人，其专业素质和技能水平直接对国家的现代化建设和发展产生影响，其国防观念、思想素质则对于国家的生存和安全保障意义重大。高校国防教育资源德育功能的开发利用，对大学生高尚人格的塑造、爱国精神的培养、优良品德的养成、心理素质的锻铸具有极大的促进作用，是改进和加强高校德育工作的新路径。高校国防教育资源的德育功能主要体现在以下三方面。

（一）坚定大学生政治方向

大学阶段是人学习科学文化知识、形成良好的生存能力与服务社会能力的黄金阶段，也是一个人世界观、人生观、价值观形成的关键时期。在这个阶段，大学生所受到的各种教育会对他们一生的政治立场、思想观念、价值走向等产生重大的影响。高校国防教育资源的内容全面融入和渗透了社会主导的价值观念，是以国家意志为核心的价值体系的有机组成部分，发挥着坚定大学生政治方向的功能。"国防教育的内容是有关国家的安全防卫问题，它与国家的安危和人民的根本利益密切相关。这种事关国家、民族的荣辱兴衰、生死存亡的大事，最能在青年学生中引起强烈的心理共鸣，从而激发出强烈的爱国热情，因而是爱国主义教育的最有效方法，也是培养学生思想道德素质的有效方法。"[1]我国的国防教育是以马克思主义为指导的社会主义国防教育，贯穿和渗透了社会主义核心价值体系的内容和精髓，在培养树立当代大学生国防意识的同时，注重对大学生进行马克思主义理想信念教育，帮助他们坚定正确的政治方向，激发其热爱祖国、热爱中国共产党、热爱社会主义的

---

[1] 吴温暖：《高校国防教育是大学生素质教育的重要组成部分》，《有色金属高教研究》2000年第2期，第44页。

朴素感情，树立报效祖国的远大理想和志向。

(二) 培养大学生公民道德

高校国防教育资源具有培养大学生公民道德的功能。高校国防教育承担着大力弘扬爱国主义精神，激发学生爱国主义热情的重要任务。爱国主义精神教育是高校国防教育的永恒主题。爱国主义不仅是一个单纯的道德命题，它与国家安全、国家政权之间有着天然的密切联系，同时又带有鲜明的政治军事内涵。爱国主义是实现中华民族伟大复兴的强大支柱，是中国国防现代化建设的社会思想道德基础和精神动力。围绕爱国主义教育核心主题，在高校国防教育的内容安排、教学设计中深入融入以爱国主义为核心的团结统一、爱好和平、勤劳勇敢、自强不息的民族精神和爱岗敬业、忠于职守、遵章守纪等优秀品格，有助于广大青年学生确立积极进取的人生态度，掌握正确、客观的公共道德评判标准，树立对社会的责任感和对国家的使命感，使他们在增强国防观念的同时，在思想上获得进步与提升。

(三) 塑造大学生心理品质

国防教育包含丰富的德育内容，具有强大的德育功能。国防教育的加强有助于增强当代大学生的爱国主义精神、集体主义观念，帮助他们树立正确的世界观、人生观、价值观。当代一些大学生自小在和平优渥的环境中生活、成长，受到家庭、学校、社会无微不至的呵护，未经受过艰难困苦的磨炼，依赖性强，对新环境的适应能力相对较弱，缺乏吃苦的精神和心理耐挫能力。高校国防教育中的军事技能训练、战术训练、军事体育活动，有利于当代大学生身体素质的提高，对于培养他们在面对困难时沉着应对的良好心理素质，以及战胜困难所需要的敏捷反应、乐观态度、合作精神、顽强毅力和坚定信心起到了推动作用。"军事教育由于其有着完全不同于普通教育的显著特点，更能激发人的潜能，提高人的素质。"[1] 事实表明，国防教育对青年学生意志品质的培

---

[1] 杨力：《国防教育新论——面向21世纪普通高校军事教学改革与研究》，高等教育出版社，2000，第10页。

养、心理素质的塑造、团结合作精神的提升具有特别的效果。

二、高校国防教育资源德育功能的开发现状

随着全球化进程的加快，社会经济结构、分配方式、利益格局等方面发生着深刻的变化，对我国社会生活的各领域均产生了巨大的影响。人们在价值取向、文化认同、伦理选择等方面出现了多元化的倾向，思想领域的日益多样化成为一种趋势。在这样的时代背景下，整个社会思想道德观念发生了巨大的变化。作为中国社会未来中坚力量的大学生群体面临着拜金主义、自由主义、历史虚无主义、极端个人主义等各种社会不良思潮的冲击与影响。因此，加强和改进大学生思想政治教育仍是当前高等教育所面临的严峻课题。历史责任感教育、民族精神教育、理想信念教育和社会主义荣辱观教育等需要不断得到加强。正确判断大学生思想政治教育工作面临的新形势、新要求，客观分析实际工作中存在的新情况、新问题，是有针对性地提出高校德育工作的新思路、新举措的关键。加强对高校国防教育资源的德育功能开发是适应新时代要求、符合国家利益、有利于个体成长完善的正确选择和长期策略，也逐步成为改善大学生思想道德现状的有效方式。

学校国防教育是全民国防教育的基础和高校实施素质教育的重要内容。国家从制度层面、法律层面不断推进高校国防教育的发展，军事理论课教学、军事技能训练、常态化国防宣传等构成了高校国防教育的主要形式。但在现实中，不少高校仅把国防教育视为政治任务，"口头重视、心里轻视、行动忽视"的现象并非个别。长期以来，我国一些普通高等院校的国防教育一直以学生军事技能训练为主，其他内容似有若无，新生军训结束即意味着高校国防教育的完成，大学四年从此与国防教育划清界限，国防教育在不知不觉中成为高校教育体系中生命周期最短的教育活动。在当前对普通高校国防教育学科重要性和必要性缺乏足够认识的境况下，高校国防教育的功能很容易陷入"技能训练型"的表面定位，把重心放在对大学生进行国防知识的普及和军事技能的训练上，而忽视了国防教育对广大青年学生思想意识的引导教育，对高校国

防教育资源德育功能的开发意识淡薄，未能充分开发这一能够加强大学生思想政治教育工作的优质德育资源。

探究个中的原因，大致有以下几种。一是对高校国防教育资源所具有的德育功能认识不足，未意识到国防教育资源的这一重要功能。由于重视程度不够而忽略了对其的开发，或者开发的力度不够。二是对高校国防教育资源的德育功能有所认识，并着手开发，但受经费、人员、运作能力等客观因素限制，导致"雷声大、雨点小""说得多、做得少"，致使国防教育资源未能在德育领域一展拳脚。三是当前高校国防教育资源德育功能的开发缺乏足够的支持。这种支持不仅来自于校内的领导、行政管理人员、一线教师、基层辅导员，还来自于社会这个大系统。国防教育作为一个社会系统工程，需要众多的参与者与支持者，每一个环节的协同工作都是保证高校国防教育资源德育功能得以实现的保证。上述三个方面是造成当前高校国防教育德育功能开发遭遇尴尬境地的主要原因。

三、高校国防教育资源德育功能的开发利用路径

高校国防教育是学校国防教育的组成部分，也是我国实行全民国防教育的重要环节。国家教育行政部门多次以法律法规的形式把国防教育纳入高校教育教学体系中。《中华人民共和国国防法》《中华人民共和国国防教育法》《中华人民共和国兵役法》《中华人民共和国国防动员法》《中华人民共和国爱国主义教育法》《关于加强和改进新时代全民国防教育工作的意见》等以法律制度和条例条令的形式在国家制度层面为高校国防教育的开展与实施提供了比较完备的保障。重视和利用好各类高校国防教育资源，有效地开发其德育功能，除了制度上的保障外，还需要体制和机制上的配合运作。

（一）积极整合高校国防教育德育资源

开发利用国防教育资源的德育功能是一项综合性的工作。在高校内部，这项工作必须得到党政领导的普遍重视和支持，要统一思想，形成

共识，建立相应的国防教育管理制度，健全组织机构，加强国防教育教研机构、人民武装部、学生处、教务处、科研处、后勤管理处等各部门、各院系之间的配合，加强行政部门与二级院系的联系，着力加强国防教育师资力量建设，在积极整合各类高校国防教育资源的基础上，合力提高国防教育整体水平。高校国防教育资源通过科学整合在一定的场景中可以有效转化为高校德育资源。在高校军事技能训练期间，新时代的强军目标"听党指挥、能打胜仗、作风优良"集中体现在高素质的承训官兵的思想言行中，使参训的高校大学生在潜移默化中得到启发。在高校军事理论课程教学中，要贯穿课程思政创新理念，以习近平强军思想和习近平总书记关于教育的重要论述为指导，全面贯彻党的教育方针和新时代军事战略方针和总体国家安全观，汇聚运用以爱国主义为主基调、以塑造家国情怀、强化民族文化认同、树立人类命运共同体意识为目的的德育资源。

（二）努力优化高校国防教育环境资源

校园环境对身处其中的学生具有持久的影响力。高校教育者应重视国防育人环境建设，充分激发与调动高校内部的各类文化因素，努力优化高校国防育人环境，注重校园国防物质环境和精神环境的塑造，根据青年人求知欲强、可塑性强的特点，以兴趣为切入点，支持成立与国防有关的大学生军事爱好者协会、大学生国防教育协会等学生社团组织，充分挖掘和发挥当代大学生自我教育的主观能动性。积极搭建国防教育校外实践基地和体验平台，充分利用全民国防教育日、烈士纪念日、中国人民抗日战争胜利纪念日及征兵宣传活动等重要时间节点，倡导社会主义核心价值观，弘扬中国人民艰苦奋斗的良好品质。结合高校所在区域的国防教育资源，通过沉浸式地参观调研等方式，让大学生设身处地感受古代国防的智慧与现代国防建设成果，帮助他们更好地树立文化自信。当代大学生获取国防知识的主要途径除了课堂、书本外，网络、电视和广播也占到了相当大的比例。因此，高校也可以通过网络新媒体、手机 APP、公众号等现代化的渠道与媒介对大学生开展德育主题的国防教育活动。

(三) 尝试构建优质国防教育课程体系

高校国防教育是加强大学生思想政治教育的重要组成部分，是对高校青年进行国家安全教育和爱国主义教育的有效载体，在全面提高大学生综合素质方面起着重要作用。国防教育课程是我国普通高校大学生的必修课程。要提高大学生对普通高等院校国防教育的兴趣，培养他们的国防意识，必须重视和加强国防教育课程建设。在课程设置上进行大胆改革与创新，在强化传统国防教育课程的同时，注重开发相关课程。积极尝试将国防教育与多种学科、专业相结合，对理工专业类的学生开设信息、材料、电子、计算机等国防科技类的选修课程，对人文专业类的学生开设国防历史、军事思想、国际形势等国防基础理论的选修课程。高校要在日常教学中向学生充分、及时地介绍与其专业相关的各种国防理论、国防学术、国防科技的最新成果及发展动向，并鼓励学生跨学科选修，在吸引学生关注国防事业的同时，培养其国防意识，推动他们思想道德建设和知识结构的完善。普通高校军事课课程思政研究应聚焦于发掘和利用各种思想政治教育元素，使思想政治教育的理论知识、价值理念以及精神追求等融入军事课课程体系中去，使学生的思想意识、行为举止在潜移默化中得到提升，达到立德树人的目的。

(四) 合力营造校外社会支持网络

国防教育作为一项社会系统工程，需要全社会的共同努力，合力推进政府、军队、社会、学校、家庭"五位一体"的立体化国防教育格局。高校在着力构建校园内部国防教育德育功能开发机制的同时，应着眼于社会大系统来制订长远规划。高校要打破学校国防教育传统的半封闭型发展建设模式，与政府部门、军队、军事院校、相关单位、社区、学生家庭等广泛建立联系，充分利用国防教育基地、爱国主义教育基地、红色革命教育基地等社会国防教育资源开展高校德育活动。随着信息化战争时代的到来，国防教育资源在高校思想道德建设中发挥着越来越积极的作用，成为高校德育不可分割的重要内容。对高校国防教育资源的德育功能有意识地进行科学探讨、深入挖掘和有效合理的开发成为新时代高校德育的一条创新之路。

第五节　优秀传统文化资源在高校德育中的运用

中华优秀传统文化是中华民族的精神命脉和宝贵财富。坚持不忘本来、面向未来、古为今用、推陈出新的原则，赋予优秀传统文化资源以新的时代内涵，对其传承、弘扬与创新发展，将其深度融入新时代高校德育，与当代大学生社会主义核心价值观教育紧密融合，有助于营造良好的校园文化环境、推进高校立德树人。以孙子文化为代表的传统兵家文化体现了中华民族的传统美德和高尚品质，既是中华文化和中国精神的价值符号和文化产品，也是新时代社会主义核心价值体系的重要思想文化来源，具有较高的德育价值。以下将以孙子文化融入国防德育为例，探讨优秀传统文化资源在高校德育中的运用。

一、以德为先：发挥中华优秀传统文化的价值导向性

博大精深、独具特色的中华传统文化为中华民族的发展提供了强大的精神支撑和文化滋养。孙子文化是传统兵学文化的代表，它以"武学"为中心，围绕"用兵之法"从"道""天""地""将""法"五个方面对立国、处事、用人、法度等人生重大问题进行了深入思考，对社会生活的各个领域多有涉及，其中所蕴含的以德为先的思想与理念具有很强的价值导向性，积极影响着后人的价值判断和行为方式。

（一）将孙子文化传承与爱国主义精神培育相融合

作为军事思想家，孙武一生致力于兵法研究，也非常重视武德。孙武所著的《孙子兵法》中包含着丰富而深刻的国防道德思想。"兵者，国之大事，死生之地，存亡之道，不可不察也。"（《孙子兵法·计篇》）孙武认为，战争是关系到国家生死存亡的大事，必须认真对待与研究。有学者指出："'道'或'仁'是孙子论兵的道德出发点和最终归宿。

具体地说，'兵者，国之大事'的省察是基于一种爱国爱民的道德意识。"[1] "道者，令民与上同意也，故可以与之死，可以与之生，而不畏危。"（《孙子兵法·计篇》）"道"的塑造和维系是保障国家安全与发展的重要社会心理基础。"道"所体现的是使普通民众与国家管理者同心同德的治国之道、治军之道，是一种以爱国主义精神为核心的国防精神文化。结合《孙子兵法》武德思想的经典论述，高校课内外学习传统兵学文化的师生互动有助于激发大学生的爱国主义精神，培育他们科学、理性的国防道德观念，引导其树立积极向上的世界观、人生观与价值观，将高校孙子文化传承创造性地融入新时代大学生社会主义核心价值观培育中去。

（二）将孙子文化传承与公民国防素养培育相融合

国防意识与国防素养是新时代大学生必须具备的公民素质。中国传统国防文化倡导居安思想的忧患意识。古代兵书《司马法》提出：天下虽安，忘战必危。孙武在继承前人思想的基础上提出：用兵之法在于"无恃其不来，恃吾有以待也；无恃其不攻，恃吾有所不可攻也。"（《孙子兵法·九变篇》）国家的安全应建立在随时准备作战的基础上，全社会应形成关心、建设、保卫国防的浓厚氛围，全面做好积极防御工作，让敌人无可乘之机。现代国防文化建设在传承居安思危的备战思想的同时，更应将国防文化培育与公民国防意识的提升、国防素养的增强紧密关联起来。当代大学生对孙武兵学文化中忧患意识的主动传承能够推动他们对自身国防责任担当的深度理解，推进其国防文化素养的积淀与国防品德的提升。

（三）将孙子文化传承与国家后备力量培育相融合

国防人才的培育及其标准的制定体现了国防文化的特点。"将者，智、信、仁、勇、严也"（《孙子兵法·计篇》），这"五德"是将领所应具备的基本条件。"五德"是中国古代在战争中对军队统帅的基本要

---

[1] 纪光欣：《略论〈孙子兵法〉中的伦理思想》，《管子学刊》2000年第1期，第47页。

求，是对军事人才较为全面的衡量标准。高校大学生是国家后备兵员的重要来源，他们的才智与品德直接影响着潜在国防力量的质量。在当前高校国防教育中，要有意识地引导大学生借鉴孙武的"五德"标准来对照要求自己，重视自身的知识储备、专业技能掌握、组织行动力锻炼、道德素养提升与心理品质磨炼，做到全面发展，在祖国需要的关键时刻具备响应召唤、担负国防重任的综合能力。

二、以人为本：立足中华优秀传统文化的历史传承性

孙子文化具有中国传统兵家文化的典型特征。"中国兵家文化不是单纯的军事科学、技术和艺术研究，从诞生起就具有深厚的文化内涵。它虽然言兵，但不限于军旅之事，而是拓宽视野，将经济、政治、人文意识、宗教心理、艺术以及其他相关的各种要素，统摄于一起。"[1] 高校国防文化担负着继承与发扬中华优秀传统文化的重任。孙子文化中以人为本的兵学文化精华与人文精神是我们在高校德育中应加以积极吸取与融入的。高校教育者要激发孙子文化的当代生命力与影响力，将孙子文化的传承、创新发展与大学生人文素养的培育和文化自信的塑造紧密关联起来，达成文化传承与德性培育的双重目标。

（一）引导当代大学生传承孙子文化的科学精神

从哲学层面分析，《孙子兵法》蕴涵的科学精神是古代朴素唯物主义和辩证法在兵学领域的展开与升华。在具体形态上，这些精神则体现为孙子对战争观念、战略战术、军队建设等诸多层面军事认知的探索、把握和创造。[2] 孙子文化蕴含着丰富的辩证思想和科学精神，强调"以智取胜"，倡导通过谋略和智慧来取得胜利。孙武怀疑天命、不迷信鬼神，认为"知彼知己者，百战不殆；不知彼而知己，一胜一负；不知彼不知己，每战必败。"（《孙子兵法·谋攻篇》）他主张在战争中开展

---

[1] 刘洋、罗雷：《兵家文化与社会主义核心价值体系建设》，《江苏省社会主义学院学报》2011年第2期，第54页。
[2] 姚有志：《〈孙子兵法〉蕴涵的基本的科学精神》，《滨州学院学报》2005年第5期，第1页。

全方位的信息情报收集工作，全面了解敌情与我情，为战争的到来做好充分的准备。孙武以事实为依据的科学精神值得大学生在学习与生活中积极借鉴和学习。尤其在当今的信息化时代，掌握收集情报信息的方法，学会甄别信息的真实性、可信度，注意保护自身的信息安全，是每一位当代青年踏入社会之前的必修课。

（二）引导当代大学生传承孙子文化的理性思维

孙子文化注重理性思维，看问题全面而深刻。在军事斗争中，胜败并非一成不变。孙武认为，智者即使深陷困境也能看到有利的因素，身处胜利局面也能警惕与提防遭遇失败的可能性与变量。因此，他主张要对战争中的各类主客观情况进行综合性的分析与研判。所谓"智者之虑，必杂于利害。杂于利而务可信也，杂于害而患可解也。"（《孙子兵法·九变篇》）战争事关全局，必须谨慎小心、全面考虑。明智的将帅考虑问题，总是兼顾到利与害两个方面。孙武所提出的"不战而屈人之兵"的"全胜"思想则对胜利与战争行动的关系进行了理性的思考，认为胜利的最高境界并非依靠实施军事行动取胜，而是以最优的准备和最小的代价战胜对方，使自身获取尽可能大的利益。在高校德育中，要引导当代大学生吸收借鉴孙子观察世界的科学方法、分析问题的理性思维和勇于直面问题的现实主义精神。

（三）引导当代大学生传承孙子文化的竞争意识

孙子文化充满浓厚的竞争意识。《孙子兵法·军争篇》提到："凡用兵之法，将受命于君，合军聚众，交和而舍，莫难于军争。""军争"中最困难的地方就在于以迂回进军的方式实现更快到达预定战场的目的。在军事竞争中若能抢占先机，往往能把看似不利的条件转变为有利的条件。孙子在研究战争、推演兵法的过程中深谙此规律。他对时间的精准度量、对空间的巧妙利用、对行军速度的科学判断、对战斗效率的准确推测、对敌我双方力量强弱的动态分析，处处体现了他对战争进程中积极进取的竞争意识的肯定与推崇。孙子认为"胜兵先胜而后求战，败兵先战而后求胜。"（《孙子兵法·形篇》）在激烈的战场竞争中，既要重视进攻，又不能松懈防御，双管齐下，不打无把握之仗。吸取和传承孙子文化中的竞争意识，不仅有利于提升大学生对中国传统国防文化的全面认知，更好地传承我国古代优秀兵学文化的精华，而且也有利于大学生在现实生活中加以学习与借鉴，面对竞争能以积极的姿态投入其中。

三、因时而进：积极发掘中华优秀传统文化的现实应用性

将孙子文化融入新时代高校德育要立足于将经典兵学文化介绍普及给大学生，让中华优秀传统文化更好地得到传承，更要从现代社会的实际需求入手，充分挖掘和探索古代兵法文化在现代社会中的应用价值。在高校德育中将对中华优秀文化的传承与青年大学生成长成才有机结合，使广大青年在激烈的现代竞争中学以致用，有助于增强中华优秀传统文化的时代生命力和对年轻一代的积极影响。

（一）启迪当代大学生吸取孙子文化的目标管理理念

目标是人类社会主体活动的特征。以孙武为代表的先秦兵家提出的"全胜而非战"的思想包含着丰富而成熟的目标管理思想。"凡用兵之法：全国为上，破国次之；全军为上，破军次之；全旅为上，破旅次之；全卒为上，破卒次之；全伍为上，破伍次之。是故百战百胜，非善之善者也；不战而屈人之兵，善之善者也。"（《孙子兵法·谋攻篇》）孙武把战争目标分为不同的层次，既有"全国为上"这样远大的战略目标，也有"全伍为上"的具体战术目标。通过讲授、分享与实践等方式来启迪新时代大学生吸取孙子文化中的目标管理理念，帮助他们在激烈的社会竞争中选择正确的人生方向、树立合理明确的目标、学会甄别权衡不同目标达成的利弊得失。

（二）教育当代大学生学习孙子文化的时间管理策略

时间是人类生存的空间，也是最为宝贵的资源。孙武重视战争中对时间要素的管理。孙子提出"兵之情主速，乘人之不及，由不虞之道，

攻其所不戒也。"(《孙子兵法·九地篇》)在战争中调兵遣将须张弛有度，无论是进攻还是防守，都要准确把握好时间的节奏。"兵贵胜，不贵久"(《孙子兵法·作战篇》)，战争中的时间常常意味着生命。孙武强调"兵贵神速"，认为用兵作战如果在时间管理上出现失误就会导致重大的失败。"久则钝兵挫锐，攻城则力屈，久暴师则国用不足。"(《孙子兵法·作战篇》)旷日持久地用兵打仗，不但军队士气会消磨殆尽，也会造成国力枯竭，带来不可避免的灾难。高校教育者可将孙子文化中对时间的管理策略与当代大学生自我教育管理相结合，引导他们在大学期间合理地管理、分配和利用宝贵的时间资源，在青春年华里尝试更多的新事物、获得更丰富的体验、更多的知识与成果。

（三）培养当代大学生借鉴孙子文化的权变创新思想

奇正是中国古代军事学的一对重要范畴，指向变化以及面对变化时的应对策略。奇正思想是孙武兵学思想的精华之一。《孙子兵法·势篇》言："凡战者，以正合，以奇胜。"用兵作战，应以正兵当敌，以奇兵取胜。《孙子兵法·虚实篇》指出："夫兵形象水，水之形，避高而趋下，兵之形，避实而击虚；水因地而制流，兵因敌而制胜。故兵无常势，水无常形。能因敌变化而取胜者，谓之神。"孙武以水设喻，强调行军作战中的通达全变，虚实转换。大学生在生涯规划与竞争择业应积极借鉴孙子文化的权变创新思想，学会从不同角度看待和分析问题，不断提升自我认知、自我发展与自我管理的能力，掌握主动权，积极探索创新，勇于打破常规，为踏进职场、走入社会做好全面准备。

四、顺势而为：探索中华优秀传统文化的时代发展性

孙子文化作为中华优秀传统文化的代表，对我国两千多年的军事、政治斗争产生了巨大的影响，对世界其他国家军事思想的发展和战争文化的变革也发挥了不容小觑的辐射作用。在新时代高校德育的探索与创新中，我们应充分汲取孙子文化的优秀内核，赋予其新的时代内涵，使中华优秀传统文化薪火相传，同步于时代的发展，为中国特色社会主义

文化建设服务。高校可将孙子文化传承集中教育与日常教育、课堂教育与课外教育、理论教育与实践活动巧妙结合起来，通过严格规范的高校军事文化类通识课程教学活动、丰富多样的校园国防文化活动、军地联动的校外社会实践活动，为大学生们创造更多学习、体验、思考孙子文化的机会。

（一）建设以课堂为中心的高校孙子文化精品课程

孙子文化融入新时代高校德育首先要立足课堂。高校教育者可以采取多元化的模式，采用灵活多样的方法与路径，引导和帮助大学生在以孙子文化为代表的中华优秀传统文化的学习与浸润中，深化对传统兵学文化的理解与认知，不断完善自身的知识结构、增强国防意识，促进成长成才。全国众多高校开设了与孙子文化传承相关的课程，很好地拓展了当代高校大学生的学术视野，使之增长了见识，也有助于他们在学习的过程中培养自身独立思考、触类旁通和对不同类型知识融会贯通的实际能力。

高校应以对孙子文化为代表的传统兵学文化的学习探索需求为中心，把握新时代大学生在价值取向、思想面貌、心理状态、思维方式和行为选择等方面呈现出的新特点，围绕课程、教材、教法积极开展教学改革，创新教法研究与实践，推进一流课程与精品教材建设。在教学研究中紧扣教学大纲，对孙子文化相关课程进行学科知识图谱的分析与梳理，使课程内容与教学设计既呈现出严密的逻辑性，符合大学生的认知特点和学习规律。在实施教学时，教师要从认知、情感与管理的维度着手选取适合的教学方法，将师生、课堂、教学资源、教学环境等因素系统整合到高效的教学互动中，巧妙地将传统授课方式与微课、慕课等现代化的教学手段结合起来，研究与发挥信息化课程资源平台的优势，推进高校孙子文化精品课程建设。

（二）发展以活动为纽带的高校孙子文化培育路径

高校要主动从以孙子文化为代表的传统兵学文化中汲取养料，将中华民族的传统国防文化资源有效融入新时代高校德育。从国防文化的形成过程和表现形式来看，文化国防的核心内容就是爱国主义、民族精神、全民国防观念和国家主权安全第一的价值观。[1] 这种价值观受到我们所处时代的价值观念体系的影响，其生成过程和表现形式也受到不同历史时期文化传统的浸染和社会集体心理特点的制约。高校要积极开展与孙子文化传承相关的影视作品赏析、专题讲座、普及讲座、学科竞赛等活动，通过学校图书馆为大学生提供丰富的孙子文化书籍资料和在线音、视频资源，充分发挥高校校园文化汲取优秀传统文化资源的主动性。

近年来海峡两岸大学生多次开展以孙子文化传承为主题的友谊辩论赛。来自大陆和台湾高校的大学生辩手们就孙子的兵学思想展开辩论，唇枪舌剑的你来我往中精彩呈现了孙子文化的内涵与精华，充分展示了当代大学生全面的文化修养，促进了海峡两岸之间的思想文化交流，也在情感上有效激发了年轻一代致力于继承和弘扬中华优秀传统文化的决心和热情。多届全国兵棋推演大赛的圆满举办使大学生选手们在"智谋方寸棋盘，运筹万里疆场"的竞赛中充分体验了孙子文化"运筹帷幄之中，决胜千里之外"的谋略思想和兵学智慧，非常有利于激发广大青年公民爱国尚武的激情和科学理性的思维。

（三）拓展以联动为特色的高校孙子文化传承思路

从孙子文化在高校传承的现状来看，相关的教学内容和校园国防文化活动已经较广泛地存在和开展，但在内容和形式上都略显单一，对大学生的吸引力不足。高校国防文化培育与中华优秀传统文化教育的结合尚不够紧密，课堂之外的社会资源并没有被充分调动，未能充分发挥社会力量在孙子文化教育传承上的价值和影响力。因时制宜、因地制宜、因人制宜地发动社会力量共同参与，有助于推进孙子文化融入高校国防德育，发挥当地政府、军队、企事业单位、社区等在青少年国防教育中的支持力、辐射力和影响力。

苏州是孙武的第二故乡，是孙武功成名就之地和归隐终老之地，有

---

[1] 刘志和：《文化国防：当代国防建设的新命题》，《光明日报》2009年3月2日第9版。

孙武墓、孙武祠、孙武苑、孙武纪念园、孙武书院、孙子兵法博物馆等丰富的孙武历史遗存、纪念设施和教育基地。苏州市孙武子研究会和苏州市孙子兵法国际研究中心以研究孙子文化为己任，取得了丰硕的孙子文化学术研究成果。苏州地区的高校可以从精品课程建设、内部校园环境建设等方面着手促进孙子文化融入高校文化，还可以利用当地得天独厚的孙子文化资源，充分挖掘利用吴地历史文化资源对于高校普及推广孙子文化的优势，积极拓展校外孙子文化传承教育资源与支持系统。高校还应发挥好孙子旅游文化区的作用，在大学生中定期组织开展传承孙子文化的探索之旅，鼓励和组织大学生参观与孙子文化相关的纪念馆、博物馆、风景区，将人文历史景观和绿色自然景观有机结合起来，寓教于游、寓游于教，实现观光赏景、陶冶情操、增强民族凝聚力、加强国防意识的多重功效，使高校德育与弘扬中华优秀传统文化有机融合。

第六节　校园文化资源渗透高校德育的运用模式

　　高校是社会的文化高地，汇聚了丰富多彩的文化资源。作为大学师生日常学习、工作、生活的重要人文环境，高校健康、向上的校园文化在高校德育中发挥着重要而持久的影响力。高校文化资源是高校德育资源的重要来源，对于培养大学生形成正确的人生观、世界观、价值观、道德观、审美观，全面提升人文素质和道德修养起到了积极的促进作用。当代高校文化资源内容充实、形态多样，包含着大量优秀的传统文化资源和先进的现代文化资源，其中既有物质文化资源、精神文化资源、制度文化资源，也有活动文化资源、心理文化资源等。在2018年8月召开的全国宣传思想工作会议上，习近平总书记强调，"育新人，就是要坚持立德树人、以文化人，建设社会主义精神文明、培育和践行社会主义核心价值观，提高人民思想觉悟、道德水准、文明素养，培养能够担当民族复兴大任的时代新人。"高校要坚持立德树人、以文化人，就要在"育新人"的过程中，以校园文化建设为抓手，构建高校德育的多维模式，充分运用和发挥校园文化资源的强大渗透力，积极拓宽高校德育的"接入口",将符合国情特点、反映时代特征、体现高校特色的校园文化资源在高校教学、科研、实践、管理、服务等不同的时空场域精准"接入"高校德育"通道",作用于师生内在的思想与精神世界,助推高校德育目标的实现。

一、以高校历史文化资源明德育人

高校的历史文化资源是高校在成长发展过程中积淀、传承下来的历史传统、文化思想、价值理念等在内的各类精神财富的总和。2020年4月,教育部等八部门发布的《关于加快构建高校思想政治工作体系的意见》明确指出:在日常教育体系中,繁荣校园文化,要"发挥校园建筑景观、文物和校史校训校歌的文化价值。"以校史、校训、校歌等为代表的高校历史文化资源吸取了中华优秀传统文化的精华,展现了时代发展潮流的文化精粹,为高校德育活动提供了丰沛的文化养料,为大学师生积极向上、昂扬奋进的精神面貌构筑起鲜亮的精神底色和坚定的思想基石。

(一)从历史叙事中提炼育人元素

高校校史真实记录与展现了高校自创办以来不断发展的历史过程。我国两千多所普通高校有着各自不同的、富有自身特色的建校经历、成长历史和发展道路。有的高校诞生于近代的烽烟炮火之中,有的高校成长于民族救亡图存之际,有的高校建立于百废待兴之时,有的高校创办于改革大潮汹涌而来的时刻,还有的高校在新时代脉搏律动中应运而生。高校的成长发展历史往往与国家、民族的命运紧密相连,随着国运的变化而经历曲折起伏,伴着民族命运的兴衰而体验欢欣痛楚。有的高校在经受了百余年时光的洗礼和磨砺后,愈发举重若轻;有的高校走过了几十年的峥嵘岁月,前进的步伐更为沉稳坚定;也有的高校正值芳华岁月,在不断的变革中日新月异。不同的高校如同一个个禀赋不同、性格迥异的生命体,它们诞生、成长、发展、变革的历史折射出国家历史的脉络,它们的经历印证着中华民族不同时期的道路选择,反映着社会发展与进步的过程。鲜活的高校历史不仅是一笔生动反映了高校建校以来全体师生员工与校友在学习、研究、治理、服务等活动与实践中传承与积淀下来的精神文化财富，浓缩了高校的人文精神，体现了办学特色和价值追求，更是中国革命、建设、改革、发展历史在高等教育领域的缩影与印记，具有丰厚的历史内涵与鲜明的时代特征。

历史沧桑，记忆永恒。历史是一面映照现实的明镜，也是一本最富哲理的教科书。学习历史能够帮助人们明理崇德、鉴往知今。高校在校园文化建设中要在新时代背景下结合思政课建设、课程思政建设强化校史对师生的浸润与熏陶作用，灵活采用课堂教学、实践教学等方式，让学生深入了解、系统学习大学校史及相关的文化知识，发挥高校校史文化的育人功能。高校还可以通过营造浓郁的校园文化环境与氛围，以专题教育、日常教育、自我教育等各种方式开展校史教育，以高校博物馆、校史馆、英烈馆、档案馆、展示馆、美术馆等为重要平台，以校史文物、资料、建筑、遗迹等为媒介，充分发掘与高校历史相关的传统文化资源、革命文化资源、社会主义先进文化资源，弘扬高校的爱国主义传统，宣传讲好校史故事，传承好高校的优良革命传统与红色情怀，提炼校史所蕴含的丰富德育元素。在校园历史文化叙事活动中，引领师生对历史片段的重温、感受、认知、思考与体悟，明晰爱国与爱校、强国与强校之间的历史逻辑和现实要求，将校史教育与国史教育、党史教育有机融合。高校要在大学青年中扎实推进"四史"学习教育，理清其中的历史脉络和文化内涵，深化爱国主义、集体主义、社会主义教育，帮助师生从学校发展历史的解读中增强历史认同与文化自信，从中汲取智慧与力量。

（二）从校训传承中汲取精神养料

大学校训是高校的一张特色文化名片，是高校在历史发展过程中形成的、获得师生一致认同的、高度凝练的精神符号与文化标识。一般而言，校训集中体现了一所高校的办学理念、价值追求、思想根基、精神风貌与道德标尺，展现了高校特有的历史底蕴、文化品位与审美意趣。回顾中国高校的发展历史，中国近代意义上的第一所高校创办于一百多年前的清末民初时期,彼时的中国高校已开创了校训文化之先河。在我国2 000多所高校中,超过90%的高校都拥有自己的校训。从校训中的高频词来看,诚信、团结、弘毅、修身、厚德、明德、修德、尚德等用词出现率很高,说明高校培养目标中对道德品质的要求在高校校训中占据了较大比重,高校越来越注重对大学生高尚的道德品质与健全人格的培养。[1] 很多高校的校训不仅从中国传统文化中汲取了精华,而且也积极吸收了外来先进文化中的优质资源,反映着时代变迁对高校发展在精神层面的重要影响。苏州大学的校训"养天地正气,法古今完人"(Unto A Full-grown Man)是在1900年其前身东吴大学创办时由第一任华人校长杨永清先生首倡。这一校训气势宏大、立意高远、气韵生动、富有张力,渗透着"察古观今"的坚毅气度,蕴含着"化成天下"的高尚情操,既彰显了中国传统文化的特色,又中西合璧,传统与现代相得益彰、融合辉映,在百年岁月中历久弥新,一直沿用至今。

作为校园文化的重要组成部分和载体,大学校训体现了高校师生在为人、处事、治学过程中所遵循、坚守的价值追求,是高校的灵魂所在。校训是高校校风、师风与学风的精神内核,引导着高校内部的秩序与规范,约束并深刻影响着身处其中的师生的思想与言行。当代高校要把校训传承融入校园育人文化环境建设中,在校内建筑的设计、校园景观的营造、教学场所的布置、校园文化创意产品的设计开发中,有意识地将具有高校鲜明特色的校训文化以形象化的标识、具象化的表现方式展现出来,增加高校师生在日常校园活动中与校训"面对面"的接触机会与场景,创造良好的校园文化氛围。高校也要利用好校园网络与媒体平台来增强对校训的传播宣传力度,提升师生们对校训理解的深度与积极履践的自觉性。以新生入学教育、在校生主题教育、毕业生离校教育等为契机,把校训文化融入运用到相关的活动、典礼、仪式中去,将大学精神以生动的形象、感人的事迹、可行的规范表达、演绎出来,强化校训文化对师生在道德上的导引力和影响力。

---

[1] 李莹莹:《中国普通高校校训词频研究》,《现代语文》2019年第5期,第151—153页。

（三）从校友互动中获得发展助力

校友文化是高校校园文化的重要组成部分，而校友资源对高校的历史、现状和发展都产生着不可小觑的影响力，是高校所拥有的一笔最为宝贵的无形财富。高校校友通常是指在同一所高校求学的人。从更宽泛的意义上而言，高校校友指在高校（包含高校前身及合并学校）学习和工作过的人员，同时还包括被高校授予各种荣誉学位和荣誉职衔的各界人士。同在一所高校学习、工作与生活的经历让校友们自然而然地形成了跨越地域、阶层、贫富的彼此间的身份认同。多年的同窗之谊、同事之交、师生之情则成为强化校友之间心理联结的纽带。对于高校而言，建立在学缘关系基础上的校友群体看似是一个结构松散的人群，但其中的个体却因着彼此间对母校培育之恩的感念和对母校精神内核的认同而心灵相通，从而构成了一个特殊的文化共同体。优质的校友文化可以成为连接学生与学校、校友与社会之间关系的有力的情感纽带，为高校的建设与发展源源不断地提供着人力、财力、物力等方面的支持。

高校在校园文化建设中要珍视校友资源，通过开展邀请校友参加返校活动，聘任校友担任高校兼职教授、兼职导师，授予知名校友荣誉学位，邀请学术成就拔尖的校友来校讲学、开设论坛、讲座等方式，加强学校与校友之间的往来与互动，充分发挥校友在高校立德树人中的重要价值。在高校德育工作的开展中融入校友文化，以校友的德行事迹励志育人，为在校大学生树立人生的榜样，提供正确的价值引导和道德示范；以校友的专业特长与社会资源启智育人、服务育人，为高校师生提供丰富的智力产品、学术支持和实践指导，激励引导大学生树立远大理想并为之努力奋斗；以校友的资金与捐赠关爱育人、扶困育人，为高校中有需求的群体提供更多坚实的保障。在高校校园文化建设中，要重视校友文化的培育，在校内外通过校友文化景观建设、校友专属网站建设、校友活动场所设置等各种形式营造浓厚的校友文化氛围，让校友了解学校的发展现状，感受到学校对他们的关心与关注，加强校友对母校情感的黏性与联结性，增强校友们对母校的亲近感、归属感与责任感。高校在加强校史、校训传承的过程中，也要充分运用好校友文化的力量,挖掘好、整理好、讲述好、宣传好历届校友们秉承母校精神,在各行各业的奋斗事迹,请校友们重返母校,重拾青春记忆,分享成长故事,更好地彰显、弘扬大学精神。高校各部门要加强合作,在校友文化建设与立德树人之间搭建好桥梁与通道,为有意愿、有热情、有能力、有资源的校友们"量身定制"能够深度参与高校育人全过程的机会,让他们发挥聪明才智,以自身之热情与专长回馈母校、推动学校发展,对在校师生发挥积极的作用与影响。高校要充分发挥好院系校友组织、高校校友会平台在增进校友同母校的感情、密切高校校友间互动联络、促进交流合作、推动学校高质量发展等方面的综合性功能。

二、以高校学术文化资源培智育人

高校是社会系统中先进文化与进步思想的集结高地,担负着为社会供给前沿的科学发现、尖端的创新理论与先进技术的重要使命。"高校是学术研究的前沿阵地,信息灵敏,成果汇集,触觉敏锐,在高校文化活动上表现出先导性、学术性以及高效的接纳力,这种鲜明的学术性与社会需求、文化创造相协调,共同营造出高校浓烈的学术色彩。"[1] 学术研究是大学传承知识与推动创新的重要驱动力。在大学校园文化建设中,要强化学术文化资源培智育人功能的发挥,通过大力加强师德师风建设与校风学风建设,聚焦教师学术发展、领航学生学业发展,以高尚师德、正直师风贯通高校教师治学育人学全过程,以优良校风、端正学风铆接大学生求学践学各阶段,突出学术文化资源在高校德育活动中培养拔尖创新人才的作用。

(一)以高尚师德、正直师风贯通治学育人全过程

师德师风是高校评价教师队伍素质的重要指标,也是高校校园文化建设的重心所在。2014年9月教育部出台的《关于建立健全高校师德建设长效机制的意见》明确指出:把培育良好师德师风作为大学校园文

---

[1] 郭成、田丽:《大学校园文化嬗变和构建》,黑龙江人民出版社,2002,第33—34页。

化建设的核心内容，挖掘和提炼名家名师为人为学为师的大爱师魂，生动展现当代高校教师的精神风貌。高校要注重以德养德、以德育德，培养一支有理想信念、有道德情操、有扎实学识、有仁爱之心的高素质师资队伍，激励全体教师耕好科研责任田、守好讲台主阵地、发挥好在学术道德上的引领作用，以德施教、以德立身，提升以学术文化育人的能力。

师德是教师和一切教育工作者在从事教育活动时必须遵守的道德规范和行为规则，以及与之相适应的道德观念、情操和品质。2014年9月9日，习近平总书记同北京师范大学师生代表座谈时指出："做好老师，要有道德情操。老师的人格力量和人格魅力是成功教育的重要条件。'师也者，教之以事而喻诸德者也。'"高校教师以传道授业解惑为天职，是塑造学生思想价值观念的引路人，是学生道德成长路上的陪伴者与指导者。教师的职业特性决定了教师必须是道德高尚的人群。合格的老师首先应该是道德上的合格者，好老师首先应该是以德施教、以德立身的楷模。高校教师对学生的影响根植于他们丰富的学识和过硬的学术能力，也离不开教师自身的高尚修养与品德，即所谓"其身正，不令而行；其身不正，虽令不从"（《论语·子路篇》）。在高校日常教学互动中，教师为人处世的主要原则、对待治学育人的基本态度、面对利益冲突时所表现的取向态度与价值观等，都会在无形中对大学生的道德成长产生影响。教师为人师表，其一言一行会对学生具有强大的示范作用。在教书育人的过程中，教师必须遵循教育规律，严谨治学、以身示范，秉持公平诚信的态度，坚守学术规范，在教学中坚持知识传授与价值引导相统一，把培养学生优秀的学术能力与塑造学生完善的学术品格统一起来。

高校要认真贯彻落实习近平总书记关于师德师风的重要论述，讲好身边的师德故事，不断加强教师在学术研究上的道德示范和价值引领作用，倡导不忘立德树人初心、薪火相传的坚守精神和率先垂范、奋勇担当的正向能量。高校可通过面向全校师生征集，或在院系、教研室、教学团队中评选出一批师德建设优秀案例、教师风采短视频，集中宣传高校优秀教师以德立身、潜心治学、躬耕教坛的典型事迹，激励全校教师和教育工作者争做新时代"四有"好老师。

（二）以优良校风、端正学风铆接求学践学各阶段

校风与学风是大学精神的集中体现。校风是一所高校精神风貌的集中体现，展现着学校的特色与风格。学风体现着高校的办学理念、管理水平和治学特点，是校风在学生的学习状态上的投射与反映。高校要从校风塑造和学风培育入手，在大学生的学习与生活中积极营造崇尚严谨学术风气，追求学术自由与推动学术创新的校园文化氛围，提高人才培养的质量。

在高校日常运行中，校领导、学校行政管理人员、职工要通过管理工作、服务工作引领良好的治学风气，开展学校相关制度建设，制订完善学术规范条例，建立相应的约束机制，营造高校良好的学术氛围与学习氛围，推进教风与学风建设。高校要加强对学术风气的规范与引导，健全学术领域的师德考核机制、监督机制、奖惩机制。通过整肃高校学术风气，健全对学术不端行为的预防制度和惩处制度，建立加强学术道德建设的长效机制，在校园学术生态中形成务实求真、坚持真理、公平竞争的学术氛围，推动教师群体形成爱岗敬业、严谨治学、淡泊名利的良好风貌。高校加强师德师风建设、科研学术诚信建设，要鼓励教师以身作则，以严谨的治学态度、实事求是的教学作风为人师表、率先垂范，影响与感染学生，促进校内外良好的学术风气的建设。

丰富的校园文化生活有助于涵养大学学风，鼓励大学生建立学术理想，帮助他们做好学业规划，提高学习兴趣、增强学术能力，自觉建立学术德行上的自我约束、规范机制，杜绝违法、违纪、违规行为，养成优质的学术素养和严谨的学术道德。高校要有意识地在课堂内外以课程、项目、活动、基金等方式为大学生提供丰富的学术资源，在大学生党团组织建设、社团建设、班级建设中融入多样的学术文化元素，发挥校园文化在大学生加强自我教育与自我管理方面的正向引导价值，帮助他们树立正确的学术价值取向，自主形成符合社会期望的良好学习习惯与学习行为。根据每所高校自身的特点与现实情况，进一步丰富学风教育的内涵与内容。通常来说，大学生学风教育包括进取学风、诚信学风、严谨学风和创新学风的教育，其思想内涵极为丰富。进取学风教育包括对理想信念、社会责任、科学发展和竞争态势教育；诚信学风教育由诚信价值、诚信品质、诚信法制、诚信实践教育构成；严谨学风教育以求是精神、科学态度、严谨风格教育为主要内容；创新学风包含了开拓意识、创造精神、质疑精神教育。[1] 高校通过学风教育可以有效地传承与弘扬具有本校特色的学术文化传统，推动高校学术文化的创新和发展，激发大学生对学业的追求、对学术的兴趣，形成良好的学习风气。

三、以高校活动文化资源陶冶育人

高校是一座传播知识、传承文化、立德树人的教育殿堂，高校教职员工和在校大学生是各类校园文化活动的行为主体和参与主体，他们良好的人文素养与综合素质使高校校园环境具有独特的人文气质。与社会其他机构、组织相比，高校因其教育属性而在自身建设、成长的过程中极为重视对人文设施的建设与人文景观环境的营造。这使广大高校在经历了多年的发展与积淀之后，往往拥有极为丰富的人文文化资源。这些特色鲜明的文化资源在立德树人的过程中散发着尊重与理解的光辉，以柔软的姿态与温和的力量对高校师生的精神状态与品德修养发挥着浸润性的影响。

大学校园是高校学生参与各种活动的主要场所。高校活动文化资源的合理运用对于弘扬大学精神，启迪学生智慧、陶冶情操、规范行为、健全人格具有重要的价值与作用。校园活动为大学生提供了丰富的体验、实践、交流与锻炼的机会，为他们的成长与全面发展创造良好的外部条件。相较于校外的喧嚣热闹，校园是一个相对宁静的空间。绿树成荫、生态和谐的校园适合学习、思考、漫步与休憩。生机盎然的古树名木、自由生长的可爱生灵在无声之中向高校师生们传递着人与自然的和谐相处的理念。行走在充满自然气息又散发着人文之美的大学校园内，

---

[1] 赵癸萍：《大学生学风教育研究》，博士学位论文，武汉大学，2017，第157—207页。

师生们会在耳濡目染中自觉建立起生态文明的意识。校园本身就是一个高校生态文明教育的课堂，是一个可以让人感受自然之美的天然教室。贴近学生、贴近生活、贴近实际的高校校园活动融教育性、思想性、娱乐性于一体，使大学生在参与活动的过程中树立正确的人生观、世界观、价值观，学会更加客观、更为全面地认识他人、认识社会、认识世界，学会用正确的方式与外界交往与互动、应对处理所遇到的各类问题。

高校要立足于人才培养的需求，根据大学生审美的趣味与特点，探索课程教学、实践活动、校园文化、艺术展演的协同融合之道，推进特色校园文化建设。"运用审美教育的规律、方式和方法，让审美体验参与到教育活动中，创新文化自信培育的方式，实现增强文化自信与提高审美能力的有机结合。"[1] 通过开展校园文化艺术展演、高雅艺术进校园、中华优秀传统文化传承体验等活动，在高校中积极引入社会文化资源、公共艺术资源。高校可以邀请艺术领域的大师、名家、学者在大学的舞台上、音乐厅里、艺术馆、美术馆中和讲堂、论坛上亲身演绎艺术作品、解读艺术文化，在音乐、舞蹈、戏曲、话剧、电影、绘画、书法等活动中"育德于美"，带领大学生们开启"寻美之旅"，丰富大学生的业余文化生活，帮助他们培养审美情趣、提升艺术修养与审美能力。同时，高校也要发挥好校内大学生艺术团、大学生自发组织的文艺类社团、俱乐部在校园美育活动中的作用和积极影响，充分挖掘好、运用好美育活动文化资源中的德育元素，推进以美育人、以美化人，帮助大学生们在感受美、理解美、欣赏美、表现美、创造美的活动参与过程中更好地区分美丑善恶、明辨是非对错，在对自然之美、艺术之美、人性之美的体验中观察生活、思考人生、了解社会，获得情感的满足与心灵的净化，厚植文化自信、追求高尚德行。

生命在于运动，德育在运动中进行。在校大学生正值青春年华，精力旺盛，充满活力。除了专注于学业以外，他们还需要在课余时间适度锻炼和放松，享受运动的成就与乐趣。高校要做好校园体育运动场所建

---

[1] 刘钰涵、刘茂平：《高校美育与大学生文化自信培育的融合》，《学校党建与思想教育》2020年第12期，第67页。

设和体育锻炼器材的配备，面向大学生开展内容丰富、形式多样的高校校园体育活动，为大学生走上运动场锻炼身体创造良好的运动条件。开展高校校园体育活动，有助于大学生增强体魄、愉悦身心、健全人格，也有利于建立良好的校园体育文化氛围，更好地传播体育文化、弘扬运动精神，增强体质。春季或秋季举行的高校校运动会、院运动会规模较大、赛事项目众多、仪式隆重、竞争性强，是高校体育活动的"重头戏"。高校校园马拉松运动是一场重在参与和体验的盛会。它将人文气息浓厚的大学校园"变身"为马拉松运动的临时竞技场，大学生们奔跑在熟悉的校园中更能激发他们奋勇拼搏、勇往直前的斗志。穿插于日常学习之余的长跑、武术、皮划艇、健美操、瑜伽、游泳、篮球、足球、排球、网球、羽毛球、乒乓球等大学生喜闻乐见的高校小型体育活动与赛事，更偏重于校园体育运动休闲与娱乐功能的发挥，本着"我运动，我健康，我快乐"的理念，让大学生们挥洒汗水、挑战体能与技术。高校运动场上的较量与争锋，有助于培育青年大学生家国情怀与自身的责任担当意识，有助于培养着大学生的规则意识、竞争意识、团结合作意识，磨炼他们坚韧不拔的意志和不畏挑战的精神，形成积极向上的精神风貌和优良品质。

　　劳动是促进人类社会不断前进的不竭动力。高校劳动教育活动能够帮助大学生树立正确的劳动观念、养成良好的劳动习惯、掌握改造社会的劳动技能与开拓创新的劳动能力。校园生活中的劳动教育，使大学生在劳动中深刻领会个人价值与社会价值之间的紧密联结，以劳树人、以劳育德，促进其道德的养成和人格的完善。从相关调研结果来看，高校开展劳动教育的比例不高。目前高校劳动教育以面向学生职业发展的专业锻炼为主，主要通过社会实践、专业实习等途径进行，而对日常生活劳动、服务性劳动、生产劳动等非职业性的劳动领域关注度较低，导致大学生劳动技能、劳动态度和劳动观念的弱化。[1] 随着高校后勤社会化程度的不断提升，教学楼宇、校内场馆、校园基础设施等的日常保洁、维护都外包给相关的服务型企业，由专人管理与负责，这部分劳动

---

[1] 王飞、车丽娜、孙宽宁：《我国高校劳动教育现状及反思》，《中国大学教学》2020年第9期，第75—77页。

无需由高校师生承担。原本需要由大学生志愿参与和承担的高校公共区域的劳动服务需求日渐缩减。这也在客观上造成了当代大学生在校期间参与劳动实践活动的机会与时长明显不足。当前，高校在劳动教育活动方面可操作拓展的空间较大。在高校日常教育管理中，高校教育者要为大学生创造劳动机会和岗位，鼓励大学生以参与勤工俭学、志愿服务、公益活动等方式开展劳动体验，树立劳动光荣的观念，锻炼强化劳动能力，在劳动中培养自信、自立、自强的精神风貌与服务意识。高校还要有意识地加强在劳动教育活动中的家校协同、校社协同，多方合力共同创造劳动育人环境。高校可以聘请劳动模范、劳模工匠来学校担任校外导师、兼任特殊辅导员，请他们走上大学讲台、走进大学生的生活，现身说法、亲身示范，面对面讲述劳动故事，手把手传授劳动知识与技能，鼓励他们做新时代的劳动者，实现对大学生思想品德和劳动技艺的双重引领。高校还可以加强与社区联合、与乡村合作，让大学生走进社区、走进乡村，了解社情民意、乡风民情，学习社会文化、乡土文化，在琐碎繁杂的社区劳动中、在田间地头的农业劳动中，获得能力的锻炼和意志的磨炼，更为深刻、全面地领会劳动对个体、对社会的价值。通过家校社三方合力为大学生提供丰富的劳动实践机会，鼓励他们在家务劳动、社会公益劳动的学习和参与过程中，努力提升生活中的动手能力、自理能力与服务他人的能力，养成正确的劳动观念，磨炼吃苦耐劳、无私奉献的精神品质。

主要参考文献

一、专著

中共中央马克思恩格斯列宁斯大林著作编译局:《马克思恩格斯全集》第一卷,人民出版社1956年版。

中共中央马克思恩格斯列宁斯大林著作编译局:《马克思恩格斯全集》第二卷,人民出版社1957年版。

中共中央马克思恩格斯列宁斯大林著作编译局:《马克思恩格斯全集》第三卷,人民出版社1960年版。

中共中央马克思恩格斯列宁斯大林著作编译局:《马克思恩格斯全集》第十九卷,人民出版社1963年版。

中共中央马克思恩格斯列宁斯大林著作编译局:《马克思恩格斯全集》第二十六卷第三册,人民出版社1974年版。

中共中央马克思恩格斯列宁斯大林著作编译局:《马克思恩格斯全集》第四十二卷,人民出版社1979年版。

中共中央马克思恩格斯列宁斯大林著作编译局:《马克思恩格斯全集》第四十六卷上册,人民出版社1979年版。

中共中央马克思恩格斯列宁斯大林著作编译局:《马克思恩格斯选集》第一卷,人民出版社1995年版。

中共中央马克思恩格斯列宁斯大林著作编译局:《马克思恩格斯选集》第二卷,人民出版社1995年版。

中共中央马克思恩格斯列宁斯大林著作编译局:《马克思恩格斯选集》第三卷,人民出版社1995年版。

中共中央马克思恩格斯列宁斯大林著作编译局:《马克思恩格斯选集》第四卷,人民出版社1995年版。

邓小平：《邓小平文选》第二卷，人民出版社 1994 年版。

邓小平：《邓小平文选》第三卷，人民出版社 1993 年版。

习近平：《习近平谈治国理政》第三卷，外文出版社 2020 年版。

阿尔弗雷德·诺斯·怀特海著，靳玉乐，刘富利译：《教育的目的》，中国轻工业出版社 2018 年版。

阿历克斯·英格尔斯著，殷陆君编译：《人的现代化——心理·思想·态度·行为》，四川人民出版社 1985 年版。

爱弥尔·涂尔干著，陈光金、沈杰、朱谐汉译：《道德教育》，上海人民出版社 2001 年版。

曹峻，杨慧，杨丽娟：《全球化与中国国家安全》，社会科学文献出版社 2007 年版。

辞海编辑委员会：《辞海》，上海辞书出版社 1999 年版。

陈谷嘉，朱汉民：《中国德育思想研究》，浙江教育出版社 1998 年版。

陈桂生：《中国德育问题》，福建教育出版社 2006 年版。

陈万柏，张耀灿：《思想政治教育学原理（第三版）》，高等教育出版社 2015 年版。

程裕祯：《中国文化要略》，外语教学与研究出版社 2003 年版。

弗朗兹·博厄斯著，刘莎、谭晓勤、张卓宏译：《人类学与现代生活》，华夏出版社 1999 年版。

郭成，田丽：《大学校园文化嬗变和构建》，黑龙江人民出版社 2002 年版。

郭凤志：《德育文化论》，中国社会科学出版社 2008 年版。

胡琦：《高校文化德育论》，浙江大学出版社 2014 年版。

联合国教科文组织国际教育发展委员会著，华东师范大学比较教育研究所译：《学会生存》，上海译文出版社 1979 年版。

刘超良：《制度德育论》，湖北教育出版社 2007 年版。

刘济良：《学校德育》，北京师范大学出版社 2015 年版。

刘忠孝，陈桂芝，刘金莹：《高校德育论》，黑龙江人民出版社 2019 年版。

鲁洁，王逢贤：《德育新论》，江苏教育出版社 2010 年版。

罗伯特·凯根著，韦子木译：《发展的自我》，浙江教育出版社 1999 年版。

罗伯特·韦尔，凯·尼尔森编，鲁克俭、王金来、杨诘等译：《分析马克思主义新论》，中国人民大学出版社 2002 年版。

骆郁廷：《精神动力论》，武汉大学出版社 2003 年版。

马丁·海德格尔著，孙周兴译：《林中路》，上海译文出版社 2004 年版。

彭未名：《交往德育论》，山西教育出版社 2005 年版。

乔尔·查农著，汪丽华译：《社会学与十个大问题》，北京大学出版社 2009 年版。

任少波等：《高校德育体系新认知》，浙江大学出版社 2019 年版。

佘碧平：《现代性的意义与局限》，上海三联书店 2000 年版。

苏霍姆林斯基著，尹曙初、刘尚勋译：《培养学生的爱国主义精神》，湖南教育出版社 1984 年版。

檀传宝：《德育原理》，北京师范大学出版社 2006 年版。

檀传宝：《学校道德教育原理》，教育科学出版社 2000 年版。

汤姆·比彻姆、詹姆士·邱卓思著，李伦等译：《生命医学伦理原则》，北京大学出版社 2014 年版。

陶行知：《陶行知全集》第一卷，四川教育出版社 1991 年版。

陶行知：《陶行知全集》第三卷，四川教育出版社 1991 年版。

田秀云：《社会道德与个体道德》，人民出版社 2004 年版。

许瑞芳：《社会变革中的中国高校德育转型》，上海教育出版社 2014 年版。

杨力：《国防教育新论——面向 21 世纪普通高校军事教学改革与研究》，高等教育出版社 2000 年版。

俞可平，黄卫平：《全球化的悖论》，中央编译出版社 1998 年版。

约翰·S.布鲁贝克著，王承绪、郑继伟、张维平等译：《高等教育哲学》，浙江教育出版社 1987 年版。

张焕庭：《西方资产阶级教育论著选》，人民教育出版社 1979 年版。

张耀灿等：《思想政治教育学前沿》，人民出版社 2006 年版。

张耀灿，陈万柏：《思想政治教育学原理》，高等教育出版社 2001 年版。

张耀灿，郑永廷，吴潜涛等：《现代思想政治教育学》，人民出版社 2006 年版。

周宏：《教化与文化——传统大学德育的时代面向》，中国社会科学出版社 2019 年版。

朱永新：《朱永新教育文集》卷六，人民教育出版社 2004 年版。

二、期刊论文

安艳霞，张丽，何云峰：《高校德育资源共享的困境与出路》，《教育探索》，2019 年第 1 期。

曹向阳：《高校思政资源整合与优化的三大模式》，《教育探索》，2022 年第 3 期。

常立飞：《论高校德育资源及其配置》，《现代教育科学》，2010 年第 1 期。

常青，李力：《高校"多维型"创新创业实践育人体系建设与运行机制》，《思想理论教育导刊》，2017 年第 1 期。

车车：《大学生生活园区德育资源的挖掘与形塑》，《学校党建与思想教育》，2016 年第 24 期。

陈万柏，张冬利：《高校思想政治教育资源配置现状及其对策思考》，《思想教育研究》，2008 年第 10 期。

陈永光，曲涛：《高校国防教育对思想政治教育的意义》，《思想教育研究》，2009 年第 12 期。

代玉启：《新时代青年理想信念教育的境遇与理路创新》，《思想理论教育导刊》，2022 年第 5 期。

杜玉波：《充分发挥高校博物馆育人功能》，《高校理论战线》，2012 年第 7 期。

冯荣：《"大思政"视阈下高校思政资源整合现状及优化策略探

析》,《高教学刊》, 2020 年第 8 期。

韩君华, 许亨洪:《"五育并举"视域下高校思想政治工作体系创建的机制探析》,《思想理论教育》, 2021 年第 2 期。

韩震:《论新时代的中国时代精神》,《中国社会科学》, 2023 年第 1 期。

何虎生, 赵文心:《论革命文化融入高校思想政治理论课的三重逻辑》,《教学与研究》, 2019 年第 8 期。

纪光欣:《略论〈孙子兵法〉中的伦理思想》,《管子学刊》, 2000 年第 1 期。

李莹莹:《中国普通高校校训词频研究》,《现代语文》, 2019 年第 5 期。

李源峰:《试论红色资源在高校思想政治教育中的运用》,《学校党建与思想教育》, 2014 年第 15 期。

林莹:《论高等医学院校德育资源的挖掘和利用》,《南京医科大学学报》(社会科学版), 2017 年第 6 期。

刘芳:《传统德育资源的当代挖掘与现代性转化》,《学校党建与思想教育》, 2018 年第 20 期。

刘慧:《供给侧视角下高校思想政治教育资源整合探析》,《学校党建与思想教育》, 2017 年第 18 期。

刘曙光:《民族精神、时代精神和文化自觉》,《学术论坛》, 2007 年第 1 期。

刘洋, 罗雷:《兵家文化与社会主义核心价值体系建设》,《江苏省社会主义学院学报》, 2011 年第 2 期。

刘钰涵, 刘茂平:《高校美育与大学生文化自信培育的融合》,《学校党建与思想教育》, 2020 年第 12 期。

路丙辉:《高校辅导员德育资源的开发和利用》,《安徽师范大学学报(人文社会科学版)》, 2007 年第 2 期。

鲁洁:《走向世界历史的人——论人的转型与教育》,《教育研究》, 1999 年第 11 期。

鲁洁:《生活·道德·道德教育》,《教育研究》, 2006 年第 10 期。

漆勇政，孙倩茹：《农林高校课程思政建设的实践路径》，《学校党建与思想教育》，2021年第6期。

孙丹薇：《论高校德育资源的开发和整合》，《黑龙江教育（高教研究与评估）》，2006年Z1期。

孙绍勇：《改革创新精神的弘扬与中国精神构筑》，《人民论坛》，2021年第15期。

孙绍勇，任雯：《红色资源在高校思想政治教育中涵养化育的集成优化》，《江苏高教》，2023年第4期。

唐俊兵：《高校思想政治教育资源开发策略的研究》，《黑龙江高教研究》，2017年第9期。

陶金莲：《高校德育资源的特性及功能浅谈》，《山东工业大学学报（社会科学版）》，1998年第1期。

王飞，车丽娜，孙宽宁：《我国高校劳动教育现状及反思》，《中国大学教学》，2020年第9期。

王金福：《对马克思关于实现人的自由全面发展理论的再思考》，《南京政治学院学报》，2010年第5期。

王伟光：《当代中国马克思主义的最新理论成果——习近平新时代中国特色社会主义思想学习体会》，《中国社会科学》，2017年第12期。

王燕华：《近十年我国德育理论研究回顾与前瞻》，《深圳大学学报（人文社会科学版）》，2009年第5期。

吴鹏：《德育的理想与德育的有效性》，《高等教育研究》，2001年第5期。

吴温暖：《高校国防教育是大学生素质教育的重要组成部分》，《有色金属高教研究》，2000年第2期。

姚有志：《〈孙子兵法〉蕴涵的基本的科学精神》，《滨州学院学报》，2005年第5期。

叶飞：《德育理论的中国探索与转型之路（1949—2019）》，《南京师范大学学报（社会科学版）》，2019年第4期。

叶飞：《德育现代化的核心要义及实现路径》，《中国电化教育》，2023年第1期。

张安胜:《高校博物馆育人的内涵、定位与路径论析》,《上海交通大学学报(哲学社会科学版)》,2022年第5期。

张丽,安艳霞,何云峰:《高校德育资源整合：阻滞因素与消解路径》,《当代教育科学》,2020年第4期。

张艳红:《浅析德育资源的价值认识》,《科学大众》,2007年第4期。

郑流云,吕学芳,王跃飞等:《红色资源转化为高校思想政治教育资源的有效路径探索》,《学校党建与思想教育》,2014年第24期。

郑永廷:《新形势下高校德育发展研究》,《中国高教研究》,1995年第15期。

朱小蔓,其东:《关于学校道德教育的思考》,《中国教育学刊》,2004年第10期。

三、学位论文

蔡旭群:《国民教育体系中的民族精神教育研究》,华东师范大学博士学位论文,2006年。

常立飞:《论德育资源及其配置》,东北师范大学硕士学位论文,2004年。

陈华洲:《思想政治教育资源论》,华中师范大学博士学位论文,2007年。

陈妍:《当前我国高校思想政治教育资源配置的问题、成因及对策研究》,华中师范大学硕士学位论文,2008年。

董海霞:《文化视域下的道德教育研究》,山东师范大学博士学位论文,2010年。

董琳:《高校德育资源利用探析》,华东师范大学硕士学位论文,2009年。

顾艳青:《"大德育"背景下的高校德育资源配置研究》,华东政法大学硕士学位论文,2012年。

李雪峰:《高校思想政治教育资源开发与利用的实效性研究》,东北师范大学硕士学位论文，2013 年。

曲长海：《大学生德育生态系统研究》，东北林业大学博士学位论文，2019 年。

邵文英：《论思想政治教育情境资源的有机整合与运用》，河北师范大学博士学位论文，2011 年。

石瑛：《思想政治教育过程机制研究》，吉林大学博士学位论文，2008 年。

田月：《新媒体时代高校德育资源的整合研究》，西南大学硕士学位论文，2010 年。

闫昌锐：《系统德育论》，华中师范大学博士学位论文，2019 年。

张艳红：《德育资源论》，东北师范大学博士学位论文，2011 年。

赵癸萍：《大学生学风教育研究》，武汉大学博士学位论文，2017 年。

曾昭皓：《德育动力机制研究》，陕西师范大学博士学位论文，2012 年。

后记

秋日微凉,丹桂飘香。坐在炳麟图书馆内写作、思考的我,耳畔响起一段清朗、铿锵、韵味悠长的誓词诵读声:"东吴教泽,历久弥昌;负笈来游,衹率典常。古今完人,天地正气;勉以同符,达者升堂。求真务实,修身穷理;科学民主,经济文章。革故鼎新,相期努力;少年竞爽,振我家邦。"

透过图书馆明净的落地窗循声望去,恩玲艺术中心前如茵的草坪上正在举行2023级新生开学典礼。此时此刻,一万多名新同学在庄严宣誓中共同开启了期待已久的大学生涯。此情此景,不禁将我的思绪带回了自己的青春时代。当年,初入苏州大学的我,站在东吴大学校门旧址旁边枝干遒劲、直刺天空的百年银杏树下,在回荡于天赐庄校园的悠扬钟声中默念着"养天地正气,法古今完人"的校训。那一刻的我,也有着如今日青年学子们同样澎湃的心情,誓以活力青春投身百年学府,在奋进中开启人生新征程。时光流转,七年过去,研究生毕业的我有幸留校任教,作为一名教师在这美丽的校园里又一次锚定方向、扬帆起航。转眼间,我已在这菁菁校园中教书育人二十载。

在教学、研究的过程中,我与高校德育工作产生了很多交集,也渐渐对其有了浓厚的研究兴趣。进入新时代,立德树人成为高等教育发展的核心要求。高等教育的高质量发展离不开高校德育现代化,而高校德育现代化的实现有赖于对高校德育活动全方位的认知与对其运行规律的深入把握。近年来,高校德育研究中对高校德育资源的关注与研究日益增多,而高校德育资源运用一直是我非常感兴趣的研究领域。本书在探析高校德育资源内涵、形态、结构、肌理的基础上,结合世情、国情等宏观、中观环境因素,聚焦于由此引发的高校内外微观德育环境的改变对德育资源运用带来的挑战与影响,以现实为依据、以问题为导向、以成效为标杆，在理念、原则、方法、机制等方向上对高校德育资源运用进行了一定深度的探索与研究。

全书的写作与出版过程历时两年有余，其间经历了疫情的波折和未曾料及的病痛，抱着每天进步一点点的目标，我的坚持和付出终于得到了肯定与收获。在此，深深感谢我的家人和挚友对我的悉心照顾与无条件的支持与鼓励！在本书的构思、撰写过程中，我阅读和参考了众多前辈专家、有志于高校德育资源方向研究的同行们的著作与论文，这使我获益匪浅，开阔了眼界、打开了思路，在此表示衷心的感谢！本书在写作、出版的过程中得到了苏州大学马克思主义学院领导与同事们的大力支持与帮助，在此致以诚挚的谢意！特别感谢苏州大学出版社的编辑老师，在本书的出版过程中默默地做了大量工作，付出了很多心血！还要感谢我的学生们，在与你们的教学互动中，我感受到了教学相长的力量、体会到为人师表的重要性，对高校德育资源运用相关问题也有了更为深刻的认识。

由于本人水平有限，书中尚有不少不足和疏漏之处，恳请同行专家与读者们批评指正。

李瑾

苏州大学独墅湖校区

2023 年 9 月 26 日